FAST PASS
TOPIK II
실전 모의고사
문제집

다락원

그러나 겨울이 지나고 나의 별에도 봄이 오면

무덤 위에 파란 잔디가 피어나듯이

내 이름자 묻힌 언덕 위에도

자랑처럼 풀이 무성할 게외다.

한국의 유명한 시인인 윤동주 시인의 대표작 "별 헤는 밤"의 마지막 부분입니다. 한국어를 공부하고 있는 학습자 여러분들 또한 하늘의 별처럼 많아 보이는 단어와 문법 속에서 쉽지 않은 순간이 많았을 것입니다. "FAST PASS TOPIK II 실전 모의고사"는 학습자 여러분들이 힘든 겨울을 지나 원하던 '봄'을 맞이할 수 있도록 돕는 교재를 만들고 싶다는 마음에서 출발했습니다.

꼭 지나가야 하는 어려운 순간은 짧을수록 좋겠지요. 학습자들이 한국어능력시험(TOPIK)에서 원하는 급수를 빠르게 얻을 수 있도록 이 책은 다음과 같은 구성으로 이루어져 있습니다.

- TOPIK II에 응시하기 전 준비 마지막 단계에서 빠르게 점검할 수 있도록 3회분 모의고사를 수록하였습니다.

- 듣기, 쓰기, 읽기 모든 영역에서 문제 유형별 해설 강의를 제공하여 학습자들이 시험 유형을 쉽게 이해하고 실전에 효율적으로 적용할 수 있도록 하였습니다.

- TOPIK II 쓰기 시험의 실제 답안지와 유사한 답안지를 모의고사 분량만큼 제공하여 실제 시험처럼 연습할 수 있도록 하였습니다.

- 문제집과 정답 및 해설집을 따로 나누어 학습자들이 문제를 풀고 난 후, 간편하게 답을 맞춰 보며 해설을 확인할 수 있도록 하였습니다.

'연습은 실전 같이, 실전은 연습 같이'라는 말이 있습니다. 연습할 때 시험 상황과 최대한 비슷하게 연습을 반복한다면 실제 시험에서는 연습 때처럼 무리 없이 통과할 수 있을 것입니다. 실제 TOPIK 문제와 동일한 유형의 모의고사를 시간에 맞춰 답안지에 표시하면서 풀어 보세요. 모의고사 문제를 TOPIK에서 자주 다루는 시사 정보와 주제로 구성하였기 때문에, 모의고사를 통한 연습을 바탕으로 실제 시험에서 당황하지 않고 문제를 풀 수 있을 것입니다. 한국어 학습을 향한 여러분의 도전이 빛나는 결과를 맞이할 수 있기를 바랍니다.

실전 모의고사 책을 기획하고 집필하면서, TOPIK 시험의 예비 응시자들을 대상으로 출판사와 함께 설문 조사를 실시하였습니다. 많은 수험생들이 동영상 해설 강의를 원한다는 것을 확인하고 유형별로 풀이의 핵심을 전달하기 위해 동영상 강의를 제작하였습니다. 문제를 풀고 나서 정답 및 해설을 확인하고 복습하는 과정에서 부족함을 느끼는 부분에, 저자진들이 직접 설명하는 동영상 강의가 도움이 되었으면 좋겠습니다.

책이 완성되기까지의 과정이 쉽지만은 않았습니다. 시험 전에 가장 효과적으로 학습할 수 있는 모의고사가 무엇인지 집필진이 무수히 많은 의견을 나누고, 협의한 끝에 지금과 같은 형태가 될 수 있었습니다. 이 과정에 함께 고민하고 애써 주신 한국어출판부 편집진 여러분께도 감사의 인사를 전합니다. "FAST PASS TOPIK Ⅱ 실전 모의고사"를 통해 TOPIK에 응시하는 학습자들이 많은 부담 없이 원하는 점수로 합격[PASS]할 수 있기를, 그래서 원하는 봄을 빠르게 맞이하기를 간절히 기원합니다.

저자진 일동

이 책은 한국어능력시험(TOPIK)Ⅱ를 준비하는 외국인 한국어 학습자를 위한 실전 모의고사 문제집입니다. TOPIK Ⅱ 출제 기준에 따라 1교시 듣기와 쓰기, 2교시 읽기로 구성하였습니다. 실제 TOPIK Ⅱ 시험과 동일한 유형의 실전 모의고사가 총 3회분 수록되어 있어 더 철저하게 시험에 대비할 수 있습니다. 정답과 상세한 해설뿐만 아니라 듣기 문제 MP3 파일과 저자의 문제 유형별 해설 강의 동영상을 무료로 제공합니다.

✖ 실전 모의고사 문제집

개편된 TOPIK Ⅱ 출제 경향을 분석하여 실제 TOPIK 문제와 동일한 유형의 문제를 제공합니다. 시험을 목전에 두고 실전 경험을 쌓을 수 있도록 총 3회분의 모의고사를 수록하였습니다. TOPIK에서 자주 다루는 시사 정보와 주제를 문제 유형에 맞게 구성함으로써 학습자가 TOPIK 시험을 더욱 철저히 준비할 수 있도록 하였습니다.

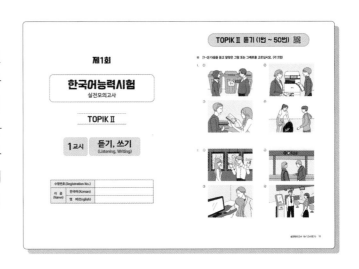

✖ 문제 유형별 해설 강의

모의고사 1회에 실린 문제로 풀이하는 유형별 해설 강의를 무료로 제공합니다. 저자가 직접 강의한 동영상으로 최신 문제 유형을 이해하고 시험 문제를 전략적으로 풀 수 있도록 하였습니다. 문제집의 목차 또는 "정답 및 해설집"의 목차, 1회 첫 페이지에 있는 QR을 통해 학습자는 빠르게 동영상에 접근할 수 있습니다.

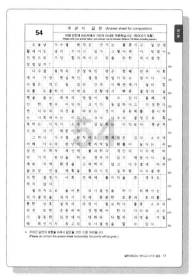

✖ 정답 및 해설집

문제집과 별도로 구성된 "정답 및 해설집"에는 정답과 함께 상세한 해설을 수록하였습니다. 〈듣기〉와 〈읽기〉에는 각 문제의 유형을 표시하고 구체적인 문제 풀이 방법을 제시하여 학습자가 문제를 유형별로 익히고 풀 수 있도록 하였습니다. 〈듣기〉와 〈읽기〉 지문에는 정답의 힌트가 되는 핵심적인 부분을 음영과 밑줄로 표시하여 학습자의 이해를 도왔습니다. 〈쓰기〉 해설에서는 문제의 답을 틀에 알맞게 작성할 수 있도록 풀이 전략을 안내합니다. 또 모범 답안을 실제 시험과 동일한 원고지의 형태로도 제시하여 시험장에서 실질적인 도움이 되도록 하였습니다.

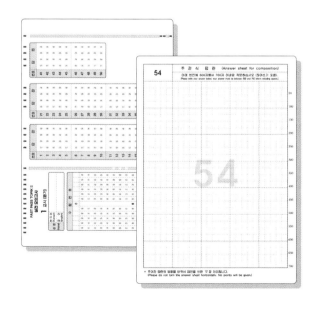

✖ 실전용 OMR 카드

시험을 앞둔 학습자가 실제 시험과 동일한 방법으로 시험에 대비할 수 있도록 OMR 카드를 수록하였습니다. 실제 시험에서 사용되는 OMR카드와 동일하게 작성법과 유의 사항이 기재되어 있고, 원고지 모양의 답안지에 쓰기 답안도 함께 작성할 수 있어 실전과 같이 문제를 풀 수 있습니다. 각 회의 모의고사를 풀 때 한 세트씩 잘라서 사용할 수 있도록 "정답 및 해설"의 뒷부분에 수록하였습니다.

한국어 능력시험 TOPIK 안내

TOPIK 시험 목적
- 한국어를 모국어로 하지 않는 재외동포·외국인의 한국어 학습 방향 제시 및 한국어 보급 확대
- 한국어 사용능력을 측정·평가하여 그 결과를 국내 대학 유학 및 취업 등에 활용

TOPIK 응시 대상
- 한국어를 모국어로 하지 않는 재외동포 및 외국인

TOPIK 유효 기간
- 성적 발표일로부터 2년간 유효

TOPIK 시험 시간표

구분	교시	영역	한국			시험 시간(분)
			입실 완료 시간	시작	종료	
TOPIK I	1교시	듣기 읽기	09:20까지	10:00	11:40	100
TOPIK II	1교시	듣기 쓰기	12:20까지	13:00	14:50	110
	2교시	읽기	15:10까지	15:20	16:30	70

※ TOPIK I은 1교시만 실시함.
※ 해외 시험 시간은 현지 접수 기관에 문의하시기 바랍니다.

TOPIK 시험 응시료 (한국 기준)
- TOPIK I: 40,000원, TOPIK II: 55,000원

TOPIK 시험 수준별 문제 구성

시험 수준	교시	영역(시간)	유형	문항수	배점	총점
TOPIK I	1교시	듣기(40분)	선택형	30	100	200
		읽기(60분)	선택형	40	100	
TOPIK II	1교시	듣기(60분)	선택형	50	100	300
		쓰기(50분)	서답형	4	100	
	2교시	읽기(70분)	선택형	50	100	

TOPIK II 영역 문제 유형
- 선택형 문항(4지선다형): 듣기, 읽기 영역
- 서답형 문항: 쓰기 영역
- 문장 완성형(단답형): 2문항
- 작문형: 2문항 (200~300자 정도의 중급 수준 설명문 1문항, 600~700자 정도의 고급 수준 논술문 1문항)

TOPIK 시험 등급별 문제 구성

시험 수준	등급	평가 기준
TOPIK I	1급	• '자기소개하기, 물건 사기, 음식 주문하기' 등 생존에 필요한 기초적인 언어 기능을 수행할 수 있으며 '자기 자신, 가족, 취미, 날씨' 등 매우 사적이고 친숙한 화제에 관련된 내용을 이해하고 표현할 수 있다. • 약 800개의 기초 어휘와 기본 문법에 대한 이해를 바탕으로 간단한 문장을 생성할 수 있다. • 간단한 생활문과 실용문을 이해하고, 구성할 수 있다.

TOPIK I	2급	• '전화하기, 부탁하기' 등의 일상생활에 필요한 기능과 '우체국, 은행' 등의 공공시설 이용에 필요한 기능을 수행할 수 있다. • 약 1,500∼2,000개의 어휘를 이용하여 사적이고 친숙한 화제에 관해 문단 단위로 이해하고 사용할 수 있다. • 공식적 상황과 비공식적 상황에서의 언어를 구분해 사용할 수 있다.
TOPIK II	3급	• 일상생활을 영위하는 데 별 어려움을 느끼지 않으며, 다양한 공공시설의 이용과 사회적 관계 유지에 필요한 기초적 언어 기능을 수행할 수 있다. • 친숙하고 구체적인 소재는 물론, 자신에게 친숙한 사회적 소재를 문단 단위로 표현하거나 이해할 수 있다. • 문어와 구어의 기본적인 특성을 구분해서 이해하고 사용할 수 있다.
	4급	• 공공시설 이용과 사회적 관계 유지에 필요한 언어 기능을 수행할 수 있으며, 일반적인 업무 수행에 필요한 기능을 어느 정도 수행할 수 있다. • 또한 '뉴스, 신문 기사' 중 비교적 평이한 내용을 이해할 수 있다. 일반적인 사회적·추상적 소재를 비교적 정확하고 유창하게 이해하고, 사용할 수 있다. • 자주 사용되는 관용적 표현과 대표적인 한국 문화에 대한 이해를 바탕으로 사회·문화적인 내용을 이해하고 사용할 수 있다.
	5급	• 전문 분야에서의 연구나 업무 수행에 필요한 언어 기능을 어느 정도 수행할 수 있다. • '정치, 경제, 사회, 문화' 전반에 걸쳐 친숙하지 않은 소재에 관해서도 이해하고 사용할 수 있다. • 공식적, 비공식적 맥락과 구어적, 문어적 맥락에 따라 언어를 적절히 구분해 사용할 수 있다.
	6급	• 전문 분야에서의 연구나 업무 수행에 필요한 언어 기능을 비교적 정확하고 유창하게 수행할 수 있다. • '정치, 경제, 사회, 문화' 전반에 걸쳐 친숙하지 않은 주제에 관해서도 이해하고 사용할 수 있다. • 원어민 화자의 수준에는 이르지 못하나 기능 수행이나 의미 표현에는 어려움을 겪지 않는다.

✱ TOPIK 시험 수준 및 등급

– 시험 수준: TOPIK I, TOPIK II
– 평가등급: 6개 등급(1∼6급)

구분	TOPIK I		TOPIK II			
	1급	2급	3급	4급	5급	6급
등급 결정	80 ∼ 139	140 ∼ 200	120 ∼ 149	150 ∼ 189	190 ∼ 229	230 ∼ 300

✱ TOPIK II 쓰기 영역 작문 문항 평가 범주

문항	평가범주	평가 내용
51–52	내용 및 과제 수행	– 제시된 과제에 맞게 적절한 내용으로 썼는가?
	언어 사용	– 어휘와 문법 등의 사용이 정확한가?
53–54	내용 및 과제 수행	– 주어진 과제를 충실히 수행하였는가? – 주제에 관련된 내용으로 구성하였는가? – 주어진 내용을 풍부하고 다양하게 표현하였는가?
	글의 전개 구조	– 글의 구성이 명확하고 논리적인가? – 글의 내용에 따라 단락 구성이 잘 이루어졌는가? – 논리 전개에 도움이 되는 담화 표지를 적절하게 사용하여 조직적으로 연결하였는가?
	언어 사용	– 문법과 어휘를 다양하고 풍부하게 사용하며 적절한 문법과 어휘를 선택하여 사용하였는가? – 문법, 어휘, 맞춤법 등의 사용이 정확한가? – 글의 목적과 기능에 따라 격식에 맞게 글을 썼는가?

목 차

유형별 해설 강의

듣기   쓰기   읽기

제1회

한국어능력시험
실전 모의고사

TOPIK II

1교시 **듣기, 쓰기**
(Listening, Writing)

수험번호(Registration No.)	
이 름 (Name)	한국어(Korean)	
	영 어(English)	

유 의 사 항
Information

1. 시험 시작 지시가 있을 때까지 문제를 풀지 마십시오.
   Do not open the booklet until you are allowed to start.

2. 수험번호와 이름을 정확하게 적어 주십시오.
   Write your name and registration number on the answer sheet.

3. 답안지를 구기거나 훼손하지 마십시오.
   Do not fold the answer sheet; keep it clean.

4. 답안지의 이름, 수험번호 및 정답의 기입은 배부된 펜을 사용하여 주십시오.
   Use the given pen only.

5. 정답은 답안지에 정확하게 표시하여 주십시오.
   Mark your answer accurately and clearly on the answer sheet.

   marking example   ① ● ③ ④

6. 문제를 읽을 때에는 소리가 나지 않도록 하십시오.
   Keep quiet while answering the questions.

7. 질문이 있을 때에는 손을 들고 감독관이 올 때까지 기다려 주십시오.
   When you have any questions, please raise your hand.

TOPIK Ⅱ 듣기 (1번 ~ 50번)

※ [1~3] 다음을 듣고 알맞은 그림 또는 그래프를 고르십시오. (각 2점)

1. ①  ②

   ③  ④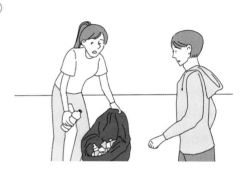

2. ①  ②

   ③  ④

※ **[1~3] 다음을 듣고 알맞은 그림 또는 그래프를 고르십시오. (각 2점)**

3.

①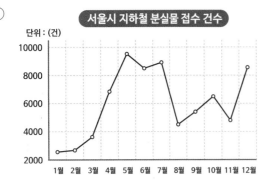

②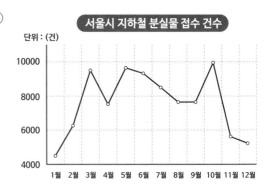

③

④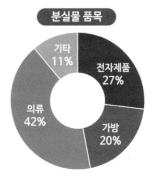

※ **[4~8] 다음을 듣고 이어질 수 있는 말로 가장 알맞은 것을 고르십시오. (각 2점)**

4. ① 책은 책상 아래에 있어요.

　② 아까 찾아봤는데 없더라고요.

　③ 무엇을 찾고 있는지 잘 모르겠어요.

　④ 찾는다고 해도 아무 소용이 없을 거예요.

5. ① 일찍 와서 사면 돼요.

　② 팝콘도 함께 사면 좋겠어요.

　③ 끝나고 마시면 되니까 괜찮아요.

　④ 음료수를 안 사면 들어갈 수 없어요.

6. ① 학교 앞에 좋은 곳을 알아요.

② 약속 시간을 빨리 정해야 해요.

③ 그러면 다음에 같이 먹으러 가요.

④ 그러니까 내일 이어서 계속합시다.

7. ① 다음부터 일찍 준비할게요.

② 서류를 좀 복사해 주시겠어요?

③ 조금 전에 복사가 끝났습니다.

④ 앞으로는 미리 좀 준비해 주세요.

8. ① 고객 조사를 좀 부탁합니다.

② 모두 만족했다니 정말 다행입니다.

③ 어떤 제품인지 소개해 주시겠어요?

④ 그럼 언제쯤 결과를 알 수 있을까요?

※ [9~12] 다음을 잘 듣고 여자가 이어서 할 행동으로 가장 알맞은 것을 고르십시오. (각 2점)

9. ① 통신 회사에 간다.　　　　　　② 전화번호를 알아본다.

③ 노트북을 고치러 간다.　　　　④ 통신 회사에 전화한다.

10. ① 공연을 본다.　　　　　　　　② 번호를 뽑는다.

③ 선물을 받는다.　　　　　　　④ 남자를 기다린다.

11. ① 커피숍에 간다.　　　　　　　② 우체국에 간다.

③ 자료를 찾는다.　　　　　　　④ 자료를 정리한다.

12. ① 서류를 수정한다.　　　　　　② 박 대리에게 간다.

③ 보고서를 발표한다.　　　　　④ 서류 확인을 부탁한다.

[13~16] 다음을 듣고 들은 내용과 같은 것을 고르십시오. (각 2점)

13. ① 여자는 새집으로 이사했다.

    ② 여자는 다음 주에 집들이에 간다.

    ③ 남자는 꽃과 나무 가꾸는 것을 좋아한다.

    ④ 남자는 집들이 선물로 커피를 준비하려고 한다.

14. ① 도서관 3층에서 책을 대출할 수 있다.

    ② 도서관 투어 후에 기념품을 받을 수 있다.

    ③ 기념품을 받으려면 학생증이 있어야 한다.

    ④ 도서관 2층에서 학교 홍보 영상을 볼 것이다.

15. ① 축제는 15일부터 20일까지 열린다.

    ② 축제는 국내 작가들만 참여가 가능하다.

    ③ 마을에서 직접 도자기를 만들어 볼 수 있다.

    ④ 티켓이 있으면 식당에서 무료로 식사할 수 있다.

16. ① 남자는 중고 물건을 수리하여 판매한다.

    ② 남자는 어려운 이웃의 이사를 도와준다.

    ③ 남자는 어려운 사람에게 물건을 사 준다.

    ④ 남자는 다른 사람의 도움 없이 살아왔다.

※ **[17~20] 다음을 듣고 남자의 중심 생각으로 가장 알맞은 것을 고르십시오. (각 2점)**

17. ① 아이들은 학원에 다녀야 한다.

    ② 무조건 남을 따라 할 필요는 없다.

    ③ 어릴 때 친구들과 잘 어울려야 한다.

    ④ 아이를 일찍 공부시키는 것은 좋지 않다.

18. ① 항상 주위를 살펴야 한다.

    ② 뒤를 잘 보면서 걸어야 한다.

    ③ 남을 배려하는 마음을 가져야 한다.

    ④ 자신을 제일 중요하게 생각해야 한다.

19. ① 물건을 아껴서 사용해야 한다.

    ② 시대 변화에 빨리 적응해야 한다.

    ③ 항상 새로운 물건을 사용해야 한다.

    ④ 쓸 만한 물건은 다시 재활용해야 한다.

20. ① 작가는 독자가 이해하기 쉽게 글을 써야 한다.

    ② 작가는 독자가 선호하는 내용의 글을 써야 한다.

    ③ 작가는 독자의 반응을 살펴본 후에 글을 써야 한다.

    ④ 작가는 글을 쓸 때 전문 용어를 많이 사용해야 한다.

21. 남자의 중심 생각으로 가장 알맞은 것을 고르십시오.

    ① 음식물 쓰레기를 자동으로 처리해야 한다.
    ② 쓰레기장 주변 환경을 깨끗하게 관리해야 한다.
    ③ 음식물 쓰레기 처리 기기의 설치 비용이 적게 들어야 한다.
    ④ 반대 의견이 있더라도 음식물 쓰레기 처리 기기를 설치해야 한다.

22. 들은 내용과 같은 것을 고르십시오.

    ① 음식물 쓰레기 자동 처리 기기로 쓰레기 냄새를 줄일 수 있다.
    ② 음식물 쓰레기 처리 자동 기기는 적은 비용으로 설치할 수 있다.
    ③ 음식물 쓰레기 자동 처리 기기를 설치한 아파트 주민들의 불만이 많다.
    ④ 음식물 쓰레기 자동 처리 기기를 설치할 때 주민들의 동의가 없어도 된다.

23. 남자가 무엇을 하고 있는지 고르십시오.

    ① 신청서 작성 방법을 알아보고 있다.
    ② 회의실과 회의실 기기를 예약하고 있다.
    ③ 회의실 용품 대여 방법에 대해 문의하고 있다.
    ④ 센터에서 운영하는 무료 프로그램에 대해 묻고 있다.

24. 들은 내용과 같은 것을 고르십시오.

    ① 회의실은 10명 이상부터 이용 가능하다.
    ② 종이와 프린터는 센터에서 빌릴 수 있다.
    ③ 회의실은 예약만 하면 누구든지 이용이 가능하다.
    ④ 지역 주민은 센터의 회의실을 무료로 이용할 수 있다.

※ **[25~26] 다음을 듣고 물음에 답하십시오. (각 2점)**

25. 남자의 중심 생각으로 가장 알맞은 것을 고르십시오.

   ① 여성에게 보다 많은 일자리를 제공해야 한다.
   ② 남성과 여성 모두 경제 활동에 참여해야 한다.
   ③ 경제 성장을 위해 여성 인력을 활용해야 한다.
   ④ 남성은 여성의 사회 진출에 도움을 주어야 한다.

26. 들은 내용과 같은 것을 고르십시오.

   ① 남자는 아들과 딸을 키우고 있다.
   ② 남자는 여성의 창업을 지원해 왔다.
   ③ 남자는 사업가에게 주는 상을 수상했다.
   ④ 남자는 남녀의 역할이 서로 다르다고 생각한다.

※ **[27~28] 다음을 듣고 물음에 답하십시오. (각 2점)**

27. 남자가 말하는 의도로 알맞은 것을 고르십시오.

   ① 후원 프로그램에 대해 소개하기 위해
   ② 후원 프로그램 가입을 제안하기 위해
   ③ 후원 프로그램에 대한 정보를 알아보기 위해
   ④ 후원 프로그램의 운영 방법을 안내하기 위해

28. 들은 내용과 같은 것을 고르십시오.

   ① 후원을 하면 아이와 편지로 연락을 할 수 있다.
   ② 여자는 후원 프로그램에 대해 들어 본 적이 없다.
   ③ 후원 프로그램을 통해 성인 한 명이 세 명의 아이를 지원한다.
   ④ 아는 사람과 함께 가입해야만 후원 프로그램에 참여할 수 있다.

※ **[29~30] 다음을 듣고 물음에 답하십시오. (각 2점)**

29. 남자는 누구인지 고르십시오.

① 전문 작가

② 도서 판매자

③ 도서관 관계자

④ 출판 디자이너

30. 들은 내용과 같은 것을 고르십시오.

① 책의 내용만 좋다면 구매율도 높아진다.

② 출판사는 책 표지보다 내용에 돈을 많이 쓴다.

③ 여자는 책을 선택할 때 책 표지는 신경 쓰지 않는다.

④ 남자는 독자가 읽기 편한 책을 만들어야 한다고 생각한다.

※ **[31~32] 다음을 듣고 물음에 답하십시오. (각 2점)**

31. 남자의 중심 생각으로 가장 알맞은 것을 고르십시오.

① CCTV 설치를 통해 의료 사고를 방지할 수 있다.

② 환자의 사생활 보호를 위해 CCTV를 줄여야 한다.

③ CCTV 설치보다 의료 사고 예방에 더 힘써야 한다.

④ 사고 예방 방안 마련을 위해 의료 행위를 감시해야 한다.

32. 남자의 태도로 가장 알맞은 것을 고르십시오.

① 법안 내용을 지지하고 있다.

② 상대방의 의견에 동의하고 있다.

③ 구체적인 해결책을 제시하고 있다.

④ 문제점을 지적하며 반대하고 있다.

33. 무엇에 대한 내용인지 알맞은 것을 고르십시오.

① 부자들의 실패 경험담

② 부자들의 사업 성공 과정

③ 부자가 신뢰를 얻는 이유

④ 성공을 부르는 부자들의 습관

34. 들은 내용과 같은 것을 고르십시오.

① 신속한 응답은 사람들의 호감을 얻는다.

② 부자는 여유롭게 결정하는 습관이 있다.

③ 부자는 비즈니스 이메일에만 빨리 답변한다.

④ 설문 조사에 답한 사람은 시간적 여유가 있다.

35. 남자는 무엇을 하고 있는지 고르십시오.

① 연기의 장점을 설명하고 있다.

② 연기의 중요성을 주장하고 있다.

③ 연기자의 자세를 강조하고 있다.

④ 연기자의 역할을 평가하고 있다.

36. 들은 내용과 같은 것을 고르십시오.

① 남자는 자신의 연기에 만족하지 않았다.

② 남자의 아버지는 아들을 사랑하지 않았다.

③ 남자가 처음 연기를 시작할 때 주연을 맡았다.

④ 남자의 아버지는 감정 표현을 잘 하지 않았다.

37. 여자의 중심 생각으로 알맞은 것을 고르십시오.

    ① 한번 형성된 성격은 고칠 수 없다.

    ② 성격은 타고나는 것으로 고칠 수 있다.

    ③ 성격이 형성되는 데에 환경적 영향이 크다.

    ④ 형제 관계에 따라서 성격이 다르게 나타난다.

38. 들은 내용과 같은 것을 고르십시오.

    ① 장남은 권위적인 성향이 강하다.

    ② 막내는 책임감이 강하고 성실하다.

    ③ 부모가 권위적이면 아이는 수동적이다.

    ④ 부모가 간섭하면 아이가 더욱 창의적으로 자란다.

※ **[39~40] 다음을 듣고 물음에 답하십시오. (각 2점)**

39. 이 대화 전의 내용으로 가장 알맞은 것을 고르십시오.

    ① 청년들이 동거를 선호하는 이유

    ② 청년들의 결혼관이 변화한 이유

    ③ 청년들의 결혼관에 대한 조사 결과

    ④ 청년들의 결혼 연령에 대한 조사 결과

40. 들은 내용과 같은 것을 고르십시오.

    ① 응답자의 절반 이상이 동거에 찬성한다.

    ② 결혼을 해야 한다는 응답이 절반에도 미치지 못했다.

    ③ 결혼하지 않고 혼자 사는 사람들이 점점 많아지고 있다.

    ④ 대부분의 청년들은 결혼에 드는 비용이 적당하다고 생각한다.

※ **[41~42] 다음을 듣고 물음에 답하십시오. (각 2점)**

41. 이 강연의 중심 내용으로 가장 알맞은 것을 고르십시오.

　① 국내 기상 조절 수준을 향상해야 한다.

　② 인공 기상 조절로 자연재해를 막아야 한다.

　③ 날씨를 조절하는 것은 인간이 해야 하는 일이다.

　④ 일상생활에 도움이 되는 기상 조절 기술이 필요하다.

42. 들은 내용과 같은 것을 고르십시오.

　① 현재 인공 강우는 농사에 사용되고 있다.

　② 국내의 기상 조절 기술은 세계적인 수준이다.

　③ 인공적으로 눈을 만드는 실험을 진행하고 있다.

　④ 날씨 조절 기술을 활용해 동계 올림픽을 성공적으로 마쳤다.

※ **[43~44] 다음을 듣고 물음에 답하십시오. (각 2점)**

43. 무엇에 대한 내용인지 알맞은 것을 고르십시오.

　① 지명에 얽힌 전설

　② 지명으로 보는 지역의 발전사

　③ 지명의 유래와 과거 사람들의 삶

　④ 지역의 역사를 통한 지명의 이해

44. '여우고개'를 '남태령'으로 부르게 된 이유로 맞는 것을 고르십시오.

　① 고개에는 여우가 살고 있지 않아서

　② 왕이 직접 새로운 이름을 지어 주어서

　③ 여우고개라는 이름을 왕에게 말하는 것이 곤란해서

　④ 당시의 지도에 이미 남태령이라는 지명을 사용해서

※ **[45~46] 다음을 듣고 물음에 답하십시오. (각 2점)**

45. 들은 내용과 같은 것을 고르십시오.

    ① 나노 과학은 물체가 커지는 특징을 이용한다.
    ② 나노 기술은 머리카락 크기의 물체를 활용한다.
    ③ 나노 기술을 이용한 다수의 제품이 실용화되었다.
    ④ 나노미터는 물질이 가진 본래의 특성을 이용하는 과학이다.

46. 여자의 말하는 방식으로 가장 알맞은 것을 고르십시오.

    ① 나노 기술의 안전성을 설명하고 있다.
    ② 나노 과학의 연구 결과를 분석하고 있다.
    ③ 나노 기술을 이용한 사례를 제시하고 있다.
    ④ 나노 과학의 새로운 가능성을 규명하고 있다.

※ **[47~48] 다음을 듣고 물음에 답하십시오. (각 2점)**

47. 들은 내용과 같은 것을 고르십시오.

    ① 대중 매체는 대중의 지적 수준을 떨어뜨렸다.
    ② 사람들은 대중 매체의 정보를 잘 믿지 못한다.
    ③ 대중매체로 인해 사람들은 개성을 찾게 되었다.
    ④ 간접 광고는 대중이 올바른 판단을 하도록 돕는다.

48. 남자의 태도로 알맞은 것을 고르십시오.

    ① 특정 광고를 비판하고 있다.
    ② 상대방의 주장에 찬성하고 있다.
    ③ 정보를 구체적으로 분석하고 있다.
    ④ 문제점을 단계적으로 나열하고 있다.

※ **[49~50] 다음을 듣고 물음에 답하십시오. (각 2점)**

49. 들은 내용과 같은 것을 고르십시오.

    ① 환율 하락은 물가 상승을 불러올 수 있다.

    ② 환율이 상승하면 수입업자의 수익이 증가한다.

    ③ 환율이 상승하면 여러 가지 부정적인 영향만 발생한다.

    ④ 환율 상승으로 생활에 어려움을 겪는 사람들도 생긴다.

50. 남자의 태도로 알맞은 것을 고르십시오.

    ① 원자재 가격의 상승을 주장하고 있다.

    ② 환율 상승의 원인에 대해 비판하고 있다.

    ③ 수출업자의 판매 수익 증가를 기대하고 있다.

    ④ 환율 상승으로 인한 부작용을 우려하고 있다.

※ **[51~52] 다음 글의 ㉠과 ㉡에 알맞은 말을 각각 쓰시오. (각 10점)**

51.

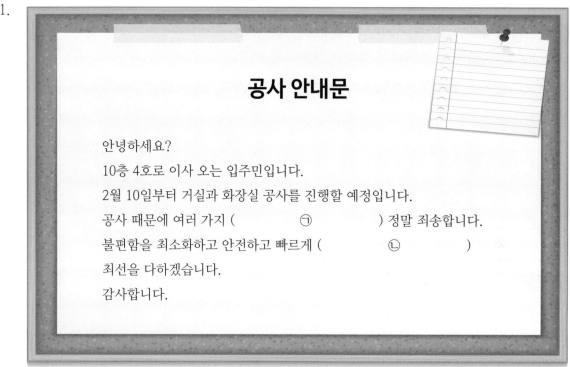

> ## 공사 안내문
>
> 안녕하세요?
> 10층 4호로 이사 오는 입주민입니다.
> 2월 10일부터 거실과 화장실 공사를 진행할 예정입니다.
> 공사 때문에 여러 가지 (㉠   ) 정말 죄송합니다.
> 불편함을 최소화하고 안전하고 빠르게 (㉡   )
> 최선을 다하겠습니다.
> 감사합니다.

52.

사람들은 자신과 생각이나 태도가 (㉠   ). 이것은 자신의 믿음과 비슷한 의견을 들었을 때 편안함을 느끼기 때문이라고 한다. 반대로 자신과 다른 의견을 보이는 사람과 함께 있을 때에는 불안감 같은 부정적인 감정이 생긴다. 부정적인 감정이 생기는 사람들끼리는 (㉡   ). 그래서 '끼리끼리 논다'는 말처럼 비슷한 사람들끼리 모이게 된다.

53. 다음은 '운동 습관 변화'에 대한 자료이다. 이 내용을 200~300자의 글로 쓰시오.
    단, 글의 제목을 쓰지 마시오. (30점)

「운동 습관 변화」

조사 기관: 국민건강센터
조사 대상: 성인 남녀 500명

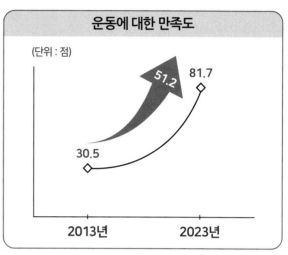

원인	• 운동 시작 후 건강 상태 증진 • 운동 ➡ 스트레스 해소, 마음 안정

54. 다음을 참고하여 600~700자로 글을 쓰시오. 단, 문제를 그대로 옮겨 쓰지 마시오. (50점)

> '다수결 원칙(다수의 의견을 전체 의사로 보고 결정하는 방식)'은 의사결정에서 가장 많이 사용되고 있다. 그러나 다수결 원칙이 가장 합리적이고 믿을 만한 의사결정 방법이 아닐 수 있다. 아래 내용을 중심으로 '다수결의 원칙'에 대한 자신의 생각을 쓰라.
>
> • 다수결 원칙의 긍정적인 면은 무엇인가?
> • 다수결 원칙은 어떤 한계를 보이는가?
> • 올바른 의사결정 방법은 무엇인가?

* 원고지 쓰기의 예

	스	트	레	스	를		받	았	을		때		사	탕	이	나		과	자
와		같	이		단		음	식	을		먹	으	면		기	분	이		좋

제1교시 듣기, 쓰기 시험이 끝났습니다. 제2교시는 읽기 시험입니다.

제1회

한국어능력시험
실전 모의고사

TOPIK II

2교시 | **읽기**
(Reading)

수험번호 (Registration No.)		
이 름 (Name)	한국어 (Korean)	
	영 어 (English)	

유 의 사 항
Information

1. 시험 시작 지시가 있을 때까지 문제를 풀지 마십시오.
   Do not open the booklet until you are allowed to start.

2. 수험번호와 이름을 정확하게 적어 주십시오.
   Write your name and registration number on the answer sheet.

3. 답안지를 구기거나 훼손하지 마십시오.
   Do not fold the answer sheet; keep it clean.

4. 답안지의 이름, 수험번호 및 정답의 기입은 배부된 펜을 사용하여 주십시오.
   Use the given pen only.

5. 정답은 답안지에 정확하게 표시하여 주십시오.
   Mark your answer accurately and clearly on the answer sheet.

   marking example ① ● ③ ④

6. 문제를 읽을 때에는 소리가 나지 않도록 하십시오.
   Keep quiet while answering the questions.

7. 질문이 있을 때에는 손을 들고 감독관이 올 때까지 기다려 주십시오.
   When you have any questions, please raise your hand.

TOPIK Ⅱ 읽기 (1번 ~ 50번)

※ **[1~2]** ( )에 들어갈 말로 가장 알맞은 것을 고르십시오. (각 2점)

1. 비가 ( ) 등산을 못 가게 되었다.

   ① 오는 바람에   ② 오는 반면에

   ③ 오는 척해서   ④ 오려던 참에

2. 할 일을 자꾸 ( ) 나중에 후회하게 될 겁니다.

   ① 미루는데도   ② 미루다가는

   ③ 미루었더니   ④ 미루다 보니

※ **[3~4]** 밑줄 친 부분과 의미가 가장 비슷한 것을 고르십시오. (각 2점)

3. 앞으로는 누구나 쉽게 우주여행을 <u>할지도 모른다.</u>

   ① 하면 좋겠다   ② 할 수도 있다

   ③ 할 줄 모른다   ④ 할 리가 없다

4. 그 식당은 음식 맛도 <u>좋은 데다가</u> 사장님도 친절해서 손님이 많다.

   ① 좋다고 해서   ② 좋은가 하면

   ③ 좋은 나머지   ④ 좋음에 따라

5.

> 밝은 세상으로 초대합니다!
> 참지 말고 쓰세요!

① 전화　　　　② 모자　　　　③ 안경　　　　④ 카드

6.

> 음악과 향기까지 한 잔 가득 담아 드립니다.
> **직접 만든 케이크도 맛보세요.**

① 꽃집　　　　② 공원　　　　③ 커피숍　　　　④ 편의점

7.

 개인 컵 사용!
모두를 생각합시다.
불편해도 실천하는 당신이 환경을 지킵니다!

① 자연 보호　　② 건강 관리　　③ 일회용품 제한　　④ 개인용품 제안

8.

> • 음식은 짜고 맵지 않게, 싱겁게 만드십시오.
> • 채소는 푹 익히지 말고 그냥 먹거나 살짝 데쳐 드십시오.
> • 콩, 생선, 우유, 요구르트 등으로 필요한 단백질을 보충하십시오.

① 손쉬운 요리법 문의　　　　② 우수한 관리법 광고
③ 건강한 식습관 안내　　　　④ 특별한 식재료 소개

9.

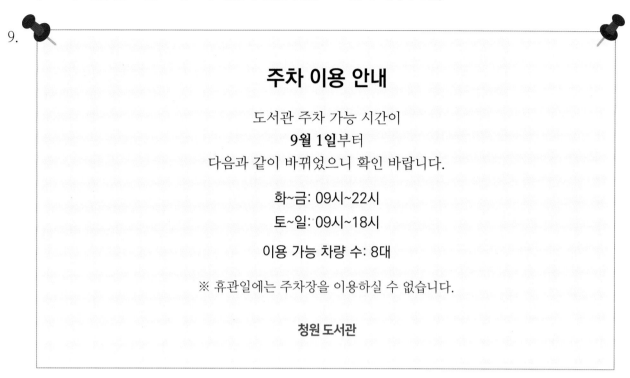

주차 이용 안내

도서관 주차 가능 시간이
9월 1일부터
다음과 같이 바뀌었으니 확인 바랍니다.

화~금: 09시~22시
토~일: 09시~18시

이용 가능 차량 수: 8대

※ 휴관일에는 주차장을 이용하실 수 없습니다.

청원 도서관

① 주차장은 1년 내내 이용할 수 있다.
② 한 사람 당 8대까지 주차가 가능하다.
③ 주말에는 주차장 이용 시간이 더 짧다.
④ 월요일에는 밤 10시까지 주차할 수 있다.

10.

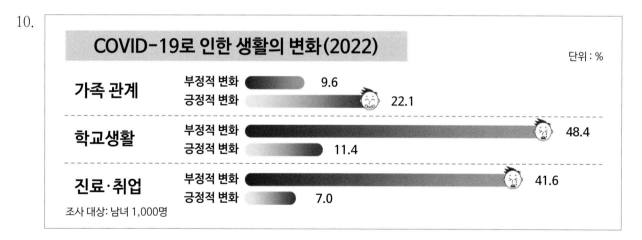

COVID-19로 인한 생활의 변화(2022)

단위 : %

가족 관계
부정적 변화 9.6
긍정적 변화 22.1

학교생활
부정적 변화 48.4
긍정적 변화 11.4

진료·취업
부정적 변화 41.6
긍정적 변화 7.0

조사 대상: 남녀 1,000명

① COVID-19로 인한 생활 변화에 대해 남녀가 느끼는 것이 다르다.
② 학교생활의 변화를 부정적으로 보는 응답자는 절반에 조금 못 미친다.
③ COVID-19로 인해 긍정적인 변화가 많다고 생각하는 것은 진로·취업 부분이다.
④ 응답자의 절반 이상이 COVID-19 이전보다 가족 관계가 더 나빠졌다고 생각한다.

11.

> 인주시가 올 12월부터 현금 대신 카드로만 요금을 내도록 하는 교통 카드 전용제를 실시한다고 한다. 그 대상은 버스 회사 3곳의 5개 노선, 150대이며 내년 9월까지 9개월간 시범 운행될 계획이다. 교통 카드 전용제는 운전기사가 현금을 받으면 거스름돈을 주어야 해서 생기는 각종 문제에 대한 고민으로 제안된 방안이다.

① 모든 버스 회사에서 교통 카드 전용제를 시행할 것이다.

② 버스를 탈 때 현금을 내는 방식으로 인한 문제점이 있다.

③ 카드로 버스를 이용하는 사람이 전국적으로 늘어날 전망이다.

④ 12개월 동안 교통 카드 전용제를 실시할 것이고 점차 확대할 예정이다.

12.

> 건강에 도움이 안 되는 음식으로 여겨졌던 도넛의 판매량이 올해 하반기 상승했다. 2000년대까지 인기 제품이었던 도넛은 2010년 웰빙 열풍으로 사람들이 건강한 삶에 관심을 가지게 되면서 인기가 떨어졌다. 그러나 작년부터 식사뿐만이 아니라 디저트와 음료까지 배달이 가능해지면서 도넛의 배달 매출액 역시 배로 증가했다. 도넛 업체들은 영양을 고려한 제품을 개발하는 등 품질을 강화하여 소비자의 요구를 만족시키려 힘쓰고 있다.

① 도넛 가게를 운영하는 가게 수가 증가했다.

② 소비자들은 도넛 품질 강화에 긍정적인 반응을 보이고 있다.

③ 배달되는 음식이 많아지면서 도넛을 찾는 사람들이 감소했다.

④ 건강에 대한 관심은 도넛의 인기를 떨어뜨리는 원인이 되었다.

13.

(가) 운은 준비된 자에게 온다.

(나) 준비에는 노력이 필요하다.

(다) 그리고 그 선택은 그 누구도 아닌 내가 하는 것이다.

(라) 어떤 노력을 어떻게, 얼마만큼 할지는 선택의 영역이다.

① (가)-(나)-(라)-(다)   ② (나)-(라)-(가)-(다)

③ (다)-(라)-(가)-(나)   ④ (라)-(다)-(가)-(나)

14.

(가) 눈의 중요성을 강조하는 말이다.

(나) '몸이 백 냥이면 눈이 구십 냥'이라고 많이 이야기한다.

(다) 따라서 눈 건강을 위한 좋은 생활 습관을 기르도록 해야 한다.

(라) 그런데 눈은 다른 신체 기관에 비해 노화가 빨리 진행된다고 한다.

① (가)-(나)-(다)-(라)   ② (가)-(나)-(라)-(다)

③ (나)-(가)-(다)-(라)   ④ (나)-(가)-(라)-(다)

15.

(가) 스트레스를 먹는 것으로 해소하려고 하는 사람이 많다.

(나) 또한 식이섬유가 풍부한 과일, 채소가 식단에 포함되어야 한다.

(다) 그러나 이런 습관의 반복은 당뇨병으로 가는 지름길임에 주의해야 한다.

(라) 당뇨병 예방을 위해서는 자신에게 맞는 표준 체중을 알고 음식량을 조절해야 한다.

① (가)-(다)-(나)-(라)   ② (가)-(다)-(라)-(나)

③ (라)-(나)-(가)-(다)   ④ (라)-(다)-(가)-(나)

※ [16~18] (　　　　)에 들어갈 말로 가장 알맞은 것을 고르십시오. (각 2점)

16.

　　상대방에게 말하기 어려운 부탁이나 거절을 해야 할 때 푹신한 쿠션을 앞에 깔아 주듯이 하는 대화 방법을 '쿠션 대화법'이라고 한다. 이것은 (　　　　　　　　　　) 방법으로 대화를 시작한다. "죄송합니다만", "괜찮으시다면"과 같은 말을 문장의 처음에 붙임으로써 상대방의 마음을 덜 다치게 하고 최대한 예의 있게 표현하여 부담 없이 대화가 이어질 수 있게 한다.

① 가벼운 농담으로 시작하는　　　　　　② 미안한 마음을 먼저 전하는
③ 간접적으로 의사를 전달하는　　　　　④ 진심을 담아 사과를 표현하는

17.

　　'콩나물에 물을 주면 물은 다 빠져나가지만 콩나물은 자란다'라는 말로 교육의 효과를 비유하곤 한다. 그러나 우리는 물을 주자마자 바로 (　　　　　　) 경향이 있다. 콩나물을 잘 키우려면 매일 물을 주는 성실함과 그 물이 그냥 흘러서 버려지는 것이 아니라는 것을 믿는 마음이 필요하다. 아이가 얼마나 많이 컸을까 기대하기 전에 물을 주는 사람이 얼마나 정성과 신뢰감을 주었는지 돌아볼 줄 아는 자세가 중요할 것이다.

① 콩나물을 시장에 팔려는　　　　　　② 콩나물의 가격을 물어보는
③ 콩나물의 무게를 알려고 하는　　　　④ 콩나물의 길이를 재려고 하는

18.

　　자신보다 어린 사람에게도 예의 있게 대하는 것, 남에게 물건을 빌릴 때 감사하다고 말하는 것, 타인이 잘한 것을 칭찬하는 것 등이 겸손의 시작이다. 상대방을 높이고 자신을 낮추는 것은 대단한 행동이 필요한 것이 아니다. (　　　　　　　　)과 표현에서 겸손과 존중이 드러난다. 단지 자신을 낮추려고만 하는 것이 아닌, 상대방을 귀하게 생각하고 귀하게 대하는 것이 겸손이다.

① 말과 행동이 일치하는 것　　　　　　② 먼저 상대를 걱정하는 마음
③ 별것 아닌 것 같은 작은 행동　　　　④ 착한 사람이 돼야 한다는 신념

아이가 어릴 때부터 외국어를 가르치는 부모들을 흔히 볼 수 있다. 이러한 부모의 높은 교육열은 장점도 있지만 지나치면 잃는 것이 더 많다. 계속 성장 중인 아이들은 신체뿐 아니라 두뇌도 점점 발달하기에 그에 맞게 교육을 하는 것이 좋다. 조기 교육은 일시적으로 우수한 학습 효과를 얻을 수도 있지만 쉽게 싫증을 내게 할 수도 있다. 따라서 아이들이 학습에서 (   ) 될 수도 있다. 똑똑한 아이로 키우고 싶다면 또래들과 자주 어울리게 하고 부모와 대화의 시간을 가지게 하는 것이 좋다. 그 과정을 통해 아이들은 생각하는 방법을 배우게 되고 두뇌도 발달하게 될 것이다.

19. (   )에 들어갈 말로 가장 알맞은 것을 고르십시오.

① 맛을 보게
② 손을 떼게
③ 열을 올리게
④ 문을 두드리게

20. 윗글의 주제로 가장 알맞은 것을 고르십시오.

① 조기 교육의 단점보다는 장점을 살려야 한다.
② 외국어 교육으로 인한 부작용을 고려해야 한다.
③ 부모의 교육에 대한 열정을 높이 평가해야 한다.
④ 아이들에게는 발달 단계에 맞는 교육을 해야 한다.

달걀은 영양가가 높은 식품이지만 콜레스테롤 때문에 별로 즐기지 않는 사람들도 많다. 그러나 연구에 의하면 하루에 달걀 한 개를 먹는 사람은 (   ) 먹지 않는 사람에 비해 심장 관련 질병에 걸릴 가능성이 적었다. 그렇다면 건강을 위한 '달걀 잘 먹는 방법'에는 어떤 것이 있을까? 먼저 신선한 달걀을 고를 줄 알아야 한다. 신선한 달걀은 껍질 표면이 매끈하고 빛이 나는 것이다. 그리고 구매한 달걀은 냉장고에 보관해야 한다. 또한 달걀을 찬물에 넣었을 때 가라앉으면 싱싱한 것이지만 물 위로 뜨면 상한 것이므로 먹어서는 안 된다.

21. (   )에 들어갈 말로 가장 알맞은 것을 고르십시오.

① 가끔　　　　　② 역시　　　　　③ 비록　　　　　④ 전혀

22. 윗글의 내용과 같은 것을 고르십시오.

① 달걀은 겉에 빛이 나면 오래된 것이다.

② 달걀은 신선할수록 물에 뜨는 특성이 있다.

③ 달걀은 많이 먹을수록 심장의 기능이 좋아진다.

④ 달걀이 건강에 좋지 않다고 생각하는 사람들이 있다.

나는 10년을 넘게 사귄 남자 친구의 프러포즈에도 이런 저런 핑계를 대며 결혼을 미루고 미루었다. 하지만 부모님의 성화에 못 이겨 결국 결혼을 했고, 최대한 아이를 늦게 가지려던 마음과 달리 금방 임신과 출산까지 하게 되었다. 아이를 낳은 후에도 나는 직장 생활을 포기할 수 없었고 결국 아이 육아는 전적으로 친정 엄마의 몫이었다.

근무 중이던 어느 날, 아이가 넘어져 다쳤다는 엄마의 전화를 받고 아이 돌보는 것도 제대로 못 하냐며 큰소리를 쳤다. 퇴근해서 집에 가자마자 엄마의 질문에는 대답도 하지 않은 채 아이부터 찾았다. 다행히도 아이는 크게 다치지 않아서인지 웃으며 놀고 있었다. 아이를 와락 껴안았을 때 엄마의 손등에 무언가에 베인 상처가 눈에 들어왔다. 순간 그 상처가 왜 생긴 건지 묻지 않아도 알 수 있었지만 <u>나는 오히려 아이를 더 세게 끌어안고 눈물만 흘렸다.</u>

23. 밑줄 친 부분에 나타난 '나'의 심정으로 가장 알맞은 것을 고르십시오.

① 고생스럽다
② 불만스럽다
③ 자랑스럽다
④ 후회스럽다

24. 윗글의 내용과 같은 것을 고르십시오.

① 아이가 크게 다쳐 피가 나고 상처가 생겼다.
② 나는 결혼 후에 어렵게 임신을 하게 되었다.
③ 나는 친정 엄마에게 아이를 맡기고 일을 하였다.
④ 나는 부모님의 반대에도 불구하고 결혼하게 되었다.

25.

> "어머님, 올 추석엔 전 대신 용돈 부칠게요"

① 올 추석에는 현금을 주고받는 것보다 송금을 하려는 사람이 증가했다.

② 올 추석에는 음식을 직접 만들지 않고 사서 준비하려는 이들이 많아졌다.

③ 올 추석에는 음식 준비를 위해 어머님께 용돈을 드리겠다는 이들이 많다.

④ 올 추석에는 부모님 집에 가지 않고 용돈으로 마음을 전달하려는 사람이 많다.

26.

> 전기차 달리는데 대학은 기름차만 가르친다

① 자동차학과는 미래 산업의 중심 역할을 하기 위해 연구를 해야 한다.

② 자동차학과의 교육 내용이 실습 위주의 교육 과정으로 구성되어 있다.

③ 자동차학과의 현재 강의 수준으로는 실제 현장에서 쓸모가 없을 것이다.

④ 자동차학과는 교육 현장에서 시대적 요구를 제대로 반영하지 못하고 있다.

27.

> 오지 않는 여행객, 직원 1.5만 명 짐 쌌다

① 여행객의 감소로 많은 수의 직원들이 일을 그만두었다.

② 여행객이 놓고 간 짐은 직원들이 대신 정리하여 보관하고 있다.

③ 여행객을 늘리기 위한 방법의 하나로 여행객에게 가방을 선물하였다.

④ 여행객을 모시기 위한 서비스로 직원들이 짐을 싸 주는 행사를 하였다.

28.

> 각 나라의 문화에 따라 의식에 사용되는 색이 다르다. 장례식장에서 입는 상복을 생각하면 보통 검은색을 떠올리곤 하나 꼭 그렇지만도 않다. 아시아 국가들은 한국처럼 흰색, 멕시코에서는 노란색, 브라질에서는 보라색 상복을 입는다. 이때 어느 것이 맞고 어느 것이 틀리다 말할 수는 없다. 문화란 상대적인 것이기에 (   ) 가치나 수준 등을 정할 수는 없다.

① 절대적인 하나의 잣대로
② 인간적인 차원의 생각으로
③ 주관적인 가치를 반영한 것으로
④ 전통적인 입장을 따르는 것으로

29.

> 한 심리학자는 5단계의 삼각형 피라미드로 인간의 욕구를 설명하였다. 하나의 욕구가 충분히 채워지게 되면 다음 단계의 욕구가 나타나고, 먼저 요구되는 욕구가 충족되었을 때 (   ). 제일 높은 단계인 자아실현 욕구는 계속 발전하기 위해 자신의 잠재력을 최대한 발휘하려는 욕구로, 다른 욕구와 달리 욕구가 충족되어도 멈추지 않고 더욱 증대되는 경향을 보인다.

① 만족감으로 멈추게 된다
② 다음 단계의 욕구로 나아간다
③ 최종의 목표에 도달할 수 있다
④ 더 이상 동기 유발이 되지 않는다

30.

> 맥주 테스트로 정치인에 대한 호감도를 측정할 방법이 있다. 투표에 참여할 유권자들은 '내가 맥주 한잔하고 싶은 정치인'이 아니라 '(   )'을 뽑게 된다고 한다. 나에게 먼저 맥주를 청할 수 있을 것 같은 사람이라면 나의 이해관계에 대해서도 나를 대신해서 말해 줄 수 있을 것 같다고 생각하기 때문이다.

① 내가 맥주 한잔 사 주고 싶은 정치인

② 술을 전혀 마시지 않을 것 같은 정치인

③ 호감이 생기는 방법을 잘 알고 있는 정치인

④ 나에게 맥주 한잔하자고 말할 것 같은 정치인

31.

> 번아웃 증후군이란 극도의 피로감에 기운과 의욕이 사라져 더 이상 일을 할 수 없게 된 상태를 말한다. 번아웃은 스트레스와는 달리 어떤 일에도 감동을 느끼지 못하고 둔감해지게 만든다. 이처럼 (   )거나 일상적 기능이 쇠퇴할 수도 있어 주변인들 역시 분명하게 인식할 수 있다. 번아웃은 우울증을 동반하기도 하므로 이에 대한 경고 신호를 느끼면 전문가에게 도움을 요청해야 한다.

① 과로 때문에 발생한다

② 일시적인 휴식이 필요하다

③ 즐기던 것에서 즐거움을 잃는다

④ 번아웃에 면역력을 가지고 있지 않다

32.

> 많은 육아 정보 프로그램에서는 아기의 감각을 자극하는 것이 중요하다고 알려 준다. 이것을 장난감이나 카드 등으로 아기를 계속 자극하는 것으로 오해하는 사람들도 많다. 아기의 발달을 위해서는 도구를 이용한 자극보다는 양육자가 아이를 안아 주고 아이와 눈을 맞추며 말을 걸어 주는 것처럼 애정과 관심을 보여 주는 것이 더 중요하다. 그렇기에 진정한 전문가라면 아이한테 양육자의 따뜻한 돌봄보다 더 특별한 자극은 없다고 조언할 것이다.

① 적절한 자극을 받지 못한 아이들을 위한 장난감이 필요하다.
② 일상에서 아이를 돌보는 행동이 아이에게 좋은 자극이 된다.
③ 아기의 성장 발달을 위해서는 엄마의 노력이 무엇보다 중요하다.
④ 아기의 감각을 발달시키기 위해서는 전문가의 조언을 들어야 한다.

33.

> 푸드테크 산업은 음식과 기술을 합해 놓은 새로운 산업이다. 그동안 음식 산업은 신선함 유지나 유통 기한 등의 문제로 인해 기술 적용이 어려워서 정성과 맛으로만 승패가 결정되는 분야였다. 그러나 로봇, 인공 지능 등의 첨단 과학이 식품 생산과 배달에 적용되면서 변화가 나타나고 있다. 1인 가구 및 맞벌이 부부 증가, 편리함을 중시하는 사람들의 증가 등 현대 사회의 변화 양상들은 푸드테크 시장을 점점 확대시키고 있다.

① 푸드테크 산업은 음식 맛을 지키기 위해 노력을 하고 있다.
② 음식 산업과 기술의 융합은 생산과 유통에 악영향을 끼쳤다.
③ 푸드테크 산업이 주목받고 있는 것은 융합 산업에 대한 기대 때문이다.
④ 가족 제도의 변화는 푸드테크 시장을 더 커지게 하는 요인이 되고 있다.

※ **[32~34] 다음을 읽고 글의 내용과 같은 것을 고르십시오. (각 2점)**

34.

> 사람이 추위를 느끼게 되는 가장 큰 원인은 근육 부족이다. 우리 몸속 열의 50% 이상이 근육에서 생긴다. 그런데 근육 중에서 하체 근육이 우리 몸 근육의 3분의 2를 차지하므로 만약 추위를 탄다면 하체 근육 부족을 의심해 봐야 한다. 그리고 몸 전체에 체지방이 많은 사람이 적은 사람보다 추위를 덜 타지만 배에만 지방이 많은 사람은 오히려 추위에 훨씬 약하다. 지방이 부족한 어깨, 팔, 다리 등에서 열을 빼앗아 가기 때문이다. 한편 야식을 즐기는 사람도 추위에 약하다. 음식물 소화를 위해 혈액이 위장에 몰리면 다른 부위는 혈액 전달이 잘 되지 못해 추위를 느끼게 되는 것이다.

① 혈액이 온몸으로 전달될 때 추위를 덜 느끼게 된다.
② 하체 근육 세포는 우리 몸속 열의 절반을 만들어 낸다.
③ 추위를 이겨 내기 위해서는 체지방과 뱃살이 필요하다.
④ 음식을 소화시키지 못하면 열을 내는 세포 또한 생기지 않는다.

※ **[35~38] 다음을 읽고 글의 주제로 가장 알맞은 것을 고르십시오. (각 2점)**

35.

> 인사 관리에서 가장 중요한 부분은 평가다. 관리자라면 하루 15% 정도의 시간을 직원 평가에 써야 한다고 할 만큼 평가는 중요하다. 일주일에 하루 정도의 시간은 평가와 관련한 활동을 하는 것이다. 이때 평가만을 위한 시간을 일부러 가지는 것보다는 평소 업무 중에 구성원들에게서 느끼는 장단점과 특징 등을 기록으로 남겨 놓는 것이 좋다. 이런 기록은 평가를 공정하게 해 주고 구성원들을 위한 조언의 근거로 사용될 수 있기 때문이다.

① 인사 관리에서 평가는 늘 공정해야 한다.
② 관리자는 평가를 하기 위한 시간을 따로 구분해야 한다.
③ 관리자가 기록하는 습관은 구성원들의 발전을 위해 필요하다.
④ 관리자가 구성원들에게 조언을 할 때는 있었던 일을 근거로 해야 한다.

36.

> 사람들은 자신의 생활 수준을 남들과 맞추려고 하는 경향이 있다. 남들이 먹고 입고 즐기는 것을 나도 해야 하고 남들이 사는 수준의 아파트에 살며 내 아이도 거기에 사는 아이들과 같은 학원에 다녀야 한다. 그러나 남의 시선을 의식하여 물질적인 것을 좇는 인생보다는 내가 바라는 것을 하고 주변에 좋은 영향력을 끼칠 수 있는 인생이 결국에는 더 긍정적인 평가를 받는다. 남들과 똑같이 사는 상투적인 삶이 아닌, 나만의 이야기로 가득한 삶이 더 재미있고 감동적이기 때문이다.

① 다른 사람과 비슷하게 살아가기 위해서 노력해야 한다.
② 항상 남을 의식하며 피해를 주지 않는 삶이 긍정적인 평가를 받는다.
③ 사람들이 힘겹게 이루어 낸 삶의 모습은 다른 사람에게 감동이 된다.
④ 남들을 따라하는 삶이 아닌 스스로가 바라는 모습으로 살아가야 한다.

37.

> 사람은 선한 존재가 아닐지 모른다. 갓 태어난 아기가 자기 욕구에 충실해 자기 생각만 하며 먹을 것을 욕심내고, 어딘가 조금만 불편해도 울며 짜증을 내는 것이 그 증거다. 그러나 아이들은 자라면서 경험과 교육을 통해서 다른 사람들에 대해 배려심을 키워 가게 된다. 즉 사람의 본성은 선천적인 것이지만 인격을 키우고 타인을 배려하는 마음을 갖는 것은 전적으로 그 사람에게 달려 있다.

① 배려와 인격을 갖춘 사람은 인간관계에서 성공할 수 있다.
② 본성이 선하지 않은 사람이 선하게 바뀌기란 어려운 일이다.
③ 인간으로서 성숙한 인격을 갖게 하기 위해 교육을 해야 한다.
④ 본성은 악할지라도 인간의 노력으로 배려심과 인격을 키울 수 있다.

38.

> 부모들은 자녀를 교육할 때 어떤 생각과 가치관으로 하고 있는지 점검해 봐야 한다. 교육 목표가 자녀가 인간다워지고 행복해지는 것이라고 한다면, 자녀가 공부를 통해 얻어야 하는 것은 자율성, 독립성, 문제 해결력 등이다. 이것들은 자녀가 습득해야 할 능력이자 목표라 할 수 있다. 그러나 이때 주지해야 할 것은 대부분의 부모들이 보내는 학원이나 과외 등은 자녀들의 지식과 문제 풀이 능력은 키워 줄 수 있지만 자율성, 독립성, 문제 해결력은 길러 주지 않는다는 것이다.

① 자녀를 올바로 키우기 위해서는 공부를 시켜야 한다.
② 문제 풀이 공부는 자녀의 지식을 키우는 데 도움이 될 것이다.
③ 자녀가 자율성, 독립성, 문제 해결력을 키울 수 있는 교육을 해야 한다.
④ 좋은 부모가 되기 위해서 스스로를 점검하고 반성하는 자세를 가져야 한다.

39.

> 그래서 글쓰기 전에 필수적으로 하는 작업이 목표 독자를 상세히 정하는 것이다.

> 모두가 동의하다시피 글은 말에 비해 난이도가 높은 의사소통 수단이다. (㉠) 말은 화자가 상대의 얼굴을 보면서 반응을 살피며 이야기를 진행할 수 있다. (㉡) 이와 달리 글은 필자가 독자들의 반응을 알 수 없는 상황에서 자신의 생각을 전달하고 독자의 호응을 이끌어 내야 한다. (㉢) 목표를 생각해 놓지 않고 쓴 글이 독자의 마음을 감동시키기란 거의 불가능하기 때문이다. (㉣)

① ㉠　　　　　② ㉡　　　　　③ ㉢　　　　　④ ㉣

40.

그러나 식물성 식품이라고 해서 무조건 생으로 먹어야 좋은 것은 아니다.

샐러드는 주로 익히지 않은 채소와 과일 등으로 구성된다. 그러다 보니 식물성 식품은 생으로 섭취하는 게 가장 좋다고 생각할 수 있다. (㉠) 생채소와 생과일이 더 신선하다는 느낌이 들기 때문이다. (㉡) 익히거나 데쳐 먹는 것이 더 좋은 채소와 과일도 있다. (㉢) 따뜻한 국물이 당기는 계절에는 배추나 콩나물 등으로 샤부샤부를 해 먹으면 좋다. (㉣) 육수에 이러한 채소들을 데쳐 먹으면 맛이 좋아질 뿐만 아니라 여러 재료들과 섞여 영양도 배로 높아지는 효과가 있다.

① ㉠   ② ㉡   ③ ㉢   ④ ㉣

41.

생강은 꿀이나 설탕에 졸여 차로 즐기는 사람들이 많다.

생강은 겨울에 사람들이 많이 찾는 식재료로 몸을 따듯하게 하고 면역력을 높이는 데 효과가 있다. (㉠) 게다가 살균, 항암에도 효과가 있는 생강은 한의학적으로 따듯한 성질을 가지고 있어 혈액 순환을 원활하게 돕는다. (㉡) 혈액 순환이 원활해지면 체내에 산소와 영양이 잘 전달될뿐더러 손발이 찬 증상이 좋아질 수 있다. (㉢) 또한 날것 그대로 썰어 밥을 짓거나 양념장을 만드는 등 다양한 음식에 적용할 수도 있다. (㉣) 겨울이 다가오기 전 생강으로 면역력도 잡고 건강한 피부와 모발을 만들 수 있기를 기대해 본다.

① ㉠   ② ㉡   ③ ㉢   ④ ㉣

> 40년째 10명의 직원과 함께 식당을 운영해 왔다. 할아버지 때부터 운영해 온 식당이니 그 역사는 무려 100년이 넘었으며, 한국 전통 음식 전문점으로도 꽤 유명한 곳이었다. 개인적으로 내게는 할아버지와 아버지와의 추억이 서려 있는 곳이기도 하다. 그러나 시대가 변화하면서 사람들은 싸고 빠르게 먹을 수 있는 음식, 새롭고 신기한 음식에 눈을 돌리게 되었고, 결국 운영하기가 힘들다는 생각에 나는 식당 문을 닫기로 결심하였다. 그리고 마지막으로 직원들에게 월급과 함께 그동안 고마웠고 미안하다는 내용의 편지를 주었다.
>
> 다음 날 아침 책상 위에 적지 않은 돈이 들어 있는 하얀 봉투가 놓여 있었다. 하얀 봉투 안에는 직원들에게 줬던 월급과 편지 한 장이 들어 있었다. 자신들의 청춘을 다해 일한 곳과 이렇게 이별하는 것을 원하지 않는다며 이번 달 월급을 반납할 테니 어려운 상황을 함께 헤쳐 나가자는 직원들의 편지였다. <u>나는 그 하얀 봉투를 꼭 쥐고 하염없이 눈물을 흘렸다.</u>

42. 밑줄 친 부분에 나타난 '나'의 심정으로 가장 알맞은 것을 고르십시오.

① 서운하다   ② 불안하다

③ 감격스럽다   ④ 홀가분하다

43. 윗글의 내용으로 알 수 있는 것을 고르십시오.

① 이 식당은 3대째 운영해 오고 있는 식당이다.

② 이 식당에서는 한국 전통 음식을 싼값에 먹을 수 있다.

③ 직원들은 나에게 받은 편지와 월급을 그대로 돌려주었다.

④ 나는 직원들에게 월급을 주지 못해 미안하다는 편지를 썼다.

過거 한국인들은 한국어의 언어 예절이 드러나는 표현을 많이 사용하였다. 현대 한국어에서는 더 이상 지켜지지 않는 높임법을 다양하게 사용했다든지, 때와 상황에 맞는 표현으로 예의와 품격을 드러냈다든지 하는 것이 그 예다. 언어 예절이 쓸모없어진 것이 아님에도 불구하고 이러한 언어 예절은 오늘날 잘 지켜지지 않고 있다. 시대가 바뀌고 사회의 모든 영역에서 크고 작은 변화가 생긴 것은 사실이다. 하지만 바람직한 사회를 이루어 내기 위한 필수 요건이 (   ) 의사소통인 만큼 언어 예절은 반드시 필요하다. 과거에는 친족, 연령 등에 바탕을 둔 언어 예절을 중시했다면 현재는 직장에서의 상하 관계나 개인적인 친분 관계 등에서의 언어 예절을 중요하게 생각한다. 이러한 차이가 있음에도 변하지 않는 사실은 과거와 현재의 언어 예절 모두 상대방을 배려하는 것에 기본을 두었다는 점이다.

44. (   )에 들어갈 말로 가장 알맞은 것을 고르십시오.

① 상황과 예의를 고려한

② 긍정적이며 미래 지향적인

③ 신뢰와 존중을 바탕으로 한

④ 전통과 현재의 조화를 이룬

45. 윗글의 주제로 알맞은 것을 고르십시오.

① 현대 사회에서도 상황과 상대방을 고려한 언어 예절이 필요하다.

② 잘 지켜지지 않고 있는 언어 예절을 다시 수정해서 일깨워야 한다.

③ 과거와 현재의 언어 예절을 비교하여 새로운 언어 예절을 만들어야 한다.

④ 사회가 변함에 따라 언어 예절이 사라지는 것은 당연하게 받아들여야 한다.

기상 전문가들을 필두로 하여 문화학, 인류학 등 여러 분야에서의 전문가들이 모여 기후 변화로 인해 '미래에 구하기 힘들어질 음식'에 관하여 논의를 하였다. 그중 커피, 초콜릿, 육류 등이 앞으로 구하기 힘들어질 음식으로 꼽혔다. '앞으로 사치품이 될 식품'을 주제로 한 심층 보도에 따르면 커피와 초콜릿은 과거 한때 사치품이었다고 한다. 커피콩과 초콜릿의 주재료인 카카오가 그때는 매우 귀한 것이었지만 대량 재배가 이루어지면서 현재는 일상에서 자주 접할 수 있는 음식이 되었다는 것이다. 그러나 전문가들은 최근의 전 세계적인 기온 상승과 불규칙한 강우량이 머지않아 현재의 모습을 다시 '과거'로 돌아가게 할 수 있음을 경고하고 있다. 2050년쯤에는 전 세계의 커피 재배지 절반이 기후 변화로 인해 없어질 수 있으며, 아울러 기온 상승으로 라틴 아메리카에서 커피 재배에 적합한 지역이 80% 정도 줄어들 것이라는 비관적인 연구가 이를 뒷받침하고 있다.

46. 윗글에서 나타난 필자의 태도로 가장 알맞은 것을 고르십시오.

① 전문가들과 협의한 내용을 자세히 알려 주고 있다.

② 이상 기후로 인한 재배지 변화에 대해 우려를 표하고 있다.

③ 전문가들의 연구와 논의를 바탕으로 객관적으로 설명하고 있다.

④ 미래 먹거리가 기후 변화에 미칠 영향력에 대해 경계하고 있다.

47. 윗글의 내용과 같은 것을 고르십시오.

① 이상 기후는 우리 삶에 전혀 영향을 주지 않는다.

② 커피나 초콜릿은 아직까지도 사치품으로 여겨진다.

③ 기후 변화로 커피를 재배할 수 있는 땅이 매우 적어질 것이다.

④ 커피콩과 카카오는 날씨의 영향을 받지 않아서 재배하기가 쉽다.

※ **[48~50] 다음을 읽고 물음에 답하십시오. (각 2점)**

한국은 출산율이 2024년 기준 0.72명으로 초저출산 국가이다. 이는 세계에서 가장 낮은 수치이며 서울의 경우는 0.55명으로 더 낮은 수치를 기록하고 있다. 이렇게 낮은 출산율에도 불구하고 수도권 인구가 줄어들지 않고 있는 이유는 지방에서 서울로 이동하는 인구가 많기 때문이다. 감사원은 연구를 통해 이러한 수도권 인구 집중이 저출산 현상을 더욱 심화시킨다고 발표하였다. 청년층이 교육과 일자리 기회가 많은 수도권으로 모이는 것은 당연한 선택이지만 이로 인한 인구 집중은 경쟁을 심화시켜 비혼 또는 만혼을 야기했다는 것이다. 감사원이 공무원을 대상으로 '관공서의 지방 이전이 출산에 미치는 효과'에 대해 조사한 결과에 따르면, 관공서를 지방 도시로 옮긴 후 서울에서 지방 도시로 이전한 공무원의 자녀 수가 서울에서 근무할 때보다 더 늘었다고 한다. 또한 서울에 남은 공무원들보다 지방 도시로 옮긴 공무원들이 (   )으로 조사됐다. 서울과 이전 도시인 인주시의 거리로 인해 행정상의 비효율이 늘기는 하였으나 인구 구조에는 긍정적인 영향을 끼쳤다는 결론이다. 인주시의 본을 받아 다른 지방도 저마다의 특색을 갖춘 특색 도시로 개발하여 인구를 분산시키면 지역 균형 발전도 이루어지고 출산율도 제고될 것이다.

48. 윗글을 쓴 목적으로 가장 알맞은 것을 고르십시오.

① 저출산에 대한 심리적 원인을 지적하려고
② 낮은 출산율로 인해 생길 문제점을 경고하려고
③ 수도권으로 인구 집중이 되는 이유를 소개하려고
④ 출산율과 지역 균형 발전과의 관계를 알려 주려고

49. (   )에 들어갈 말로 가장 알맞은 것을 고르십시오.

① 자녀 양육을 두려워하는 것
② 결혼을 빨리 하고자 하는 것
③ 삶에 대한 만족도가 높은 것
④ 더 많은 수의 자녀 계획을 가진 것

50. 윗글의 내용과 같은 것을 고르십시오.

① 관공서 지방 이전은 출산율 제고에 긍정적인 영향을 주었다.
② 수도권 인구 집중은 출산율이 낮기 때문에 일어난 현상이다.
③ 한국 서울의 비혼과 만혼율은 세계에서 최저치를 기록하고 있다.
④ 서울시 행정의 일부가 인주시로 옮겨간 것은 행정 효율성에 긍정적인 영향을 끼쳤다.

제2회

한국어능력시험
실전 모의고사

TOPIK II

1교시	듣기, 쓰기 (Listening, Writing)

수험번호(Registration No.)		
이 름 (Name)	한국어(Korean)	
	영 어(English)	

유 의 사 항
Information

1. 시험 시작 지시가 있을 때까지 문제를 풀지 마십시오.
   Do not open the booklet until you are allowed to start.

2. 수험번호와 이름을 정확하게 적어 주십시오.
   Write your name and registration number on the answer sheet.

3. 답안지를 구기거나 훼손하지 마십시오.
   Do not fold the answer sheet; keep it clean.

4. 답안지의 이름, 수험번호 및 정답의 기입은 배부된 펜을 사용하여 주십시오.
   Use the given pen only.

5. 정답은 답안지에 정확하게 표시하여 주십시오.
   Mark your answer accurately and clearly on the answer sheet.

   marking example ① ● ③ ④

6. 문제를 읽을 때에는 소리가 나지 않도록 하십시오.
   Keep quiet while answering the questions.

7. 질문이 있을 때에는 손을 들고 감독관이 올 때까지 기다려 주십시오.
   When you have any questions, please raise your hand.

TOPIK Ⅱ 듣기 (1번 ~ 50번)

※ [1~3] 다음을 듣고 가장 알맞은 그림 또는 그래프를 고르십시오. (각 2점)

1. ①    ②

③    ④

2. ①    ②

③    ④

※ **[1~3] 다음을 듣고 알맞은 그림 또는 그래프를 고르십시오. (각 2점)**

3. ① 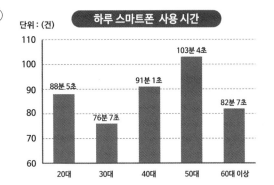 ②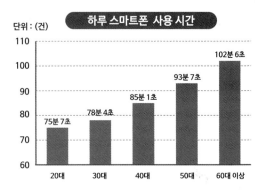

③ 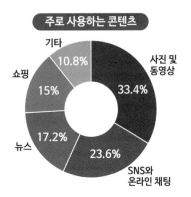 ④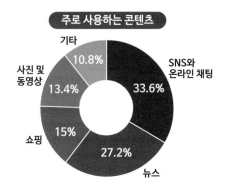

※ **[4~8] 다음을 듣고 이어질 수 있는 말로 가장 알맞은 것을 고르십시오. (각 2점)**

4. ① 저희 공연에 오세요.

② 다음 공연에는 꼭 갈게요.

③ 회사 일이 제일 중요하지요.

④ 갑자기 일이 생기면 어떡해요?

5. ① 네, 왼쪽에 있어요?

② 네, 금방 도착할 거예요.

③ 네, 그쪽으로 올라오세요.

④ 네, 계속 올라가는 게 좋겠어요.

6. ① 모임이 오늘이면 좋겠어.

② 누구를 만나는지 알고 있어.

③ 그럼 더 늦게 오는 게 좋겠어.

④ 그럼 약속 장소에 먼저 가 있을게.

7. ① 아이들은 안 갈 거예요.

② 멀어서 갈 수 없을 거예요.

③ 적당한 곳을 한번 찾아볼게요.

④ 시간을 내기 어려울 것 같아요.

8. ① 아무도 관심이 없네요.

② 그럼 상품 가격을 알아보세요.

③ 제품이 어디에 있는지 모르겠어요.

④ 그럼 판매량을 정리해서 알려 주세요.

※ **[9~12] 다음 대화를 잘 듣고 <u>여자</u>가 이어서 할 행동으로 가장 알맞은 것을 고르십시오. (각 2점)**

9. ① 현관문을 연다.　　　　　　　　② 건전지를 찾는다.

③ 건전지를 바꾼다.　　　　　　　④ 수리 센터에 전화한다.

10. ① 분실 신고를 한다.　　　　　　② 신청서를 작성한다.

③ 신분증을 신청한다.　　　　　　④ 신분증을 가지러 간다.

11. ① 식료품을 산다.　　　　　　　　② 전등을 바꾼다.

③ 남자와 같이 청소를 한다.　　　④ 남자와 같이 마트에 간다.

12. ① 거래처에 연락한다.　　　　　　② 거래처에 주문한다.

③ 기념품을 선택한다.　　　　　　④ 기념품을 제작한다.

※ **[13~16] 다음을 듣고 들은 내용과 같은 것을 고르십시오. (각 2점)**

13. ① 여자는 바다로 휴가를 갈 것이다.

　② 여자는 사람이 많은 곳을 좋아한다.

　③ 남자는 휴가 때 조용히 지내고 싶어 한다.

　④ 남자는 작년에 바다에서 재미있게 놀았다.

14. ① 할인 판매 기간은 일주일이다.

　② 할인 상품은 개수에 제한이 없다.

　③ 할인 기간 동안 가방을 싸게 살 수 있다.

　④ 전 제품을 30% 할인된 가격으로 구입할 수 있다.

15. ① 남자는 다리에서 사고를 당했다.

　② 남자는 낚시를 하려고 호수에 들어갔다.

　③ 남자는 치료를 마치고 집으로 돌아갔다.

　④ 구조대는 다리를 다친 남자를 병원으로 옮겼다.

16. ① 여자는 어렸을 때 어머니를 잃었다.

　② 여자는 어렸을 때 공부에 어려움을 겪었다.

　③ 여자는 돈을 조금만 받고 아이들을 지도한다.

　④ 여자는 이 일을 하기 시작한 지 얼마 되지 않았다.

17. ① 가게는 사람이 관리하는 것이 좋다.
    ② 커피는 사람이 직접 만들어야 한다.
    ③ 직원이 없으면 주문을 하기 불편하다.
    ④ 기계가 사람의 역할을 대신해야 한다.

18. ① 물건의 위치를 잘 알아야 한다.
    ② 물건 찾는 시간을 아껴 써야 한다.
    ③ 사용한 물건은 있던 자리에 두어야 한다.
    ④ 물건을 잃어버리지 않는 습관을 가져야 한다.

19. ① 연날리기는 가족과 함께 하는 놀이이다.
    ② 전통 놀이는 학교에서 꼭 학습해야 한다.
    ③ 전통 놀이는 가족에게 배우는 것이 좋다.
    ④ 놀이는 부모가 아이에게 학습을 통해 가르쳐야 한다.

20. ① 다리미는 생활을 편리하게 해 준다.
    ② 발명을 위해 많은 노력을 해야 한다.
    ③ 다리미는 옷이 잘 펴지게 만들어졌다.
    ④ 발명은 생활의 편의를 우선으로 해야 한다.

21. 남자의 중심 생각으로 가장 알맞은 것을 고르십시오.

    ① 안전을 위해 험한 산을 피해야 한다.
    ② 안전 장비는 등산 짐을 무겁게 한다.
    ③ 안전한 등산을 위해 짐을 줄여야 한다.
    ④ 안전을 위해 등산 장비를 준비해야 한다.

22. 들은 내용과 같은 것을 고르십시오.

    ① 낮은 산은 비교적 안전하다.
    ② 산에서 바위에 오르면 안 된다.
    ③ 험한 산에 오를 때는 장갑이 필요하다.
    ④ 안전을 위해 등산 장비는 반드시 줄여야 한다.

23. 남자가 무엇을 하고 있는지 고르십시오.

    ① 도자기 체험 수업을 신청하고 있다.
    ② 도자기 체험 수업에 참여하고 있다.
    ③ 도자기 체험 경험을 이야기하고 있다.
    ④ 도자기 만드는 방법을 설명하고 있다.

24. 들은 내용과 같은 것을 고르십시오.

    ① 도자기 체험은 아이들만 할 수 있다.
    ② 도자기 체험은 오전에 두 번 진행한다.
    ③ 도자기 체험 수업에서 도자기를 직접 만들어서 굽는다.
    ④ 도자기 체험 수업에서 도자기에 그림을 그리고 칠할 수 있다.

※ **[25~26] 다음을 듣고 물음에 답하십시오. (각 2점)**

25. 남자의 중심 생각으로 가장 알맞은 것을 고르십시오.

① 층간 소음이 심해도 아이들을 위해 참아야 한다.
② 아이에게 주의를 줘서 스트레스를 받게 하면 안 된다.
③ 이웃을 위해 아이가 뛰지 못하도록 주의를 줘야 한다.
④ 아파트에 살려면 아이를 배려하는 마음을 배워야 한다.

26. 들은 내용과 같은 것을 고르십시오.

① 아파트의 층간 소음은 별로 심각하지 않다.
② 층간 소음으로 사람을 때리는 사건이 생겼다.
③ 사람이 많은 곳에서 아이들은 행동을 조심한다.
④ 아이에게 주의를 주면 부모가 스트레스를 받게 된다.

※ **[27~28] 다음을 듣고 물음에 답하십시오. (각 2점)**

27. 남자가 말하는 의도로 알맞은 것을 고르십시오.

① 반려동물의 입양을 반대하려고
② 반려동물 양육 비용을 결정하려고
③ 반려동물 양육의 어려움을 알리려고
④ 반려동물의 입양에 대해 의논하려고

28. 들은 내용과 같은 것을 고르십시오.

① 남자의 친구는 강아지를 키우고 있다.
② 강아지를 키우면 생활에 도움을 준다.
③ 강아지를 키우다 포기하는 사람들이 있다.
④ 강아지를 키울 때 비용은 별로 중요하지 않다.

29. 남자는 누구인지 고르십시오.

    ① 외국어를 번역하는 사람

    ② 소설을 쓰고 출판하는 사람

    ③ 책의 내용을 평가하는 사람

    ④ 외국어를 한국어로 통역하는 사람

30. 들은 내용과 같은 것을 고르십시오.

    ① 이 책은 다른 나라에서도 인기가 좋았다.

    ② 남자는 책이 팔리지 않을까 봐 걱정되었다.

    ③ 남자는 처음에 원작이 잘 이해되지 않았다.

    ④ 이 책의 주인공은 역사적으로 힘든 시기를 겪었다.

31. 남자의 중심 생각으로 가장 알맞은 것을 고르십시오.

    ① 터널 공사는 장기적으로 지역 발전에 도움을 준다.

    ② 터널 공사로 생태계가 파괴되는 것은 막을 수 없다.

    ③ 공사 준비 과정에서 피해를 상당 부분 줄일 수 있다.

    ④ 터널 개발은 환경 단체와의 협의가 없어도 가능하다.

32. 남자의 태도로 가장 알맞은 것을 고르십시오.

    ① 여자의 의견에 일부 동의하고 있다.

    ② 환경 단체의 입장을 대변하고 있다.

    ③ 환경 단체의 주장을 지지하고 있다.

    ④ 여자의 의견을 강하게 반대하고 있다.

※ [33~34] 다음을 듣고 물음에 답하십시오. (각 2점)

33. 무엇에 대한 내용인지 알맞은 것을 고르십시오.

　　① 뇌의 노화 원인
　　② 뇌 휴식의 필요성
　　③ 뇌 기능 향상 방법
　　④ 뇌와 우울증의 연관성

34. 들은 내용과 같은 것을 고르십시오.

　　① 뇌를 적극적으로 사용하면 뇌 기능에 좋다.
　　② 뇌의 기능을 향상하려면 많이 쉬어야 한다.
　　③ 자주 잊어버리는 것은 뇌가 피곤하기 때문이다.
　　④ 뇌가 피로하면 우울증이 생기고 노화가 진행된다.

※ [35~36] 다음을 듣고 물음에 답하십시오. (각 2점)

35. 남자는 무엇을 하고 있는지 고르십시오.

　　① 대학의 역할에 대해 설명하고 있다.
　　② 대인 관계의 중요성을 주장하고 있다.
　　③ 학문의 즐거움에 대해 강조하고 있다.
　　④ 대학에서 키워야 할 능력을 알려 주고 있다.

36. 들은 내용과 같은 것을 고르십시오.

　　① 남자는 대학의 선배로서 졸업생에게 말하고 있다.
　　② 남자는 대학이 호기심을 키우는 곳이라 생각한다.
　　③ 남자는 생각이 대학을 발전시켜 왔다고 생각한다.
　　④ 남자는 호기심으로 지식을 배워야 한다고 생각한다.

※ **[37~38] 다음을 듣고 물음에 답하십시오. (각 2점)**

37. 여자의 중심 생각으로 가장 알맞은 것을 고르십시오.

　① 청소년 문제를 해결할 방안이 필요하다.
　② 학생이 학교를 떠나는 것은 개인 문제다.
　③ 청소년을 학교 교육에서 벗어나게 해야 한다.
　④ 청소년의 복지를 위해 학교가 노력해야 한다.

38. 들은 내용과 같은 것을 고르십시오.

　① 청소년은 복지 혜택을 잘 받고 있다.
　② 가정을 떠나 보호가 필요한 청소년이 있다.
　③ 학교는 청소년의 성장에 중점을 두고 교육을 한다.
　④ 청소년이 학교에 적응하지 못하는 것은 성적 때문이다.

※ **[39~40] 다음을 듣고 물음에 답하십시오. (각 2점)**

39. 이 대화 전의 내용으로 가장 알맞은 것을 고르십시오.

　① 쓰레기 처리 시설은 반드시 필요하다.
　② 쓰레기 배출 문제가 점점 심각해지고 있다.
　③ 새로운 정책에 반대하는 단체의 시위가 있었다.
　④ 새로운 정책으로 인해 쓰레기 문제가 해소될 것이다.

40. 들은 내용과 같은 것을 고르십시오.

　① 쓰레기 처리 시설을 원하는 사람들이 많지 않다.
　② 지금까지는 쓰레기 처리 시설의 설치가 어렵지 않았다.
　③ 정부는 쓰레기 처리 시설 거부를 막고자 법을 만들었다.
　④ 쓰레기 처리 시설에 동의해도 쓰레기를 배출할 수 없다.

41. 이 강연의 중심 내용으로 가장 알맞은 것을 고르십시오.

  ① 취업을 위한 준비 과정이 필요하다.
  ② 신입 사원 때는 일을 열심히 배워야 한다.
  ③ 일을 열심히 하면 좋은 회사에 취업할 수 있다.
  ④ 취업을 위해 회사가 원하는 인재가 되어야 한다.

42. 들은 내용과 같은 것을 고르십시오.

  ① 전문성은 일을 잘 배우는 것부터 시작한다.
  ② 열정이 있으면 일을 못해도 문제가 되지 않는다.
  ③ 인재는 신입 사원 때부터 자신의 업무를 잘 파악한다.
  ④ 요즘 젊은이들은 기업이 원하는 조건을 잘 갖추고 있다.

※ [43~44] 다음을 듣고 물음에 답하십시오. (각 2점)

43. 무엇에 대한 내용인지 알맞은 것을 고르십시오.

  ① 시대별 화폐의 다양한 용도
  ② 시대별 화폐의 재료와 변천
  ③ 국가별 화폐의 재료와 제작 방법
  ④ 금속 화폐의 제작 시기와 문제점

44. 곡물이나 가축을 화폐로 사용하기 어려운 이유로 맞는 것을 고르십시오.

  ① 무게가 무겁기 때문에
  ② 수나 양이 계속 줄어들기 때문에
  ③ 전통적인 가치가 없어졌기 때문에
  ④ 너무 오랫동안 사용되었기 때문에

※ **[45~46] 다음을 듣고 물음에 답하십시오. (각 2점)**

45. 들은 내용과 같은 것을 고르십시오.

　① 불가사리는 나팔고둥의 천적이다.

　② 나팔고둥의 수는 점점 늘어나고 있다.

　③ 나팔고둥은 천적이 늘면서 멸종의 위기에 처했다.

　④ 나팔고둥이 훼손되어 회복하는 데에 오랜 시간이 필요하다.

46. 여자의 말하는 방식으로 알맞은 것을 고르십시오.

　① 불가사리의 채취에 대해 반대하고 있다.

　② 해양 생태계가 회복되는 것을 기대하고 있다.

　③ 멸종 위기종 보호를 위한 노력을 촉구하고 있다.

　④ 멸종 위기 생물을 훼손한 사람들을 비난하고 있다.

※ **[47~48] 다음을 듣고 물음에 답하십시오. (각 2점)**

47. 들은 내용과 같은 것을 고르십시오

　① 출산율의 증가로 모아 어린이집이 더 늘어날 것이다.

　② 모아 어린이집은 개인이 운영하는 사립 어린이집이다.

　③ 아이가 모아 어린이집에 들어가려면 오래 기다려야 한다.

　④ 모아 어린이집 운영으로 보육 서비스 질이 개선될 것이다.

48. 남자의 태도로 알맞은 것을 고르십시오.

　① 제도 시행의 문제점을 주장하고 있다.

　② 제도 시행의 추진 방법을 설명하고 있다.

　③ 제도 시행 방법의 타당성을 증명하고 있다.

　④ 제도 시행에 기대되는 효과를 나열하고 있다.

49. 들은 내용과 같은 것을 고르십시오.

　　① 삼엽충은 다리가 세 개라서 붙은 이름이다.
　　② 삼엽충은 지층의 나이를 판단하는 데 쓰인다.
　　③ 삼엽충은 우리나라에만 존재한 절지동물이다.
　　④ 삼엽충은 거주 지역에 먹이가 사라져 멸종했다.

50. 남자의 태도로 알맞은 것을 고르십시오.

　　① 삼엽충 멸종의 원인을 규명하고 있다.
　　② 삼엽충 화석 발굴에 대해 비판하고 있다.
　　③ 삼엽충의 생김새를 상세히 묘사하고 있다.
　　④ 삼엽충 화석 발굴의 의의를 강조하고 있다.

TOPIK II 쓰기 (51번 ~ 54번)

※ **[51~52] 다음 글의 ㉠과 ㉡에 알맞은 말을 각각 쓰시오. (각 10점)**

51.

✉ 새로운 메시지

보내기　예약　임시저장　미리보기　템플릿▼　⇄ 내게쓰기　　　　　　　　　　↓　⚙

사무실 선생님께

안녕하세요?
어제 학과에서 장학금 신청에 대한 이메일을 받았습니다.
저는 이번 학기에 장학금을 (　　　　㉠　　　　).
이메일로 신청서 파일은 받았습니다. 그런데 신청서 이외에 어떤 서류가 필요합니까?
신청서를 내는 날짜와 접수 방법도 (　　　　㉡　　　　).
그럼 답장 기다리겠습니다.

제이슨 드림

52.

　　메모는 우리의 뇌 기능 향상에 도움을 준다. 그래서 메모하는 습관을 가지면 정보를 (　　　㉠　　　). 그런데 필요한 정보를 메모하기만 하고 (　　　㉡　　　) 기억을 오래 유지하기 어렵다. 단순히 한번 쓴다고 해서 정보가 장기 기억되는 것은 아니기 때문이다. 따라서 하루에 한 번이라도 메모를 다시 읽어 보는 것이 정보를 오래 기억하는 데 도움을 준다.

53. 다음은 '재택근무 현황과 만족도'에 대한 자료이다. 이 내용을 200~300자의 글로 쓰시오.
단, 글의 제목을 쓰지 마시오. (30점)

「재택근무 현황과 만족도」

조사 기관: 고용노동부

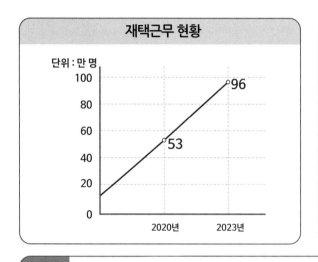

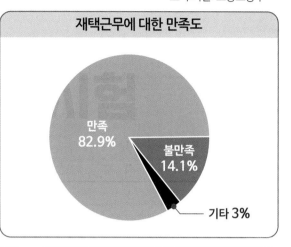

변화 원인	• 출퇴근 이동 시간 절감 ➔ 가사와 육아에 도움 • 불필요한 회식 감소 ➔ 개인 여유 시간 증대

전망	• 재택근무 실시 기업 지속 증가 • 유연 근무 제도의 확산

54. 다음을 참고하여 600~700자로 글을 쓰시오. 단, 문제를 그대로 옮겨 쓰지 마시오. (50점)

> 최근 블로그, 유튜브, SNS 등의 소셜 미디어 사용이 증가하고 있다. 소셜 미디어는 대중에게 다양한 정보를 제공한다는 점에서 매우 유용하다. 그러나 소셜 미디어가 가져오는 부작용도 무시할 수 없다. '소셜 미디어의 영향'에 대해 아래의 내용을 중심으로 자신의 생각을 쓰라.
>
> ---
>
> • 소셜 미디어의 긍정적인 영향은 무엇인가?
> • 소셜 미디어의 부정적인 영향은 무엇인가?
> • 소셜 미디어를 효과적으로 사용하는 방법은 무엇인가?

* 원고지 쓰기의 예

	스	트	레	스	를		받	았	을		때		사	탕	이	나		과	자
와		같	이		단		음	식	을		먹	으	면		기	분	이		좋

제1교시 듣기, 쓰기 시험이 끝났습니다. 제2교시는 읽기 시험입니다.

제2회

한국어능력시험
실전 모의고사

TOPIK II

| 2교시 | 읽기 (Reading) |

수험번호 (Registration No.)		
이 름 (Name)	한국어 (Korean)	
	영 어 (English)	

유 의 사 항
Information

1. 시험 시작 지시가 있을 때까지 문제를 풀지 마십시오.
   Do not open the booklet until you are allowed to start.

2. 수험번호와 이름을 정확하게 적어 주십시오.
   Write your name and registration number on the answer sheet.

3. 답안지를 구기거나 훼손하지 마십시오.
   Do not fold the answer sheet; keep it clean.

4. 답안지의 이름, 수험번호 및 정답의 기입은 배부된 펜을 사용하여 주십시오.
   Use the given pen only.

5. 정답은 답안지에 정확하게 표시하여 주십시오.
   Mark your answer accurately and clearly on the answer sheet.

   marking example ① ● ③ ④

6. 문제를 읽을 때에는 소리가 나지 않도록 하십시오.
   Keep quiet while answering the questions.

7. 질문이 있을 때에는 손을 들고 감독관이 올 때까지 기다려 주십시오.
   When you have any questions, please raise your hand.

TOPIK II 읽기 (1번 ~ 50번)

※ **[1~2] (   )에 들어갈 말로 가장 알맞은 것을 고르십시오. (각 2점)**

1. 어제 창문을 열고 (   ) 감기에 걸리고 말았다.

   ① 자는데   ② 잤다가
   ③ 잤지만   ④ 자면서도

2. 문학 작품은 독자가 읽고 (   ) 감상하는 것이 중요하다.

   ① 느끼도록   ② 느끼는 대로
   ③ 느끼는 대신   ④ 느끼는 반면에

※ **[3~4] 다음 밑줄 친 부분과 의미가 가장 비슷한 것을 고르십시오. (각 2점)**

3. 급하게 서두르면 누구나 <u>실수하게 마련이다</u>.

   ① 실수할 수 있다   ② 실수할지 모른다
   ③ 실수하는 편이다   ④ 실수하는 법이다

4. 옷을 <u>버리느니</u> 필요한 사람이 가져가게 하면 더 좋을 것 같다.

   ① 버릴 바에야   ② 버리기는커녕
   ③ 버리려다가도   ④ 버리는 반면에

※ **[5~8] 다음은 무엇에 대한 글인지 고르십시오. (각 2점)**

5.

> 찰칵!
> 지금 이 시간을 기억합니다.

① 시계　　　　　　　　② 전화기
③ 카메라　　　　　　　④ 텔레비전

6.

> 두꺼운 이불, 많은 옷들 힘들었지요?
> 이제 혼자서도 한 번에 깨끗하게 할 수 있습니다.

① 이불집　　　　　　　② 옷 가게
③ 세탁소　　　　　　　④ 빨래방

7.

> 333 규칙!
> 하루에 3번, 식후 3분 전, 3분 동안 닦으세요!

① 생활 예절　　　　　　② 피부 보호
③ 치아 관리　　　　　　④ 학교 질서

8.

> 자기 자리에서 음식을 선택하시면 됩니다.
> 현금 계산은 말씀해 주세요.

① 교환 안내　　　　　　② 주문 방법
③ 이용 순서　　　　　　④ 사용 문의

※ **[9~12] 다음 글 또는 그래프의 내용과 같은 것을 고르십시오. (각 2점)**

9.

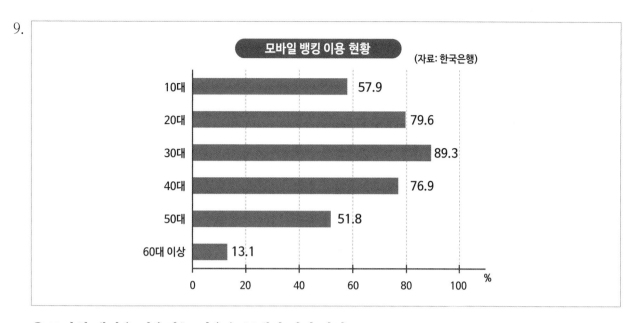

① 모바일 뱅킹을 이용하는 비율은 20대가 가장 많다.

② 모바일 뱅킹을 이용하는 50대는 절반을 넘지 않는다.

③ 모바일 뱅킹 이용이 가장 적은 연령대는 60대 이상이다.

④ 30대보다 40대가 모바일을 이용해 은행 업무를 많이 본다.

10.

제24회 일자리 박람회
10월 2일(수) 14:00 ~ 17:00

· 참가 대상: 구인·구직을 희망하는 기업 및 구직자, 일반 시민 누구나

· 참가 방법: 구인 기업 – 9월 20일(금)까지 방문/팩스/이메일 접수

(구인 신청서, 기업 참가 신청서 제출)

구직자 – 당일 현장 접수 및 면접

(이력서, 자기소개서 준비)

① 일자리 박람회는 수요일과 금요일 이틀 동안 열린다.

② 일자리를 찾는 사람들은 9월 20일까지 서류를 내야 한다.

③ 취직을 원하는 사람은 10월 2일에 기업 면접을 볼 수 있다.

④ 일할 사람을 찾는 회사들은 박람회 당일 참가 신청이 가능하다.

※ **[9~12] 다음 글 또는 그래프의 내용과 같은 것을 고르십시오. (각 2점)**

11.

> 국립박물관은 10일 박물관 2층 전시실에서 '인사동 유물 공개전'을 연다. 인사동 유적에서 나온 '한글 금속활자'와 '해시계' 등 유물 1,755점은 발굴된 지 5개월 만에 일반인에게 처음으로 공개된다. 전시장에서 직접 보게 될 활자들은 그 크기가 매우 작아서 눈으로 확인하기 어려우므로 전시장에 준비된 확대 안경을 이용하면 활자를 자세히 관람할 수 있다.

① 인사동 유물 전시회는 10일 동안 볼 수 있다.
② 여러 유물들은 인사동에 있는 전시관에 전시된다.
③ 이 유물들은 발굴되자마자 일반인에게 공개되는 것이다.
④ 전시된 유물들을 잘 보기 위해 준비된 안경을 사용하면 된다.

12.

> 약물 치료에서 약물의 종류만큼 중요한 것이 약을 먹는 시간이다. 두통 환자들이 말하기를 일단 머리가 아프기 시작하면 속도 함께 안 좋아져서 심한 경우 구토하게 된다고 한다. 이런 경우에는 약을 먹어도 위장의 운동 기능이 떨어져 약이 잘 흡수되지 않는다. 따라서 두통이 시작된다고 느끼면 그 즉시 약을 먹는 것이 좋다. 대부분의 약은 복용 후 약 30분에서 60분 사이에 효과가 나타나므로 두통이 가라앉으려면 아무리 빨라도 복용 후 30분은 있어야 한다.

① 두통약의 효과는 두통의 증상에 따라 달라진다.
② 두통이 올 것 같으면 바로 약을 먹는 것이 좋다.
③ 약으로 치료를 할 때 가장 중요한 것은 약의 종류이다.
④ 두통 환자는 속이 안 좋기 때문에 구토 후에 약을 먹어야 한다.

13.

> (가) 어디에서든 적응을 잘하는 것은 좋은 것이다.
> (나) 에디슨은 학교 교육에 적응하지 못하고 포기하며 자퇴를 하였다.
> (다) 만약 에디슨이 무조건적으로 적응하는 아이였다면 오늘날의 에디슨이
>   존재할 수 있을까?
> (라) 그러나 자신과 맞지 않는 곳에 적응을 하려다가는 자신의 개성과 능력을
>   잃어버리기 십상이다.

① (가)-(나)-(라)-(다) ② (가)-(라)-(나)-(다)
③ (나)-(다)-(가)-(라) ④ (나)-(다)-(라)-(가)

14.

> (가) 논증을 구성하는 기본 요소에는 주장, 이유, 근거가 있다.
> (나) 주장은 자신의 의견이나 신념을 굳게 내세우는 것을 말한다.
> (다) 이러한 주장을 뒷받침하기 위해서는 이유와 근거가 필요하다.
> (라) 논증이란 논리적인 이유를 들어 자신의 주장을 증명하는 것을 말한다.

① (가)-(다)-(나)-(라) ② (가)-(라)-(나)-(다)
③ (라)-(가)-(나)-(다) ④ (라)-(다)-(가)-(나)

15.

> (가) 그래서 조금의 주저함도 없이 그렇게 대답한다.
> (나) 이 대답은 내가 연구한 과학적 근거에 의한 것이다.
> (다) 누군가 내게 기후 변화의 심각성에 대해 물으면 이런 대답을 해 주곤 한다.
> (라) "지난해 여름이 당신의 인생에서 가장 시원한 여름으로 기억될지 모릅니다."

① (나)-(다)-(라)-(가) ② (나)-(다)-(가)-(라)
③ (다)-(나)-(라)-(가) ④ (다)-(라)-(나)-(가)

16.

> 　　모든 역사는 승자들의 역사라는 말을 종종 한다. 전쟁 역사에서 절대다수의 기록은 (　　　　　　　　　). 이는 맞는 말이라고 할 수 있지만 다른 한편으로는 틀렸다고도 할 수 있다. 승리를 하더라도 기록을 하지 않았다면 승리자로 기억되지는 않았을 것이다. 결국에는 기록을 남긴 자가 역사의 승리자가 된다고 말할 수 있다.

① 승리자의 기록이기 때문이다　　　　② 실패한 기록을 없애기 때문이다

③ 살아남은 이들의 이야기인 것이다　　④ 사실 그대로 쓰기는 어려운 것이다

17.

> 　　한여름에는 저녁 7시가 넘어서도 해가 떠 있는데 비해 한겨울에는 저녁 5시만 되어도 해가 져서 어두워진다. 이처럼 해지는 시간이 빨라지면 사람의 감정에도 변화가 생긴다. 겨울이 되면 '계절성 우울증'을 겪는 사람들이 증가하는 것도 이러한 이유 때문이다. 그렇다면 이것을 예방하는 방법이 없을까? 중요한 것은 (　　　　　　　　　). 겨울철에는 햇볕을 받는 시간이 급격히 적어져서 아침에 일어나고 밤에 잠을 자는 등 생활에서도 변화가 생긴다. 그리고 이는 감정을 조절하는 호르몬에도 영향을 준다.

① 매일 잘 자는 것이다　　　　　　　② 햇볕을 잘 받는 것이다

③ 감정 변화와 호르몬의 관계이다　　④ 자는 시간과 일어나는 시간이다

18.

> 　　최근 자신이 좋아하는 동물이나 물건에 '반려'라는 말을 붙이는 사람들이 늘기 시작했다. 남편이나 아내에게 붙이던 단어인 '반려'를 '식물'이나 '가구' 앞에도 붙인다. (　　　　　　　　　)에 붙여 사용하는 것이기 때문에 가족이나 친구처럼 소중하다고 느끼게 된다. 물건이 친구가 된 경우로 영화의 한 장면이 떠오른다. 무인도에 갇힌 주인공이 버려진 배구공을 친구로 생각하며 살았는데, 어느 날 배구공이 바닷물에 떠내려가는 것을 보면서 "미안해 친구!" 하며 슬프게 울었던 장면이다.

① 생활을 함께 하는 것　　　　　　② 없으면 아쉬워 찾게 되는 것

③ 평생에 기억이 될 만한 누구　　④ 외로울 때 친구가 되어 주는 누구

> 우리는 자신과 남들을 비교하며 감사보다는 불평을 하는 경우가 많다. 부동산 가격이 올라 몇 배의 이익을 보았다는 주변의 이야기를 듣고 상대적 박탈감을 느끼는 어른들, 줄 세우기식 교육으로 인해 갈수록 자존감을 잃어가는 자녀들의 삶이 그 예이다. (   ) 우리에게는 돌아갈 집과 따뜻한 가족이 있고 성적보다 더 중요한 친구들이 있다는 것을 기억했으면 한다. 그리고 상대방이 소유한 것에 대해 부러워하기보다는 자신이 갖고 있는 것에 만족할 때 감사하는 삶을 살 수 있음을 잊지 말아야 한다.

19. (   )에 들어갈 말로 가장 알맞은 것을 고르십시오.

① 그러면   ② 그리고
③ 오히려   ④ 그러나

20. 윗글의 주제로 가장 알맞은 것을 고르십시오.

① 우리는 자존감을 가지고 살아야 한다.
② 자존감은 상대적 박탈감을 느끼게 한다.
③ 만족함을 알 때 감사하는 삶을 살 수 있다.
④ 가족과 친구로 인해 불편을 이겨낼 수 있다.

노화는 질병이나 사고와 관계없이 시간의 흐름에 따라 신체 구조와 기능이 약해지는 것을 말한다. 이런 노화의 진행은 몸으로 느끼게 되는 것보다 일찍 시작되는데 30대쯤에는 근육의 양이 소실되기 시작하고 40세 전후로는 뇌의 부피가 10년마다 5% 정도씩 줄어든다. 하지만 신체 기관들 중에는 재생 능력이 뛰어나 젊음을 오래 유지하는 장기도 있다. 그중 (   ) 간은 스스로 기능을 되살리고 재생하는 능력이 뛰어나다. 수술로 부득이하게 간을 떼어 낸 경우에도 보통 반년 이내에 부피와 기능이 회복된다.

21. (   )에 들어갈 말로 가장 알맞은 것을 고르십시오.

① 손에 잡히는   ② 손에 꼽히는
③ 눈에 걸리는   ④ 눈에 밟히는

22. 윗글의 내용과 같은 것을 고르십시오.

① 뇌는 30대부터 작아진다.
② 간은 떼어 내도 다시 커진다.
③ 신체 노화는 40대 이후 시작된다.
④ 노화는 병으로 건강을 잃는 것을 뜻한다.

아버지의 사업 실패 때문에 도시에서 시골 학교로 전학을 간 나는 모든 것이 불만스러웠다. 학교에 가기 싫어 아프다고 거짓말을 하기 일쑤였고, 학교에 가도 그 누구와 한마디도 하지 않았다. 반 친구들은 항상 나를 보며 인사했지만 나는 쳐다보지도 않고 무시했다.

학교 소풍날이었다. 소풍인지도 몰랐던 나는 선생님의 손에 이끌려 작은 개울이 흐르는 동산을 올라갔다. 점심시간이 되자 친구들은 모두 도시락이며 간식을 꺼내기 시작했으나 나는 아무것도 꺼낼 것이 없었다. 작은 돌을 개울물에 던지며 혼자 앉아 있던 내게 한 친구가 빵을 하나 주었다. 그리고 잠시 후에 다른 친구가 우유를 슬며시 내려놓았다. 반 친구들이 모두 돌아가면서 내게 와서 먹을거리를 하나씩 주더니 잠시 후에 내 옆으로 한두 명씩 앉기 시작했다. 그리고는 아무 말 없이 김밥이며 과자를 먹는 거였다. 친구들이 준 것들을 주섬주섬 꺼내 먹었는데 <u>여느 때보다도 더 맛있었다.</u> 그렇게 내게는 그 무엇과도 바꿀 수 없는 친구들이 생기게 되었다.

23. 밑줄 친 부분에 나타난 글쓴이의 심정으로 알맞은 것을 고르십시오.

① 고맙다
② 미안하다
③ 초조하다
④ 편안하다

24. 윗글의 내용과 같은 것을 고르십시오.

① 나는 소풍 간 곳에서 아무것도 먹지 않았다.
② 나는 전학 간 학교에서 친구들을 쉽게 사귈 수 있었다.
③ 나는 도시 학교에서 문제가 생겨 시골 학교로 가게 되었다.
④ 나는 소풍을 가고 싶지 않았지만 선생님 때문에 가게 되었다.

25.

> '파 송송 계란 탁'은 사치? 라면만 먹기도 비싸다 … 전 세계 밥상 물가 난리

① 즉석식품의 가격 상승은 물가에도 영향을 미쳤다.

② 식료품 물가가 오르면서 식당에서 파는 음식의 값도 올랐다.

③ 식료품 물가가 전 세계적으로 올라 가정 경제에도 영향을 주고 있다.

④ 전 세계적으로 영양가 있는 즉석식품을 개발하기 위해 노력하고 있다.

26.

> 서울도 때 이른 한파 … 난방 공백에 '오들오들'

① 서울의 아침 기온이 내려가서 추위를 겪는 시민들이 많았다.

② 서울의 기온이 갑자기 떨어져서 난방 업체를 찾는 시민들이 많아졌다.

③ 기온이 예년보다 빨리 떨어진 탓에 난방 준비를 못 한 시민들이 추위에 떨었다.

④ 서울에 이른 추위가 시작되었으므로 서울시는 난방 시설을 빨리 점검해야 한다.

27.

> 편의점에서 장 보는 시대 … 조미료 매출도 27% '껑충'

① 조미료를 시장이 아닌 편의점에서 사는 사람들이 많아질 것으로 전망한다.

② 시장 대신 편의점을 이용하는 사람이 많아지면서 조미료 판매액도 늘었다.

③ 편의점에서 고추장, 된장 등을 사는 사람들이 많아져 조미료 판매율이 올랐다.

④ 조미료를 파는 편의점이 많아지면서 편의점이 시장의 역할을 대신하게 되었다.

28.

> (　　　　　　　　　　　　　　　　　　　　) 주요인이라는 연구 결과가 나왔다. 연구팀이 수많은 사람들을 감염시킨 가장 큰 규모의 전염병과 적은 수의 사람에게만 전파된 전염병의 원인을 찾기 위해 연구한 결과, 큰 규모의 전염병이 발생된 가장 직접적인 원인은 수질 오염임이 밝혀졌다. 수질 오염 외에도 하수 관리 부족, 이상 기후 또한 발생 원인인 것으로 드러났다. 반면에 소규모 전염병은 식품 오염, 사람과 동물의 접촉 등과 관련이 있었다.

① 과학의 발전이 다양한 전염병이 생기게 된
② 오염된 물이 대규모의 전염병을 발생시키는
③ 이상 기후 등이 전염병의 확산에 영향을 주는
④ 인구 증가가 수질 오염을 더욱 심각해지게 한

29.

> 자동차 세상에는 '흑백', '무채색'이 인기를 끈다. 흰색, 검은색, 회색 등이 인기를 끄는 이유는 '무난한 매력' 때문이라고 분석한다. 자동차는 구입하면 보통 오래 타기 때문에 개성이 느껴지는 화려한 색보다 쉽게 싫증이 안 나는 무채색을 선택하는 경향이 있다. 중고로 팔려고 할 때도 튀지 않는 무채색이 인기가 좋다. 그러나 (　　　　　　) 차들도 있다. 그것은 바로 경차다. 작고 귀여운 느낌을 더욱 강조하기 위해 무채색이 아닌 유채색을 선택하는 소비자들이 많다. 중고차 시장에서도 경차는 색상에 열려 있는 편이다.

① 디자인에 영향을 받는
② 색상에 제한을 안 받는
③ 가격에 영향을 주지 않는
④ 개성에 민감하게 반응하는

※ **[28~31] (** **)에 들어갈 내용으로 가장 알맞은 것을 고르십시오. (각 2점)**

30.

> 겨울철 영양 간식 중 하나인 귤은 관리하기가 쉽지 않은 과일로 주의가 필요하다. 귤을 신선하게 보관하려면 어떻게 해야 할까? 먼저 귤은 실온에 보관하는 게 좋다. 냉장고는 공기가 통하지 않아서 신맛이 날 수 있기 때문이다. 저장 온도는 3~4도를 유지해야 하는데 이때 1도 이하에서는 냉해를 입기 쉬우니 주의해야 한다. 귤끼리 서로 붙어 있으면 그때 부딪쳐 생기는 수분으로 인해 쉽게 상하므로 상자에 ( ) 안 된다. 귤이 서로 붙지 않게 종이로 낱개 포장을 해서 쌓아 놓는 것이 좋다.

① 넣고 따뜻한 곳에 보관하는 것도
② 넣은 후 냉장고에 보관하는 것도
③ 넣고 공기가 통하지 않게 보관하는 것도
④ 여러 개의 귤을 한꺼번에 담아 놓는 것도

31.

> 자전거 타기는 건강에 매우 좋은 운동이다. 유산소 운동과 근력 운동이 될 뿐 아니라 햇볕을 쬐며 자연 경관을 보다 보면 정신 건강에도 도움이 된다. 특히 자전거를 탈 때 전신 근육을 모두 사용할 수 있어서 근력 운동에 효과적이다. 그러나 전신 근육에 영향을 줄 수 있다는 것은 다시 말하면 ( )는 뜻이기도 하다. 그러므로 운동 효과를 높이기 위해서 올바른 자세로 안전하게 자전거를 타는 방법을 알아 두어야 한다.

① 무릎 관절에 큰 무리를 주지 않는다
② 제대로 된 자세로 운동한다면 부작용이 적다
③ 잘못된 자세일 때 여러 근육에 무리를 줄 수 있다
④ 전신 근육을 모두 사용할 정도로 근력 운동에 도움이 된다

※ **[32~34] 다음을 읽고 글의 내용과 같은 것을 고르십시오. (각 2점)**

32.

> 부모와 아이가 따로 시간을 보냈던 가정 내 여가 문화가 가족 모두가 같이 즐기는 가족 중심의 놀이 문화로 변화하고 있다. 이에 따라 일을 많이 하기보다 가정에서 즐거움과 여유를 찾으려는 추세가 두드러지고 있다. 이러한 변화를 이끈 것은 주 52시간 근무제 시행과 기업 문화의 변화이다. 회사에서 오랜 시간을 보내는 것이 중요했던 과거의 조직 문화가 개인의 생활을 중시하는 모습으로 탈바꿈하면서 가정에서의 시간과 가족 관계가 중요해진 것이다.

① 회사 내 조직 문화의 변화가 개인의 생활에도 영향을 주었다.
② 자녀들과 취미 생활을 공유하는 부모가 점점 증가하고 있다.
③ 가족 중심이던 가치관이 개인 중심으로 조금씩 변화하고 있다.
④ 부모와 아이가 함께 즐기기 위한 놀이를 찾는 사람들이 많지 않다.

33.

> 점심 식사 후 습관적으로 하는 행동 중 주의해야 하는 것이 몇 가지 있다. 직장인들은 식후 잠시 책상에 엎드려 낮잠을 자는 경우가 많은데 이 자세는 목뼈를 포함한 척추에 좋지 않고 소화에 방해가 되기도 한다. 누워서 잘 수 없다면 똑바로 앉아 의자에 기대어 자는 것이 좋다. 또한 식사 후 흡연도 좋지 않은 습관이다. 담배 속 니코틴 성분은 소화에 필요한 위액의 균형을 깨뜨리기 때문에 소화 불량을 유발할 수 있다. 그리고 커피에 들어간 카페인은 철분 흡수를 방해하므로 식사 후에 커피를 마시는 것은 피하는 것이 좋다.

① 식사 후 졸릴 때는 잠깐 엎드려 자는 것이 좋다.
② 카페인 성분은 철분 흡수에 도움이 되지 않는다.
③ 담배 속 니코틴은 소화를 방해하는 위액을 만든다.
④ 식후에 마시는 커피는 위액을 생산해 소화를 돕는다.

34.

> 경찰이 각종 경찰차의 번호판 앞 숫자에 '998'과 '999'를 적용한 긴급 자동차 전용 특수 번호판을 도입할 계획이다. 이에 112 경찰차, 교통 경찰차 등 6천여 대의 번호판이 교체될 예정이다. 지금까지는 주차장이나 아파트에서 기계 차단기에 경찰 차량이 인식되지 않아 출동 시간이 지연되는 경우가 많았다. 그러나 전용 번호판 도입으로 사고 현장에 보다 빨리 출동할 수 있을 것을 기대하고 있다. 또한 법 개정으로 특수 번호판을 달고 있으면 무인 주차장에서 주차비를 내야 할 필요도 없어진다. 정부는 경찰차에 이어 소방차, 구급차 등 긴급 자동차에도 전용 번호판을 적용해 나갈 계획이다.

① 정부는 일반 차에도 전용 특수 번호판을 도입할 예정이다.
② 경찰차의 주차비는 일반 차와 동일한 기준으로 내게 될 것이다.
③ 긴급한 사건에 쓰이는 경찰차들의 번호판에 전용 번호를 넣을 예정이다.
④ 소방차, 구급차에는 일반 차와 구분할 수 있는 전용 번호판을 사용하고 있다.

※ **[35~38] 다음을 읽고 글의 주제로 가장 알맞은 것을 고르십시오. (각 2점)**

35.

> 돈이 없어서 힘들었던 경험을 해 보지 않고서는 돈의 가치를 깨닫기 어렵다. 따라서 자녀를 양육할 때 돈을 넉넉하게 주면 자녀가 돈의 가치를 깨달을 기회를 놓칠 수 있다. 제한된 돈을 잘 쓰게 하기 위해서는 필요와 욕구의 차이를 이해시켜야 한다. 필요가 '반드시 있어야 하는 것'이라면 욕구는 '있었으면 하는 것'으로, 이 차이를 이해하게 되면 합리적인 지출을 하게 된다. 검소하게 살 줄 아는 것이 언젠가 겪게 될 인생의 고난기에 도움이 되는 '돈 쓰기 기술'이다.

① 부모는 자녀에게 저축하는 법을 가르쳐야 한다.
② 부모는 자녀가 돈을 마음대로 쓰게 해서는 안 된다.
③ 자녀는 스스로 검소하게 살아갈 방법을 깨달아야 한다.
④ 자녀가 원하는 것이라면 무엇이든 주는 것이 부모이다.

36.

최근 한국어에 관심이 높아지고 있어 해외에 한글 학교나 한국어를 가르치는 초·중등 학교도 점점 늘고 있다. 한국어 수요가 많아지고 있는 이때, 한류에만 의존하는 것이 아니라 정부 차원에서 한국어 교육을 적극적으로 지원해야 한다는 지적이 나오고 있다. 많은 사람이 쉽게 한국어를 학습할 수 있도록 시스템을 개발하고 한국어 교육을 전체적으로 이끌어 갈 책임 부서도 필요하다는 것이다. 한류와 함께 세계로 나가고 있는 한국어, 당장의 대책이 아닌 장기적인 안목으로 계획을 세워야 할 때이다.

① 한국어를 배우고자 하는 외국인은 아직 성인에만 한정되어 있다.
② 한류에만 의존하던 한국어 교육은 앞으로 사라질 것으로 전망된다.
③ 한국어 수요를 늘리기 위해 해외에 한국어 교육 기관을 늘려야 한다.
④ 한국어 교육의 발전을 위한 정부의 장기적이고 구체적인 전략이 필요하다.

37.

요사이 국적을 알 수 없는 외국어 이름의 아파트가 많아졌다. 영어는 기본이고 프랑스어에 심지어 라틴어까지 붙이며 외국인조차 이해 불가한 이름이 쏟아져 나온다. 이런 현상은 아파트 이름이 한글로만 된 것보다 외국어가 섞인 것이 고급스럽고 아파트값도 더 비싸다는 인식 때문에 생긴 것이다. 아파트의 가치와 경쟁력을 높이기 위해서 부르기도 힘든 외국어를 사용하기보다는 아파트에 사는 사람들의 행복을 기원하는 의미가 담긴, 그리고 부르기도 좋은 우리말로 아파트의 이름을 지으면 어떨까? 장미, 무지개 등의 순우리말 아파트 이름이 더 많이 생겨나길 기대해 본다.

① 아파트 이름을 어렵게 만들어 집값을 올려야 한다.
② 고급 아파트의 이름은 외국어로 지어야 그 가치가 인정된다.
③ 국제화에 맞춰 아파트 이름도 다양한 외국어로 지을 필요가 있다.
④ 아파트 이름에 외국어를 사용하면 무조건 좋다는 생각을 지양해야 한다.

38.

> 아이들에게 놀이는 삶 그 자체다. 아이들이 잘 놀지 못한다는 것은 몸과 마음이 병들어 있음을 나타낸다. 이렇게 아이들에게 중요한 '놀 권리'는 아동 협약에도 나타나 있다. 전문가의 말에 의하면 놀이의 반대말은 '일'이 아닌 '우울'이라고 한다. 잘 놀지 못한 채 자란 아이들은 우울한 어른이 되고, 그들은 커서 우울한 사회를 만들 수 있다. 그러니 더 늦기 전에 아이들의 여러 가지 놀이를 복원하고 아이들이 잘 놀 수 있도록 기운을 북돋아 줘야 한다. 어디에서든 아이들이 놀 수 있는 공간을 마련해 주어야 한다.

① 아이들이 놀 수 있는 공간을 보장해 주어야 한다.
② 아동 협약에 아이들의 놀 권리에 대한 법을 추가해야 한다.
③ 잘 놀지 못해서 몸과 마음이 아픈 아이들을 치료해 줘야 한다.
④ 아이들이 우울한 사회를 만들고 있으므로 이에 대한 해결책을 모색해야 한다.

39.

> 구체적으로 말하면 컴퓨터에 저장되어 있는 파일이라고 할 수 있다.

> '소 잃고 외양간 고친다'고 사람들은 무엇인가를 잃고 난 후에야 그 소중함을 깨닫는다. (㉠) 그리고 미리 대비하지 않은 것을 후회한다. (㉡) 그 무엇을 잃어버렸을 때 큰 문제라고 여기는 것은 시대에 따라 다르다. (㉢) 고대 사회에서는 노동력이나 식량, 산업 사회에서는 기계, 지식 정보화 사회에서는 바로 정보일 것이다. (㉣)

① ㉠   ② ㉡   ③ ㉢   ④ ㉣

40.

> 이와 같이 우리 인류의 역사는 인류가 도구를 개발하면, 이 도구가 다시 인류를 변화시켜 놓는 사건의 반복이라고 해도 지나친 말은 아닐 것이다.

> 20세기 초반에 일어난 자동차 혁명은 사람들의 생활을 이전과는 완벽히 차별화되도록 바꾸어 놓았다. (㉠) 사람들이 자동차를 소유하게 되면서 장거리 출퇴근이 가능해지게 되었고 이로 인해 많은 사람들이 공기 좋고 쾌적한 교외로 이사하기 시작했다. (㉡) 사람이 자동차를 개발했지만 자동차가 다시 사람들의 생활을 변화시켜 놓은 것이다. (㉢) 20세기 후반, 인터넷이 야기한 디지털 혁명도 우리가 만든 디지털 도구들이 우리의 생활을 바꿔 놓은 대표적인 예이다. (㉣)

① ㉠   ② ㉡   ③ ㉢   ④ ㉣

41.

> 그러나 그리 말하기는 쉽지만 실제로 그러한 상황에 직면했을 때 사익을 버리고 과감히 조직을 위한 선택을 할 수 있는 사람은 많지 않다.

> 조직이나 단체를 이끌어 가는 지도자, 리더에게 요구하는 조건에는 무엇이 있을까? 우선 리더가 갖추어야 할 가장 기본적인 조건은 '자신만의 철학'이라고 생각한다. (㉠) 그중에서도 조직의 공적인 이익과 개인의 사사로운 이익이 서로 대치될 때 개인의 이익을 접고 조직의 이익을 우선시할 수 있는 사람이 한 조직의 리더가 될 자격이 있다. (㉡) 이러한 리더의 자격은 조직의 규모가 작든 크든 마찬가지다. (㉢) 진정한 리더가, 지도자가 돋보이는 것도 그러한 이유 때문일 것이다. (㉣)

① ㉠   ② ㉡   ③ ㉢   ④ ㉣

※ **[42~43] 다음을 읽고 물음에 답하십시오. (각 2점)**

> 강남역 한복판에서 항상 한 자리를 지키며 껌을 파는 할머니 한 분이 계신다. 매일 출퇴근길에 그 앞을 지나갈 때면 "껌 하나 사 가!"라는 할머니의 목소리가 들리지만 나는 마음속으로 '지금은 바쁘니까' 라거나, '지금 현금이 없으니까'라는 여러 핑곗거리를 대면서 할머니 말을 무시하고 지나쳤다.
>
> 오늘 그곳을 지나칠 때였다. 할머니 옆에 쭈그리고 앉아 웃으며 이야기하는 한 여학생이 보였다. 그 여학생은 가방에서 음료수를 하나 꺼내 할머니께 드렸고, 할머니의 다리며 팔을 주물러 드리기도 했다. 할머니의 손녀딸인가 잠시 생각했으나 "할머니, 너무 추우면 나오지 마세요."라는 여학생의 말을 듣고 가족이 아니라는 걸 알 수 있었다. 할머니는 "집에 혼자 있으면 더 추워. 나는 이렇게 사람 구경하는 게 제일 재미있어."라고 말씀하셨다. 추운 겨울이라서 그런가? 그 대화를 듣는 순간 주머니에 찔러 넣은 <u>내 손이 유독 차갑게 느껴졌고</u>, 손끝에 걸리적거리는 지폐 몇 장은 또 얼마나 날카로웠는지 모른다.

42. 밑줄 친 부분에 나타난 '나'의 심정으로 알맞은 것을 고르십시오.

① 부끄럽다 　　　② 서운하다
③ 안타깝다 　　　④ 지루하다

43. 윗글의 내용으로 알 수 있는 것을 고르십시오.

① 할머니와 여학생은 가족 관계이다.
② 할머니는 길에서 사람들에게 껌을 팔고 있다.
③ 여학생은 껌을 사고 돈 대신 음료수를 드렸다.
④ 나는 항상 현금이 없어서 할머니를 도와드리지 못했다.

인류는 오랫동안 물질적 풍요와 생활의 편리를 끊임없이 좇으며 살아왔다. 특히 20세기의 과학 기술은 보편적이고 절대적인 인류의 욕구를 충족시키기 위한 물질문명의 발달에만 초점을 맞추고 발전해 왔다. 그러므로 과학 기술자는 물질문명의 발달에 공헌한 바도 크지만 그에 못지않게 (   )고 할 수 있다. 그러나 탄소 배출의 심각성, 지구 온난화 문제 등 환경 오염의 구체적인 실상들을 찾아낸 사람도, 이에 대한 합리적인 해결 방안을 제시할 수 있는 사람도 과학 기술자다. 만약 현대 과학이 그동안 이룩해 놓은 연구 개발 능력을 쾌적한 환경을 만드는 것에 집중한다면 환경 문제의 해결은 결코 불가능하지 않을 것이다.

44. (   )에 들어갈 말로 가장 알맞은 것을 고르십시오.

① 인류 생존의 문제를 악화시키고 있다
② 환경 오염 문제를 일으킨 책임도 있다
③ 과학 선진국으로서의 자리를 잡게 하였다
④ 전 세계적으로 추구해야 할 목표를 만들었다

45. 윗글의 주제로 알맞은 것을 고르십시오.

① 과학 기술의 발달은 풍요와 파괴를 동시에 가져다주었다.
② 이제 인류는 욕구 충족에서 문제 해결의 단계로 나아가야 한다.
③ 과학 기술자는 환경 문제의 실상을 밝혀내는 데 집중해야 한다.
④ 물질문명을 이루어 낸 과학은 환경 문제에 대한 해결책도 내놓을 수 있다.

> 향원정은 경복궁 북쪽의 연못인 향원지 안에 있는 작은 섬 위에 지어진 육각형의 정자다. 이 정자의 이름은 어느 학자의 시에서 '향기가 멀리 간다'는 의미로 사용한 '향원'이라는 단어에서 따 왔다고 한다. 향원정의 건립 연도는 정확하게 알 수 없으나 1887년 기록에 '향원정'이라는 명칭이 처음 등장한 것으로 미루어 그 이전에 건립되었을 것으로 추정된다. 이렇게 건립된 향원정은 왕과 왕비의 휴식처로 사용되었는데, 한국 전쟁 때 그 향원정으로 향하는 다리인 취향교가 파괴되었다가 전쟁 후에 관람자들의 편의를 위해 본래 위치인 향원정 북쪽이 아닌 남쪽에 세워졌던 것이다. 이후 2018년부터 3년 간의 복원을 거쳐 68년 만에 제자리를 되찾았고 이전에 평평한 형태로 복원했던 다리 모양을 본래 모습인 아치형으로 복구했다. 또한 복원 공사중 향원정 내부 바닥 아래에 설치된 원형의 온돌을 발견했는데, 남아 있는 모습을 살려 연기가 빠져나가는 길도 복원했다.

46. 윗글에 나타난 필자의 태도로 가장 알맞은 것을 고르십시오.

① 향원정 복원까지의 역사를 담담하게 설명하고 있다.

② 향원정이 시민들에게 공개된 것에 매우 감격해하고 있다.

③ 향원정 건립의 중요성을 강조하며 개선된 사항을 강조하고 있다.

④ 향원정이 본래 모습을 잃은 것에 대해 안타까움을 드러내고 있다.

47. 윗글의 내용과 같은 것을 고르십시오.

① 향원정은 1887년에 지어졌다고 기록돼 있다.

② 취향교는 현재 향원정의 북쪽에 위치해 있다.

③ 향원정 바닥에 온돌을 깔고 굴뚝도 새롭게 만들었다.

④ 취향교는 이번에 복원되기 전까지 아치형으로 세워져 있었다.

갈등이 없는 사회를 '무균실에서 사는 삶과 같다'고 표현한 작가가 있다. 갈등이 없다는 것은 소통이 없다는 말과도 일맥상통하는 것으로 결코 행복한 생활도, 건강한 사회도 아니라는 것이다. 근력을 키우기 위해서는 근육 세포에 스트레스를 주어야 하듯 우리 사회가 성장해 나가기 위해서는 갈등이라는 스트레스 요인을 피할 것이 아니라 적극적으로 대면해야 한다. 결국, 갈등을 관리하는 방법을 탐색하고 그것을 해결해 나가는 경험들의 총합이 곧 사회 발전의 밑바탕이 된다.

우리가 숙고해야 할 사실은 '(   )'는 것이다. 갈등은 반목과 그로 인한 폭력의 시작일 수도 있고 통합과 화해, 발전의 초석일 수도 있다. 그러므로 '합의의 기술'이 절실히 요구된다. 갈등으로 인해 소요되는 경비를 줄이고 여러 가닥으로 찢기고 상처 입은 사회를 합의의 기술로 잘 봉합해야 우리 사회도 건강하게 유지될 수 있다. 그러나 합의라는 결과만을 강조한 나머지 그 절차를 외면한다면 또 다른 갈등을 야기하게 됨은 불 보듯 뻔하다.

이제 우리는 기존에 우리가 갖고 있던 합의의 개념을 재정립해야 한다. 갈등을 관리하고 합의를 이루어 내는 일련의 과정들은 모든 이해 당사자들이 공정하고 공평하게 자기 권리를 내세우는 것에서부터 출발해야 한다.

48. 윗글을 쓴 목적으로 알맞은 것을 고르십시오.

① 올바른 합의와 갈등 관리법을 제안하기 위하여
② 합의를 할 때 중시해야 하는 사항을 알리기 위하여
③ 행복하고 건강한 사회를 위한 필요조건을 논하기 위하여
④ 갈등 요인으로 사회 성장을 이끌어 내는 방법을 설명하기 위하여

49. (   )에 들어갈 내용으로 가장 알맞은 것을 고르십시오.

① 진정한 합의가 갈등 자체를 없앨 수 있다
② 갈등을 찬반의 문제로 생각해서는 안 된다
③ 갈등은 선과 악의 양면을 모두 가지고 있다
④ 갈등 해결을 경제 발전의 도구로 삼아서는 안 된다

50. 윗글의 내용과 같은 것을 고르십시오.

① 갈등이 없는 사회가 행복한 사회인 것은 아니다.

② 우리 사회의 성장을 위해서 갈등을 외면해야 한다.

③ 합의를 이루기 위해서는 상대를 위한 포기가 필요하다.

④ 합의라는 선한 결과를 위해 절차가 다소 무시될 수 있다.

제3회

한국어능력시험
실전 모의고사

TOPIK II

1교시 | **듣기, 쓰기**
(Listening, Writing)

수험번호 (Registration No.)	
이 름 (Name) 한국어 (Korean)	
영 어 (English)	

유 의 사 항
Information

1. 시험 시작 지시가 있을 때까지 문제를 풀지 마십시오.
   Do not open the booklet until you are allowed to start.

2. 수험번호와 이름을 정확하게 적어 주십시오.
   Write your name and registration number on the answer sheet.

3. 답안지를 구기거나 훼손하지 마십시오.
   Do not fold the answer sheet; keep it clean.

4. 답안지의 이름, 수험번호 및 정답의 기입은 배부된 펜을 사용하여 주십시오.
   Use the given pen only.

5. 정답은 답안지에 정확하게 표시하여 주십시오.
   Mark your answer accurately and clearly on the answer sheet.

   marking example ① ● ③ ④

6. 문제를 읽을 때에는 소리가 나지 않도록 하십시오.
   Keep quiet while answering the questions.

7. 질문이 있을 때에는 손을 들고 감독관이 올 때까지 기다려 주십시오.
   When you have any questions, please raise your hand.

TOPIK II 듣기 (1번 ~ 50번)

※ [1~3] 다음을 듣고 알맞은 그림을 고르십시오. (각 2점)

1. ①  ②

③  ④

2. ①  ②

③  ④

※ [1~3] 다음을 듣고 알맞은 그림 또는 그래프를 고르십시오. (각 2점)

3. ①    ②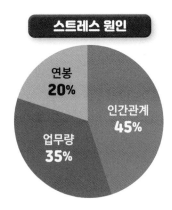

③ 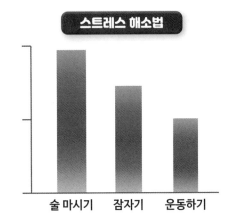   ④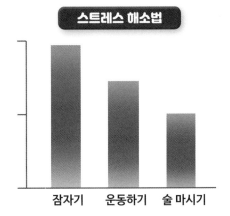

※ [4~8] 다음을 듣고 이어질 수 있는 말로 가장 알맞은 것을 고르십시오. (각 2점)

4. ① 영화가 재미없나 봐요.
    ② 표가 왜 그렇게 비싸요?
    ③ 거기는 좀 불편할 것 같아요.
    ④ 제가 어제 미리 표를 예매했어요.

5. ① 그럼 내일 다시 방문해 주십시오.
    ② 김 과장님과 회의 시간을 잡았습니다.
    ③ 회의실은 3층으로 올라가시면 됩니다.
    ④ 신분증이 없으면 들어가실 수 없습니다.

6. ① 네, 서비스가 진짜 별로였어요.
    ② 그러면 그 식당에 가서 먹어요.
    ③ 네, 사장님이 친절하고 좋았어요.
    ④ 배가 아파서 점심을 못 먹겠어요.

7. ① 아니야, 발표가 취소되었다고 했어.
    ② 응, 두 사람이 발표에 신경을 써야 해.
    ③ 맞아, 발표 내용이 흥미로워서 기대돼.
    ④ 그래, 잘 아는 사람이 발표하는 게 좋겠지.

8. ① 그러면 식사하고 와서 다시 합시다.
    ② 그렇게까지 오래 걸릴 줄은 몰랐네요.
    ③ 밥도 안 먹으면서 일하는 건 반대예요.
    ④ 간단하게 김밥과 음료수를 준비했어요.

※   [9~12] 다음 대화를 잘 듣고 여자가 이어서 할 행동으로 가장 알맞은 것을 고르십시오. (각 2점)

9. ① 컴퓨터를 끈다.   ② 인터넷 검색을 마친다.
    ③ 게스트 하우스에 전화한다.   ④ 제주도에 관한 정보를 찾는다.

10. ① 방을 보러 간다.   ② 연락을 기다린다.
    ③ 방문 시간을 알린다.   ④ 자기 일정을 확인한다.

11. ① 소금을 가져온다.   ② 요리를 기다린다.
    ③ 소금을 조금 넣는다.   ④ 간장을 사러 나간다.

12. ① 워크숍 장소로 간다.   ② 시설물 확인을 지시한다.
    ③ 냉방 시설 수리를 맡긴다.   ④ 강사한테 이메일을 보낸다.

※ **[13~16] 다음을 듣고 내용과 같은 것을 고르십시오. (각 2점)**

13. ① 여자는 차를 고쳐야 한다.
   ② 남자는 다른 날보다 일찍 출근한다.
   ③ 여자와 남자는 서로 가까운 곳에 산다.
   ④ 남자는 대중교통을 자주 이용하고 있다.

14. ① 주차선을 그려서 주차 문제를 해결할 것이다.
   ② 내일 오전부터 아파트 주차장에 주차할 수 없다.
   ③ 주차선이 없는 곳에 주차 금지판을 세울 계획이다.
   ④ 주차장 근처에 차가 많아서 출근 시간에 불편을 겪고 있다.

15. ① 앞으로 며칠 동안 날씨가 맑을 것이다.
   ② 오늘 바람이 많이 불어 산책하기 힘들었다.
   ③ 주말에 날씨가 안 좋아서 외출하기 좋지 않다.
   ④ 내일 오전부터 눈이 올 것으로 예상하고 있다.

16. ① 여자는 이 매장에서 처음 물건을 샀다.
   ② 여자는 온라인으로 설문 조사에 응답하고 싶어 한다.
   ③ 설문 조사에 답을 하면 제품을 할인받아서 살 수 있다.
   ④ 설문 조사의 목적은 제품에 문제가 있나 확인하려는 데 있다.

※ **[17~20] 다음을 듣고 <u>남자</u>의 중심 생각으로 가장 알맞은 것을 고르십시오. (각 2점)**

17. ① 주말에는 회사 업무를 하지 않기를 바란다.
    ② 끝내지 않은 일은 반드시 마무리를 지어야 한다.
    ③ 개인의 자유를 보장해 주어야 일을 더 잘할 수 있다.
    ④ 상대방이 어려움을 겪을 때는 도움의 손길을 내밀어야 한다.

18. ① 길고양이들도 보호를 받아야 한다.
    ② 길고양이 수가 증가하는 것은 큰 문제다.
    ③ 길고양이에게 먹이를 주는 사람이 필요하다.
    ④ 길고양이에게 먹이를 주는 것은 근본적인 해결 방법이라 할 수 있다.

19. ① 잘못 주문한 것은 주문한 사람이 책임을 져야 한다.
    ② 제품 거래를 할 때는 확인 메일이나 문자에 답을 해야 한다.
    ③ 주문 관련 요청 사항이 있으면 문자 메시지로도 보내 줘야 한다.
    ④ 주문한 제품을 취소할 때는 판매자에게 메일이나 문자로 알려야 한다.

20. ① 부모가 해야 할 일과 아이가 해야 할 일을 나누어야 한다.
    ② 아이에게 보상을 해 줌으로써 그 행동을 강화시킬 수 있다.
    ③ 부모는 아이가 혼자서 일을 처리할 수 있도록 가르쳐야 한다.
    ④ 아이 또한 집안의 구성원으로 집안일 중 한 부분을 맡아서 해야 한다.

21. 남자의 중심 생각으로 가장 알맞은 것을 고르십시오.

① CCTV 설치는 사람들의 안전을 위해 필요한 것이다.

② CCTV 설치가 범죄 예방에 효과가 있는 것은 아니다.

③ 개인의 사생활 보호를 위해서 CCTV 설치는 제한되어야 한다.

④ 개인의 사생활은 여러 사람의 이익을 위해서라면 포기해야 한다.

22. 들은 내용과 같은 것을 고르십시오.

① 여자는 CCTV 설치에 대해 다소 부정적이다.

② CCTV가 많이 설치된 곳은 범죄율이 크게 감소했다.

③ CCTV는 고객들의 여러 모습을 담아내기 위한 것이다.

④ 남자는 CCTV가 있어서 안전에 도움을 받은 적이 있다.

23. 남자가 무엇을 하고 있는지 고르십시오.

① 공유 냉장고 사업 목적을 물어보고 있다.

② 공유 냉장고 이용 대상을 확인하고 있다.

③ 공유 냉장고 사용 방법을 알아보고 있다.

④ 공유 냉장고 활용 여부를 문의하고 있다.

24. 들은 내용과 같은 것을 고르십시오.

① 공유 냉장고는 해당 지역 사람만 이용할 수 있다.

② 공유 냉장고는 버리기 전 음식을 모아 놓는 곳이다.

③ 공유 냉장고 안의 음식은 아주 저렴하게 사 먹을 수 있다.

④ 공유 냉장고에 음식을 넣으면 다른 음식을 하나 꺼내야 한다.

25. 남자의 중심 생각으로 가장 알맞은 것을 고르십시오.

    ① 어려운 전문 용어는 우리말로 쉽게 바꾸는 것이 필요하다.
    ② 의학과 법학이 사회의 어려움을 풀어 나가는 데 앞장서야 한다.
    ③ 비전문가들을 설득하는 데에는 우리말을 잘하는 것이 중요하다.
    ④ 이미 사용하고 있는 전문 용어들은 빨리 바꾸는 작업이 요구된다.

26. 들은 내용과 같은 것을 고르십시오.

    ① 의학 용어에는 오래된 언어가 사용되어 배우기 어렵다.
    ② 의학 용어를 우리말로 바꾸는 것은 빠를수록 좋을 것이다.
    ③ 법률 용어는 한글화 작업이 이미 되어 있어서 참고하기에 좋다.
    ④ 전문 용어를 사용하면 환자가 자신의 병을 정확하게 이해하기 어렵다.

※ [27~28] 다음을 듣고 물음에 답하십시오. (각 2점)

27. 남자가 말하는 의도로 알맞은 것을 고르십시오.

    ① '어촌 한 달 살기' 프로그램의 의의를 말하려고
    ② '어촌 한 달 살기' 프로그램의 참여를 제안하려고
    ③ '어촌 한 달 살기' 프로그램의 특징을 설명하려고
    ④ '어촌 한 달 살기' 프로그램의 문제점을 지적하려고

28. 들은 내용과 같은 것을 고르십시오.

    ① 남자는 어릴 때 어촌에서 살아 본 적이 있다.
    ② 여자는 어촌에 대해 많은 것을 알 수 있었다.
    ③ 남자는 어촌 체험에 대해 긍정적으로 생각한다.
    ④ 여자는 '어촌 한달 살기'를 통해 교육 환경을 체험하였다.

29. 남자는 누구인지 고르십시오.

    ① 호텔 직원을 교육하는 사람

    ② 호텔 이용 고객의 문의를 담당하는 사람

    ③ 호텔 내 일어나는 문제를 처리하는 사람

    ④ 호텔 문을 열어 주며 고객을 맞이하는 사람

30. 들은 내용과 같은 것을 고르십시오.

    ① 남자는 자주 이용하는 손님의 생년월일을 알고 있다.

    ② 호텔을 찾는 손님들은 반드시 이 남자를 만나고 가야 한다.

    ③ 남자는 매일 웃어야 하는 일이 정말 힘들다고 말하고 있다.

    ④ 상대하기 어려운 손님을 오히려 애정 고객이라고 생각한다.

※ **[31~32] 다음을 듣고 물음에 답하십시오. (각 2점)**

31. 남자의 중심 생각으로 가장 알맞은 것을 고르십시오.

    ① 고령 운전자의 사고율 증가는 심각한 수준이다.

    ② 고령 운전자에 대한 운전 적합성 검사를 반드시 해야 한다.

    ③ 노인에 대한 운전 적합성 검사 의무화는 차별이 될 수 있다.

    ④ 노인들의 운전 적합성 검사보다는 운전면허 반납을 하도록 해야 한다.

32. 남자의 태도로 가장 알맞은 것을 고르십시오.

    ① 제기되는 문제에 공감하고 있다.

    ② 기존의 문제 접근 방식에 반대하고 있다.

    ③ 앞으로 예상되는 문제들을 걱정하고 있다.

    ④ 상황을 분석하면서 긍정적인 결과를 기대하고 있다.

※ **[33~34] 다음을 듣고 물음에 답하십시오. (각 2점)**

33. 무엇에 대한 내용인지 알맞은 것을 고르십시오

① 식수 개발의 성과

② 식수 부족의 문제점

③ 환경 오염의 심각성

④ 자연 소재 한천의 장점

34. 들은 내용과 같은 것을 고르십시오.

① 세계 인구의 97%가 물 부족 문제를 겪고 있다.

② 기후 변화와 환경 오염으로 바닷물을 마실 수 없게 됐다.

③ 자연 소재인 한천을 이용하면 환경 오염 없이 식수를 만들 수 있다.

④ 이 연구 팀은 전 세계 인구가 바닷물에서 식수를 얻게 되기를 기대한다.

※ **[35~36] 다음을 듣고 물음에 답하십시오. (각 2점)**

35. 남자는 무엇을 하고 있는지 고르십시오.

① 지역 농장과 거래하는 방법에 대해 묻고 있다.

② 지역 경제를 살릴 수 있는 방안을 발표하고 있다.

③ 식재료 구입처를 바꾸는 것에 대해 설명하고 있다.

④ 식당의 수익을 높이기 위한 대책을 마련하고 있다.

36. 들은 내용과 같은 것을 고르십시오.

① 대형 마트에서 사 온 식재료의 신선함이 문제가 되었다.

② 지역 경제를 살리는 방안으로 이 프로젝트가 계획되었다.

③ 지역 농장과의 거래를 통해 식재료 비용을 줄일 수 있을 것이다.

④ 앞으로는 농장 주인에게 필요한 식재료를 요구할 수 있을 것이다.

※ **[37~38] 다음을 듣고 물음에 답하십시오. (각 2점)**

37. 여자의 중심 생각으로 가장 알맞은 것을 고르십시오.

　　① 잘못된 건강 상식을 깨야 한다.
　　② 건강한 지방 섭취에 신경을 써야 한다.
　　③ 영양소가 골고루 들어간 식단 관리가 중요하다.
　　④ 지방이 들어간 음식은 그 종류를 구분해야 한다.

38. 들은 내용과 같은 것을 고르십시오.

　　① 상처가 잘 낫지 않는 사람들은 비타민 부족을 의심해야 한다.
　　② 올리브 오일, 견과류 등에 들어간 트랜스 지방은 건강에 좋지 않다.
　　③ 가공식품에 들어간 지방을 과다 섭취 시 우울증 등을 겪을 수 있다.
　　④ 머리카락이 많이 빠지는 사람들은 충분한 지방 섭취 여부를 확인해야 한다.

※ **[39~40] 다음을 듣고 물음에 답하십시오. (각 2점)**

39. 이 대화 전의 내용으로 가장 알맞은 것을 고르십시오.

　　① 복합 쇼핑몰로 인해 지역 상권에 큰 피해가 있었다.
　　② 복합 쇼핑몰이 건립될 시 여러 가지 혜택이 예상된다.
　　③ 우리 시가 추진하는 대표 사업이 복합 쇼핑몰 건립이다.
　　④ 자영업자와 대기업 간의 협약이 이루어지기까지 이견이 많았다.

40. 들은 내용과 같은 것을 고르십시오.

　　① 우리 시와 협약을 맺은 대기업은 복합 쇼핑몰 사업에 성공했다.
　　② 복합 쇼핑몰 건립 문제로 대기업 직원들이 단식 투쟁에 들어갔다.
　　③ 자영업자들의 이익을 보장해 주기 위한 협약 조건을 만들고 있다.
　　④ 복합 쇼핑몰 사업 집행 전, 중소상인들과의 소통이 먼저 있어야 했다.

41. 이 강연의 중심 내용으로 가장 알맞은 것을 고르십시오.

    ① 고대인들은 천문학에 많은 관심을 가졌다.
    ② 천문학은 일상생활에 편리함을 가져다줬다.
    ③ 천문학의 발달은 과학 기술의 발달을 의미한다.
    ④ 그림과 기록은 그 시대를 보여 주는 증거가 된다.

42. 들은 내용과 같은 것을 고르십시오.

    ① 고구려와 백제는 천문 관측을 맡아서 하는 관리가 있었다.
    ② 백제는 물시계를 관리하는 업무를 담당하는 기구를 두었다.
    ③ 고구려의 그림 벽화 속 별자리들은 모두 상상의 결과물이다.
    ④ 고려에 이르러 별자리를 전문적으로 그리는 기관을 설치하였다.

※ [43~44] 다음을 듣고 물음에 답하십시오. (각 2점)

43. 무엇에 대한 내용인지 알맞은 것을 고르십시오.

    ① 바다거북의 수가 점점 줄어들고 있다.
    ② 바다거북은 스스로를 보호하지 못한다.
    ③ 바다거북의 이동이 점점 느려지고 있다.
    ④ 바다거북이 알을 낳기 위해 먼 길을 찾아온다.

44. 바다거북이 알을 낳는 것이 흰머리수리들에게 잔치인 이유로 맞는 것을 고르십시오.

    ① 멀리서 동물들이 찾아오기 때문에
    ② 독수리들의 먹이인 알이 많기 때문에
    ③ 여러 동물들이 한자리에 모여 있기 때문에
    ④ 독수리들이 좋아하는 거북이들이 있기 때문에

※ **[45~46] 다음을 듣고 물음에 답하십시오. (각 2점)**

45. 들은 내용과 같은 것을 고르십시오.

① 미라클 모닝이라는 새로운 열풍이 불기 시작했다.

② 미라클 모닝은 저녁형 인간에게 맞지 않을 수 있다.

③ 미라클 모닝을 위해 일찍 일어나면 수면 부족 현상이 생긴다.

④ 미라클 모닝의 성공을 위해 최대한 일찍 자겠다는 의지가 중요하다.

46. 여자의 말하는 방식으로 알맞은 것을 고르십시오.

① 미라클 모닝의 실천 방법을 비교하고 있다.

② 미라클 모닝의 개념을 다시 정의하고 있다.

③ 미라클 모닝의 성공 사례를 나열하고 있다.

④ 미라클 모닝 실천 시의 주의점을 설명하고 있다.

※ **[47~48] 다음을 듣고 물음에 답하십시오. (각 2점)**

47. 들은 내용과 같은 것을 고르십시오.

① 팀원과 팀장의 일은 다르지 않다.

② 팀장의 역량은 실무를 잘할 때 드러나 보인다.

③ 인사권자는 조직원의 실적을 자세히 살펴볼 필요가 있다.

④ 팀원일 때보다 팀장일 때 더 나은 능력을 보이는 사람이 있다.

48. 남자의 태도로 알맞은 것을 고르십시오.

① 일반적인 생각을 다른 시각으로 접근하고 있다.

② 조직원들이 갖추지 못한 능력에 대해 우려하고 있다.

③ 조직이 나아가야 할 방향을 긍정적으로 바라보고 있다.

④ 무의식적으로 받아들이고 있는 생각을 강하게 비판하고 있다.

※ **[49~50] 다음을 듣고 물음에 답하십시오. (각 2점)**

49. 들은 내용과 같은 것을 고르십시오.

① 대간은 여타 직책과 비교해 승진이 아주 빠른 편이었다.
② 대간은 학식과 외모가 가장 뛰어난 사람이 될 수 있었다.
③ 대간에게 그들이 말한 것에 대해 법적으로 책임을 물었다.
④ 대간이 잘못하여 비난을 들을 때 왕의 권한으로 사임시켰다.

50. 남자의 태도로 알맞은 것을 고르십시오.

① 대간 제도를 오늘날에 살리길 요구하고 있다.
② 대간 제도를 통해 현재 언론을 비판하고 있다.
③ 대간 제도에 대한 현재의 입장을 설명하고 있다.
④ 대간 제도가 현대에 반영된 증거를 제시하고 있다.

TOPIK Ⅱ 쓰기 (51번 ~ 54번)

※ **[51~52] 다음 글의 ㉠과 ㉡에 알맞은 말을 각각 쓰시오. (각 10점)**

51.

오늘 1:47 오후

선생님, 그동안 잘 지내셨습니까?
지난번에 추천서를 써 주신 덕분에 제가 원하는 회사에
(㉠   ).
정말 진심으로 감사합니다.
저는 지금 고향에서 가족들과 함께 있습니다.
다음 주에 한국에 돌아가면 찾아뵙고 (㉡   ).
언제 시간이 되시는지요? 가능한 날짜와 시간을 말씀해 주시면 좋겠습니다.

메시지 보내기...

52.

　　말은 정보를 전달하고 생각을 표현하는 데 매우 효과적이지만 전달 과정에서 정보가 (㉠   ). 이 한계를 극복하고 정보를 보다 올바르게, 있는 그대로 보관·보존하고자 한 인류의 노력은 인쇄술을 탄생시켰다. 인쇄술의 등장으로 책의 대량 생산이 가능해져 보다 싼 값으로 책을 구해 볼 수 있게 되었고 일부 계층에게만 행해진 교육과 지식의 보급이 (㉡   ).

53. 다음은 '스마트폰 금융 앱(App) 사용 현황'에 대한 자료이다. 이 내용을 200~300자의 글로 쓰시오. 단, 글의 제목을 쓰지 마시오. (30점)

〈스마트폰 금융 앱(App) 사용 현황〉

조사 기관: 대한은행
조사 대상: 일반인 200명

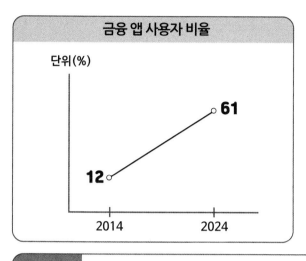

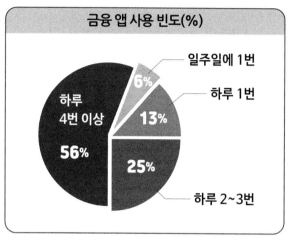

사용하는 이유	• 사용 시 할인 혜택이 많음 • 오프라인에서 사용 가능한 곳 지속 증가

과제	• 더 다양한 혜택 마련 • 사용 가능한 곳 확대

54. 다음을 참고하여 600~700자로 글을 쓰시오. 단, 문제를 그대로 옮겨 쓰지 마시오. (50점)

> '고교 학점제'란 고등학생들이 자신의 진로에 따라 교과목을 선택해서 듣고 기준 학점을 받을 경우 졸업을 인정하는 제도를 말한다. 이 제도의 시행으로 학생들에게 교과목 선택의 자율권이 주어졌을 때 여러 기대와 우려가 존재한다. 아래 내용을 중심으로 '교과목 선택의 자율권'에 대한 자신의 생각을 쓰라.
>
> ---
>
> • 교과목 선택의 자율권을 주었을 때의 긍정적인 면은 무엇인가?
> • 교과목 선택의 자율권을 주었을 때의 부정적인 면은 무엇인가?
> • 교과목 선택 자율권이 잘 시행되기 위해서는 어떤 노력이 필요한가?

* 원고지 쓰기의 예

	스	트	레	스	를		받	았	을		때		사	탕	이	나		과	자
와		같	이		단		음	식	을		먹	으	면		기	분	이		좋

제1교시 듣기, 쓰기 시험이 끝났습니다. 제2교시는 읽기 시험입니다.

제3회

한국어능력시험
실전 모의고사

TOPIK II

| 2교시 | 읽기 (Reading) |

수험번호 (Registration No.)		
이 름 (Name)	한국어 (Korean)	
	영 어 (English)	

유 의 사 항
Information

1. 시험 시작 지시가 있을 때까지 문제를 풀지 마십시오.
   Do not open the booklet until you are allowed to start.

2. 수험번호와 이름을 정확하게 적어 주십시오.
   Write your name and registration number on the answer sheet.

3. 답안지를 구기거나 훼손하지 마십시오.
   Do not fold the answer sheet; keep it clean.

4. 답안지의 이름, 수험번호 및 정답의 기입은 배부된 펜을 사용하여 주십시오.
   Use the given pen only.

5. 정답은 답안지에 정확하게 표시하여 주십시오.
   Mark your answer accurately and clearly on the answer sheet.

   marking example   ① ● ③ ④

6. 문제를 읽을 때에는 소리가 나지 않도록 하십시오.
   Keep quiet while answering the questions.

7. 질문이 있을 때에는 손을 들고 감독관이 올 때까지 기다려 주십시오.
   When you have any questions, please raise your hand.

TOPIK II 읽기 (1번 ~ 50번)

※ **[1~2]** (　　　)에 들어갈 말로 가장 알맞은 것을 고르십시오. (각 2점)

1. 친구에게 이메일을 (　　　) 편지를 썼다.

① 보내기 위해　　　　　　　② 보내고 보니

③ 보내기 때문에　　　　　　④ 보내는 대신에

2. 비가 내리면 길이 (　　　) 운전 조심하세요.

① 미끄러운지　　　　　　　② 미끄러울 텐데

③ 미끄러우면서도　　　　　④ 미끄러운 데다가

※ **[3~4]** 다음 밑줄 친 부분과 의미가 가장 비슷한 것을 고르십시오. (각 2점)

3. 시험 준비를 열심히 했으니까 <u>잘 보기를 바란다</u>.

① 잘 봐야 한다　　　　　　② 잘 보면 좋겠다

③ 잘 보고 말았다　　　　　④ 잘 보기로 했다

4. 백화점에서 세일을 <u>한다기에</u> 옷을 사러 갔다.

① 하기 위해서　　　　　　② 한다고 해서

③ 하면 좋겠는데　　　　　④ 할 뿐만 아니라

※ **[5~8] 다음은 무엇에 대한 글인지 고르십시오. (각 2점)**

5.

더위야 가라!

골라 먹는 재미가 있다!

12가지 과일 맛이 입안에서 녹아요.

① 과일   ② 주스   ③ 과자   ④ 아이스크림

6.

취향을 잇는 거래

아끼던 물건을 원하는 사람에게!

빠르게 연결해 드립니다!

① 쇼핑센터   ② 중고 마켓   ③ 통신 회사   ④ 수리 센터

7.

주름 없는 20대의 아름다움!

바르는 비타민으로 나를 돌보는 시간!

① 다이어트   ② 피부 미용   ③ 자기 계발   ④ 건강 관리

8.

자신의 진짜 경험과 생각을 써야 합니다.

자신의 능력을 자신감 있게 표현하지만 겸손해야 합니다.

① 작성 방법   ② 신청 문의   ③ 진행 안내   ④ 사용 조건

9.

공연 배우 모집 안내

무대 공연에 재능과 열정을 가진 신입 배우를 뽑고자 합니다.
오디션에 관심 있는 분들의 많은 참여 바랍니다.

일시: 5월 16일(화) 13:00 ~ 16:00

장소: 서울 열린극장 공연장

* 공연장 출입구에서 신분증 확인 후 입장

※ 일시를 잘 확인하여 안내문의 시간보다 여유 있게 도착해 대기하여 주시기 바랍니다.

※ 신분증(주민 등록증 또는 운전면허증 등)을 반드시 소지하시기 바랍니다.

① 오디션은 평일 오전에 치러진다.
② 안내된 시험 시간에 정확하게 대기해야 한다.
③ 신인 가수가 되고 싶은 사람이 지원할 수 있다.
④ 시험 장소로 입장하기 전에 개인 신분을 확인한다.

10.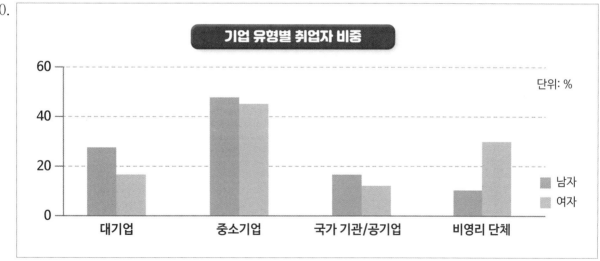

① 중소기업에 취업한 남녀의 비율이 가장 낮다.
② 비영리 단체에 취업한 사람은 남자가 여자보다 훨씬 많다.
③ 대기업에 취업한 남자의 비율이 20% 이상으로 여성보다 많다.
④ 국가 기관이나 공기업에 취업한 남성의 비율이 전체의 20%를 넘는다.

11.

> 인주시에서 지역 어린이들과 함께하는 '바다 수영' 교육을 시작한다. 이 교육은 이론과 함께 실습을 위한 준비 과정으로 시작된다. 이 과정이 끝나면 바닷가에서 실제 교육을 받게 되는데 교육 시간은 오전 10시와 오후 1시이고 각각 2시간씩 진행된다. 교육 내용은 안전 교육과 실습이며 교육이 끝난 후에는 1시간 정도 자유 시간이 있어 자유롭게 바다에서 수영하는 것을 연습할 수 있다.

① 하루 1회 2시간씩 바닷가에서 수업을 받는다.

② 교육 후에는 전문 강사와 함께 연습할 수 있다.

③ 인주시에 살고 있는 성인을 대상으로 바다 수영을 가르친다.

④ 교육에는 실제로 바다에서 수영을 해 보는 것과 안전 교육이 포함된다.

12.

> 최근 지역 사회를 중심으로 노인의 전공과 인생 경험을 이용한 일자리 서비스가 시작되었다. 참여 대상은 취업을 하고 싶어 하는 60~80세의 지역 주민으로 아이 돌보기, 청소년의 학습 지도 등의 경험이 있는 사람은 누구나 신청할 수 있다. 이 서비스로 노인들이 일자리를 얻고 즐겁게 노년을 보낼 수 있을 것으로 기대된다.

① 일자리 서비스로 노인들이 자신의 경험을 살릴 수 있다.

② 지역 주민이라면 나이에 관계없이 모두 신청할 수 있다.

③ 이미 취업을 한 사람도 일자리 서비스에 참여할 수 있다.

④ 회사에서 일한 경력이 있는 노인도 서비스에 참여할 수 있다.

※ **[13~15] 다음을 순서에 맞게 배열한 것을 고르십시오. (각 2점)**

13.

> (가) 개 한 마리가 고기를 물고 다리 위를 걷고 있었다.
>
> (나) 그러자 물고 있던 고기가 다리 밑으로 떨어지고 말았다.
>
> (다) 그 고기에 욕심이 난 개는 다리 밑의 개를 향해 힘껏 짖었다.
>
> (라) 그런데 다리 아래에 어떤 개 한 마리가 고기를 물고 있는 것이 보였다.

① (가)-(라)-(다)-(나)   ② (가)-(나)-(라)-(다)
③ (다)-(라)-(가)-(나)   ④ (라)-(다)-(가)-(나)

14.

> (가) 내 주변에도 나에게 가르침을 주는 사람이 있기 마련이다.
>
> (나) 이 말은 사람에게서 배우는 것이 얼마나 중요한지 알려 준다.
>
> (다) '세 명이 걷고 있으면 그중에 한 명은 나의 스승'이라는 말이 있다.
>
> (라) 따라서 자신을 낮추고 배움의 자세로 상대방을 대하는 것이 중요하다.

① (가)-(나)-(다)-(라)   ② (가)-(나)-(라)-(다)
③ (다)-(나)-(가)-(라)   ④ (다)-(가)-(나)-(라)

15.

> (가) 마늘 냄새를 제거하는 데에 사과가 효과적이다.
>
> (나) 사과의 탈취 효과는 음식에만 해당되는 것이 아니다.
>
> (다) 사과에는 강력한 탈취 효과가 있어 마늘의 독특한 냄새를 제거한다.
>
> (라) 차 안에 불쾌한 냄새가 날 때 사과 반쪽을 하루 정도 놓아두면 냄새가 제거된다.

① (가)-(다)-(라)-(나)   ② (가)-(다)-(나)-(라)
③ (라)-(나)-(가)-(다)   ④ (라)-(다)-(가)-(나)

16.

> 사람은 자신과 유사한 사람을 좋아한다. 관심사가 비슷하면 말이 잘 통하고 호감을 갖게 되기 때문이다. 관심이 있는 분야의 정보도 서로 공유하다 보면 상대방이 나에게 필요한 존재라는 생각이 들게 되고 친근감이 생긴다. 따라서 어떤 사람과 (   ) 그 사람과 비슷한 취미나 활동을 해 보는 것이 좋다. 이런 노력을 통해 그 사람과 더욱 가까워질 수 있다.

① 같은 성격을 갖고 싶다면　　　② 함께 일을 시작하고 싶으면
③ 관계를 유지하고 싶지 않다면　④ 친밀한 대인 관계를 맺고 싶다면

17.

> 지하철역 승강장에는 역의 이름이 크게 쓰여 있다. 그런데 안내판의 왼쪽에 역 번호가 쓰여 있는 것을 아는 사람은 많지 않다. 이 번호는 한국어를 모르는 외국인 관광객의 편의를 위해 만들어졌다. 역 번호는 (   ) 가장 앞의 첫 번째 숫자는 호선을 나타낸다. 뒤의 두 숫자는 시작되는 역에서부터 끝나는 역까지의 순서를 번호로 써 놓은 것이다. 따라서 역 번호를 이용하면 역의 이름을 몰라도 쉽게 역을 찾을 수 있다.

① 세 자리 숫자로 이루어져 있는데　② 크기가 작아서 잘 보이지 않는데
③ 숫자를 몰라도 알아볼 수 있는데　④ 숫자가 아니라 한글로 쓰여 있는데

18.

> 우리는 종종 같은 분야에서 일을 하는 사람들에게 열등감을 느끼거나 (   ). 같은 종목의 운동선수, 같은 부서에서 일하는 직장인, 같은 학교의 교수 간에도 이런 현상이 발생한다. 동일한 공간에서 일을 하다 보면 경쟁심이 생기기 때문이다. 그럴 때는 공동의 목표를 갖는 것이 중요하다. 공동의 목표가 생기면 그것을 위해 협력하기 때문에 질투심은 사라지고 서로를 위로해 주고 칭찬하게 된다.

① 협조하는 마음이 앞선다　　　② 그들의 성공을 질투하게 된다
③ 실패했다고 비난을 하곤 한다　④ 칭찬해 주고 싶은 생각이 든다

부모는 아이가 어릴 때 아이를 보호해 준다. 유치원이나 초등학교에 갈 때는 손을 잡고 함께 걷는다. 그러나 아이가 크면 부모는 아이의 뒤에서 걸어야 한다. 이것은 아이에게 선택의 자유를 주기 위해서다. (   ) 아이는 스스로 생각하고 판단하는 능력을 키우기 어렵다. 어떤 일을 할 때도 부모가 선택한 것을 강요하기보다는 아이가 스스로 선택하여 행동할 수 있도록 하는 것이 아이의 자아 성장을 위해 바람직하다.

19. (   )에 들어갈 말로 가장 알맞은 것을 고르십시오.

① 그렇지 않으면   ② 그렇지 않아도

③ 그렇기 때문에   ④ 그렇기는 하지만

20. 윗글의 주제로 가장 알맞은 것을 고르십시오.

① 부모는 항상 아이와 같이 걸어야 한다.

② 아이가 크더라도 스스로 판단하는 것은 어렵다.

③ 부모는 아이가 크면 선택의 자유를 주어야 한다.

④ 부모가 선택을 해 주는 것이 아이의 성장을 돕는다.

※ **[21~22] 다음 글을 읽고 물음에 답하십시오. (각 2점)**

> 성공을 판단하는 기준은 무엇일까? 사람들은 보통 경제력과 사회적 지위로 성공 여부를 판단한다. 그런데 모든 사람들이 같은 능력과 가능성을 가지고 태어나는 것은 아니다. 어떤 사람은 6만큼의 능력과 가능성을 지니고 태어나지만 어떤 사람은 3만큼을 갖고 태어나기 때문이다. 그렇다면 3만큼의 능력으로 태어나서 6만큼을 이루는 것이 진정한 성공이 아닐까? 결국 성공은 타고난 자신과 발전한 자신 사이에서 이룬 성과라 할 수 있을 것이다. 따라서 성공은 자기 자신의 기준으로 판단하는 것이지 다른 사람의 (   ) 하는 것이 아니다.

21. (   )에 들어갈 알맞은 것을 고르십시오.

① 손에 익어야 ② 발이 넓어야
③ 눈길을 끌어야 ④ 눈높이에 맞아야

22. 윗글의 내용과 같은 것을 고르십시오.

① 사람들은 동일한 능력을 갖고 태어난다.
② 성공에 대한 가능성을 경제력으로 알 수 있다.
③ 성공 여부를 판단할 수 있는 공통의 기준이 있다.
④ 타고난 능력과 이루어낸 능력의 차이가 성공의 크기다.

※ **[23~24] 다음 글을 읽고 물음에 답하십시오. (각 2점)**

> 농부는 자신의 눈을 의심했다. "평생을 남의 땅만 부쳐 먹고 살았는데……, 땅을 준다고?" 그는 돈을 받지 않고 땅을 나누어 준다는 신문 광고에 눈이 둥그레졌다. 그는 당장 신문에 광고를 올린 부자를 찾아갔다. 부자는 얼마나 많은 땅을 원하냐고 되물었다. 농부는 "저는 아침에 해가 뜰 때 출발해서 저녁에 해가 질 때까지 밟고 돌아올 수 있을 만큼의 땅이 있으면 좋겠어요."라고 말했다. 부자는 다음 날 해가 뜨기 전에 출발하여 다시 돌아온 만큼의 땅을 주겠노라 약속을 했다. 농부는 몹시 들떠 잠을 이룰 수가 없었다. 다음 날 아침, 농부는 해가 지기 전에 돌아오기로 약속을 하고 달리기 시작했다. 농부는 계속해서 뛰었다. 점심을 먹는 시간도 아까워 도시락은 팽개쳐 버렸다. 내일이면 내 것이 될 땅들을 돌아보며 신이 나서 달리고 또 달렸다.

23. 밑줄 친 부분에 나타난 '농부'의 심정으로 알맞은 것을 고르십시오.

① 후련하다   ② 답답하다
③ 당황스럽다   ④ 후회스럽다

24. 윗글의 내용과 같은 것을 고르십시오.

① 농부는 자신의 땅을 갖기 위해 열심히 뛰었다.
② 농부는 자신의 땅에서 농사를 지으면서 살았다.
③ 농부는 부자의 제안을 듣자마자 몹시 화가 났다.
④ 농부는 부자의 말을 믿지 못해 밖으로 뛰어나갔다.

※ **[25~27] 다음 신문 기사의 제목을 가장 잘 설명한 것을 고르십시오. (각 2점)**

25.

수도권에 가을비, 큰 일교차 주의

① 수도권에 비가 많이 오니까 빗길 운전에 주의해야 한다.

② 수도권에 가을비로 인해 날씨가 추워지므로 주의해야 한다.

③ 수도권에 비가 많이 내려 피해가 생길 수 있기 때문에 조심해야 한다.

④ 수도권에 비로 인해 아침저녁의 기온 차가 커질 수 있으니 주의해야 한다.

26.

오랜 경기 한파, 전통 시장 얼어붙는다.

① 오랫동안 추위가 계속되어 전통 시장도 차갑게 얼었다.

② 오랫동안 지속되는 추위로 전통 시장의 영업이 어려워졌다.

③ 경제 위기에도 전통 시장을 찾는 사람들이 계속 증가하였다.

④ 경제가 오래도록 좋지 않아 전통 시장도 장사가 되지 않는다.

27.

기사 바뀐 정보 통신 기업, 앞으로의 운행 노선은?

① 승객을 모으기 위해 새로운 사업을 준비중이다.

② 버스 회사의 책임자가 바뀌어 사업 방향을 알 수가 없다.

③ 통신 회사의 대표가 교체되어 이후의 사업 방향을 알 수 없다.

④ 통신 회사의 대표가 바뀌면서 교통 관련 업무를 시작하려고 한다.

28.

> 살을 빼기 위한 운동은 언제 하는 것이 가장 좋을까? 아침 식사 전에 하는 운동이 체지방을 없애는 데에 가장 좋다고 한다. 체중을 줄이기 위해서는 (   ) 운동을 시작하면 탄수화물이 먼저 타고 그다음 지방이 없어진다. 수면 중 우리 몸은 계속 탄수화물을 태워 없애므로 기상 후 아침 식사 전에 운동한다면 바로 지방을 태울 수 있다.

① 일찍 잠을 자야 하는데
② 몸속 지방을 태워야 하는데
③ 매일 조금씩 먹어야 하는데
④ 탄수화물을 몸에 쌓아야 하는데

29.

> 긴 막대의 끝에 카메라를 붙여 사용하는 셀카봉은 한 여행자에 의해 발명되었다. 그는 여행 중에 자신의 카메라를 들고 도망간 사람 때문에 여행 후에도 다른 사람에게 촬영을 부탁하기가 싫었다고 한다. 그래서 그는 혼자서도 찍을 수 있는 셀카봉을 발명하게 되었다. 이처럼 발명은 생활 속 불편이나 (   ) 노력으로 시작하여 사람들의 생활을 편리하고 윤택하게 만든다.

① 새로운 물건을 발명하려는
② 불합리한 상황을 이해하려는
③ 겪게 된 문제점을 해결하기 위한
④ 재미있는 아이디어를 개발하려는

30.

> 물구나무서기는 머리를 바닥에 두고 다리를 머리 위로 거꾸로 세우는 운동이다. 인간은 서서 걷는 생활만을 하기 때문에 물구나무서기를 하면 한쪽으로 몰렸던 혈액과 림프가 몸의 반대쪽으로 몰리게 된다. 그러면 평소에 혈액과 림프가 잘 닿지 않던 부위에도 순환이 일어나 피로가 풀릴 수 있다. 또한 몹시 부은 발과 종아리가 가늘어지는 효과도 있어 물구나무서기는 직장에서 오랫동안 서서 근무하는 사람이 (   ) 탁월한 효과가 있다.

① 자유롭게 활동하는 데에
② 근무의 효율을 높이는 것에
③ 종아리 근육을 키우는 데에
④ 종아리의 붓기를 빼는 데에

31.

> 돼지는 일반적으로 지저분하고 바보 같은 동물로 알려져 있다. 그러나 최근 연구에 의하면 돼지는 개, 침팬지, 돌고래와 같이 지능이 높은 동물과 인지 능력이 여러 부분에서 유사한 것으로 나타났다. 돼지가 (   ) 연구 결과가 있다. 먹이를 찾을 때 힘이 센 돼지는 다른 돼지를 따라다니다 그 돼지가 먹이를 찾으면 순식간에 빼앗아 먹는다. 그런 이유로 돼지는 동료에게 먹이를 빼앗길 상황이 되면 먹이로부터 먼 곳으로 방향을 바꾸는 전략을 쓴다.

① 먹이를 빨리 찾을 수 있다는
② 독창적인 사냥 전략이 있다는
③ 똑똑하지 못하다는 편견을 깨는
④ 다른 동물과 인지 능력이 다르다는

32.

> 작은 농촌 마을에서 태어나 가난한 농민의 삶을 그려 낸 자연주의 화가, 그가 바로 밀레이다. 밀레는 초상화가로 시작하여 조금씩 이름을 알렸고 이후에 본격적으로 자연주의 그림을 그리기 시작했다. 기존의 화가들이 풍경화를 주로 다루었던 데 반해 그의 그림에는 인물이 부각되었다. '이삭줍기'와 '만종'은 화려한 귀족이나 종교의 한 장면이 아닌 농촌의 풍경을 배경으로 일하는 농민의 모습을 그린 것이다.

① 밀레는 부유한 귀족의 아들로 태어났다.
② 밀레의 그림에는 일하는 사람이 등장한다.
③ 밀레의 그림은 화려한 귀족의 느낌을 준다.
④ 밀레는 자연주의 스타일의 풍경화를 그렸다.

33.

> 종이류와 종이팩은 분리수거를 해야 한다. 종이류는 모아서 종이함에 분류하면 되지만 종이팩은 안을 깨끗이 씻어 이물질을 제거해야 한다. 또한 종이팩은 빨대, 비닐 등이 함께 섞이지 않도록 다른 물질을 제거한 후 종이팩 전용 수거함에 넣어야 해서 종이류에 비해 손이 많이 간다. 종이류와 종이팩을 분리해서 버려야 하는 이유는 재활용 방식이 다르기 때문인데 같은 종이지만 종이류는 일반 종이로 종이팩은 화장지, 미용 티슈와 같은 제품으로 재탄생하기 때문이다.

① 종이팩은 종이함에 분류하면 된다.
② 종이류는 화장지로 다시 재활용된다.
③ 비닐 등의 재질은 종이팩과 따로 분리한다.
④ 종이류와 종이팩은 재활용되는 방식이 같다.

※ **[32~34] 다음을 읽고 글의 내용과 같은 것을 고르십시오. (각 2점)**

34.

> 카푸치노의 제조법은 한 성직자의 아이디어에서 나왔다고 한다. 그는 전쟁 후 적군이 버리고 간 커피 자루를 발견하고 그 커피 원두로 커피를 만들었다. 그런데 그 맛이 너무 진해서 크림과 꿀을 섞어 넣었다. 커피의 색은 크림으로 인해 갈색으로 변하게 되었는데 이 색깔이 카푸친 수도회 성직자가 입는 코트의 색과 비슷하였다. 그로 인해 커피는 '카푸치노'라는 이름을 얻게 되었고 이것이 바로 카푸치노의 시초가 되었다고 한다.

① 카푸치노는 갈색의 크림을 넣어 만들었다.
② 카푸치노의 색은 성직자의 의상과 비슷하였다.
③ 카푸치노의 맛과 향은 전통 커피보다 우수하다.
④ 카푸치노는 전쟁을 치르던 군인들에 의해 개발되었다.

※ **[35~38] 다음을 읽고 글의 주제로 가장 알맞은 것을 고르십시오. (각 2점)**

35.

> '이솝 우화'에서 여우는 포도밭에서 포도를 따 먹으려고 애를 쓴다. 그러나 아무리 애를 써도 먹을 수 없게 되자 "저 포도는 아직 시어서 맛이 없을 거야."라며 돌아선다. 이처럼 개인의 신념이 현실과 맞지 않을 때 기존의 태도나 행동을 바꾸는 것을 '신포도 심리'라고 한다. 일이 자신의 뜻대로 되지 않을 때 조금 달리 생각하면 심리적인 안정감을 느낄 수 있다. 이것이 자기 보호 방법이 되어 건강한 정신을 유지하는 데 도움이 되는 것이다.

① 생각을 바꿈으로써 심리적으로 자신을 보호할 수 있다.
② 일이 마음대로 안 된다고 해도 포기하는 것은 옳지 않다.
③ 일이 뜻대로 되지 않을 때는 언제나 신념을 바꾸는 것이 낫다.
④ 개인의 신념과 현실이 일치하지 않는 것을 신포도 심리라고 한다.

36.

예술가들은 관찰을 통해 창조적인 작품을 만든다. 예술가들의 타고난 관찰력을 생각한다면 뛰어난 관찰력은 선천적인 것으로 여겨지기도 한다. 그러나 관찰은 지식을 얻고자 하는 사람 누구에게나 필요하며 후천적으로 습득할 수 있는 기술이다. 대부분의 경우는 눈뿐만 아니라 귀나 코 등의 다른 감각 기관을 훈련하면 관찰 능력을 키울 수 있다. 실제로 많은 화가들이 '눈으로 볼 수 없는 것은 손으로 그릴 수 없다'라는 말을 즐겨한다.

① 사람은 타고난 관찰 능력이 있다.

② 평범한 사람은 관찰 능력을 키우기 어렵다.

③ 관찰하는 능력은 연습을 통해 키울 수 있다.

④ 예술가는 관찰 능력을 키우기 위해 노력한다.

37.

요즘 심각한 문제로 대두되고 있는 사회 갈등에 대해 그 원인을 묻는 조사에서 방송 매체라는 응답이 32.4%로 가장 많았다. 방송 매체가 사회 갈등을 일으키는 주요 원인은 방송이 공정성을 잃고 한쪽으로 치우친 방송을 하는 데에 있다. 이로 인해 대중은 정보의 참과 거짓을 판단하기 어렵게 되고 다른 의견을 가진 상대방을 오해하게 된다. 언론을 이끄는 방송 매체는 공정성을 잃지 말고 이해 당사자들 사이에서 균형과 중립을 지켜야 할 것이다.

① 방송 매체는 편파 방송으로 사회 갈등을 키우고 있다.

② 방송은 사회 현상을 공정하게 판단하고 방송해야 한다.

③ 사회 갈등으로 인해 많은 사람들이 불안감을 느끼고 있다.

④ 언론은 대중 매체를 주도하고 사회 문제를 풀어 나가야 한다.

38.

> 기분이 좋았다가 갑자기 가라앉는 기분 변화를 지속적으로 느낀다면 조울증을 의심하게 된다. 조울증은 기분이 지나치게 좋은 상태와 우울한 상태를 반복적으로 되풀이하는 증상인데 심하면 갑자기 모든 일에 흥미를 잃고 사회 활동을 기피하게 된다. 조울증은 본인보다 주변 사람들이 쉽게 눈치챌 수 있으므로 가까운 친구나 가족이 관심을 가져야 한다. 주위에서 따뜻한 시선으로 살펴봐 주고 빨리 치료를 받을 수 있도록 조언을 해 주어야 한다.

① 조울증은 미리 예방하는 것이 최선이다.
② 조울증을 앓으면 기분이 변덕스럽게 변한다.
③ 조울증을 치료하기 위해 전문가와 상담해야 한다.
④ 조울증 환자에게는 가족의 관심과 조언이 필요하다.

39.

> 예술 분야는 지금까지 인간의 고유한 영역으로 여겨져 왔다.

> 미술가와 AI 화가의 협업 작품이 선을 보여 화제를 불러일으키고 있다. (㉠) AI 시대의 예술을 둘러싸고 여러 가지 주장과 견해들이 분분하다. (㉡) 인간만이 할 수 있는 창의적인 사고와 창조력이 필요한 분야이기 때문이다. (㉢) 그러나 문학, 영화, 미술 영역까지 AI가 두각을 보이지 않는 곳이 없게 됨에 따라 '인간다움이란 무엇인가'와 같은 철학적 질문을 던지게 되었다. (㉣)

① ㉠   ② ㉡   ③ ㉢   ④ ㉣

40.

> 여기서 플랫폼은 공급자와 소비자를 연결해 주는 매체를 뜻한다.

> 인터넷 비즈니스가 증가하면서 온라인 플랫폼으로 서비스를 제공하는 회사가 증가하고 있다. (㉠) 즉 음식을 주문해 먹고 싶은 사람들은 소비자가 되고 자신의 가게 음식을 팔고 싶은 식당 주인은 공급자가 된다. (㉡) 이들을 서로 연결해 주는 곳이 바로 음식 배달 플랫폼이다. (㉢) 소비자가 원하는 서비스를 휴대 전화나 컴퓨터를 통해 쉽고 편리하게 이용할 수 있어 앞으로 더 많은 플랫폼 회사가 탄생할 것으로 보인다. (㉣)

① ㉠　　　　② ㉡　　　　③ ㉢　　　　④ ㉣

41.

> 나라마다 시간을 다르게 측정하면 혼란이 오기 때문에 전 세계는 세계 표준시를 정했다.

> 시차는 나라 간의 시간 차이를 말한다. 시차는 왜 생길까? (㉠) 시차의 원인은 둥근 지구와 자전 때문이다. 지구는 하루에 한 바퀴씩 스스로 돌아가고 있다. (㉡) 낮과 밤이 바로 이 자전으로 생긴다. (㉢) 또한 지구는 하루 동안 서쪽에서 동쪽으로 360도 회전하기 때문에 15도마다 한 시간의 시차가 발생한다. (㉣) 그리고 그 기준을 영국의 천문대가 있는 본초자오선으로 약속하였다.

① ㉠　　　　② ㉡　　　　③ ㉢　　　　④ ㉣

> '꿈속에서도 불을 끄시나……?'
>
> 아버지의 유난스러운 잠꼬대에 나는 한숨이 절로 났다. 모처럼 아버지와 함께 있는 일요일인데 아버지는 한나절이 지나도록 잠만 주무신다. 나는 책을 보면서도 온통 다른 생각뿐이었다.
>
> "민욱아, 엄마랑 시장에라도 다녀올까?"
>
> 어머니는 나의 마음을 아시는지 온화한 표정으로 보듬어 주셨다.
>
> "아니에요. 뭐 전 안 가도 상관없어요."
>
> 나는 그렇게 대답했지만 뾰로통한 표정을 바꾸기 어려웠다. 어머니는 내 어깨를 감싸고 어제 있었던 일을 얘기해 주셨다.
>
> "사실 어제 아버지가 현장 출동을 두 번이나 하셨단다. 전통 시장에 불이 나서 길에 검은 연기가 자욱하고 불길이 시장 전체로 번졌다고 하시더구나. 네 아버지가 사람들을 구하고 건물에서 빠져나왔는데 먼저 들어간 대원이 불길에 휩싸여 쓰러진 기둥 때문에 현장을 빠져나오지 못하셨대. 시장 상가에 조금만 더 빨리 들어갔더라면 네 아버지도 같은 봉변을 당하셨을 거야."
>
> 나는 어머니의 이야기를 듣고 아버지가 왜 그리 고단하게 주무시는지 알 수 있었다.
>
> "아버지, 살아 돌아와 주셔서 정말 감사해요."
>
> 나는 조용히 속삭였다.

42. 밑줄 친 부분에 나타난 '나'의 심정으로 가장 알맞은 것을 고르십시오.

① 섭섭하다   ② 쑥스럽다

③ 흥미롭다   ④ 상쾌하다

43. 윗글의 내용으로 알 수 있는 것을 고르십시오.

① 아버지는 어젯밤 화재 현장에서 구조되셨다.

② 어머니는 쉬는 날인데도 계속 잠만 주무셨다.

③ 전통 시장에 불이 나서 소방관이 목숨을 잃었다.

④ 나는 아버지의 사연을 전해 듣고 눈물을 흘렸다.

철학자 아리스토텔레스는 '어떤 것은 원하는 사람도 있고 원하지 않는 사람도 있지만 행복만은 누구나 원한다'는 말을 남겼다. 모든 사람들이 행복을 추구하지만 행복을 누리는 사람은 많지 않다. 행복을 얻기 위해서는 (   ) 그것은 바로 '만족'이다. 만족은 스스로가 정한 정신적 가치에 조금씩 도달할 때 느낄 수 있다. 반면 정신적 가치보다 명예나 권력, 부귀를 원하는 사람들은 행복을 얻기 어렵다. 돈과 권력, 명예욕은 소유하고자 하는 욕구가 강하기 때문이다. 소유욕은 자기 것으로 만들어 가지고 싶어 하는 마음이므로 소유욕이 강하면 만족을 모를 것이다. 아무리 먹어도 허기진 마음으로 살아가게 되는 것이다.

44. (   )에 들어갈 말로 가장 알맞은 것을 고르십시오.

① 꼭 필요한 조건이 있는데
② 알아야 하는 것이 많은데
③ 사람들이 동의해야 하는데
④ 전문가에게 조언을 구하는데

45. 윗글의 주제로 알맞은 것을 고르십시오.

① 만족을 아는 사람이 행복하게 살 수 있다.
② 행복은 모든 사람들이 추구하는 가치이다.
③ 물질적인 행복이 정신적 가치보다 중요하다.
④ 행복을 추구하지만 행복한 사람은 많지 않다.

'바다의 잡초'로 여겨졌던 해조류가 최근에는 그 위상이 달라지고 있다. 환경 피해를 최소화하고 식량 위기를 해결할 수 있다는 가능성 때문이다. 먼저 해조류는 물속에서 자라기 때문에 농지나 목축지를 차지하지 않는 데다가 비료나 농약을 사용하지 않고도 잘 자라는 특성이 있어 환경친화적인 식량 자원으로 간주된다. 또한 해조류는 풍부한 영양소를 함유하고 있어 '슈퍼 푸드'로 불리기도 하며 세계적인 식량 위기를 해결하는 데 도움이 될 수 있다. 그러나 해조류를 상업적으로 재배하려면 양식장 구축, 연구 개발, 생산 및 유통 과정에서 초기 투자 비용이 발생한다. 해조류에 대한 소비자 인식도 부족하여 해조류에 대한 홍보 및 교육 또한 필요하다. 게다가 양식장에서 나오는 폐수 처리 등 양식장 운영에 따른 환경 문제도 발생할 수 있다는 것을 간과해서는 안 된다. 그럼에도 해조류는 식량 위기와 기후 변화에 이르기까지 전 지구적 문제를 해결하는 중요한 자원임은 틀림없으므로 이를 잘 연구해서 활용해야 할 것이다.

46. 윗글에 나타난 필자의 태도로 가장 알맞은 것을 고르십시오.

① 해조류에 산업에 대해 부정적인 시각으로 일관하고 있다.
② 친환경적 자원에 대한 필요성을 강한 어조로 말하고 있다.
③ 해조류에 대해 우려를 표하면서도 긍정적인 부분을 더 강조하고 있다.
④ 지구에 당면한 문제를 해결할 방법을 찾기 위해 여러 방면에서 고민하고 있다.

47. 윗글의 내용과 같은 것을 고르십시오.

① 해조류는 친환경적이기에 환경 문제가 없다.
② 해조류의 우수성을 소비자들이 잘 알고 있다.
③ 과거에 비해 해조류에 대한 생각이 많이 좋아졌다.
④ 해조류를 슈퍼 푸드로 키우기 위해 농약을 사용한다.

장기적인 경제 성장의 저하로 인해 청년의 실업률이 증가하고 있다. 통계청의 가족 조사 실태에 따르면 20대 절반 이상이 비혼이거나 자녀를 갖지 않기를 원하는 것으로 나타났다. 청년 세대가 느끼는 사회·경제적 부담이 이들의 가치관을 변화시키고 있는 것이다. 그러나 한편으로 청년들은 자신들이 처한 상황에 매몰되기보다 새로운 기회의 장을 (   ) 움직임도 보이고 있다. 취업난이 심각해지고 학업의 기간이 길어지면서 사업에 도전하는 청년 창업이 증가하고 있는 것이다. 이런 움직임에 맞춰 중소벤처기업부는 청년 창업을 일정 부분 지원하고 있으나 청년 창업 활성화에 걸림돌은 한두 가지가 아니다. 사업 자금이나 구인 문제뿐만 아니라 생활비, 주거비 및 등록금 대출 상환 등 청년층에게 가중되는 문제도 존재한다. 청년 창업이 활성화되고 성공적으로 실현되기 위해서는 정부 지원 기관과 청년 창업자가 상호작용하는 네트워크를 형성하는 것이 중요하다. 네트워크의 모든 구성원이 능동적으로 참여하여 청년의 도전을 응원하고 정책적으로 발전할 수 있는 시스템을 구축해야 한다.

48. 윗글을 쓴 목적으로 알맞은 것을 고르십시오.

① 청년 취업난의 극복 사례를 소개하기 위해서
② 청년 창업의 어려움과 문제점을 알리기 위해서
③ 청년의 가치관이 어떻게 변화되었는지 분석하기 위해서
④ 청년 창업 활성화를 위한 정책적인 체제 마련을 촉구하기 위해서

49. (   )에 들어갈 말로 가장 알맞은 것을 고르십시오.

① 스스로 개척하려는   ② 기대하지 않으려는
③ 정부에 지원받으려는   ④ 마지막이라고 생각하는

50. 윗글의 내용과 같은 것을 고르십시오.

① 청년들의 가치관 변화로 실업률이 높아지고 있다.
② 청년 창업의 가장 큰 어려움은 학업의 장기화이다.
③ 정부와 청년 창업자가 소통하는 자리가 계속되고 있다.
④ 중소벤처기업부에서 청년 창업을 위한 도움을 주고 있다.

20

40

60

80

100

120

140

160

180

200

220

240

260

280

300

320

340

360

380

400

420

440

460

480

500

20
40
60
80
100
120
140
160
180
200
220
240
260
280
300
320
340
360
380
400
420
440
460
480
500

FAST PASS
TOPIK II 실전 모의고사 문제집

지은이 나원주, 황효영, 장소영
펴낸이 정규도
펴낸곳 (주)다락원

초판 1쇄 인쇄 2024년 9월 25일
초판 1쇄 발행 2024년 10월 4일

편집 이숙희, 손여람, 백다흰
디자인 김민지, 박보희, 허문희
녹음 김성희, 유선일

내용문의 (02)736-2031 내선 420~426
구입문의 (02)736-2031 내선 250~252
Fax. (02)732-2037
출판등록 1977년 9월 16일 제406-2008-000007호

ISBN 978-89-277-3341-6 14710
       978-89-277-3339-3 (SET)

http://www.darakwon.co.kr
http://koreanbooks.darakwon.co.kr

다락원 홈페이지를 방문하시면 상세한 출판 정보와 함께 MP3 자료 등 다양한 어학 정보를 얻으실 수 있습니다.

FAST PASS
PASS
TOPIK II
실전 모의고사
정답 및 해설집

다락원

목 차

유형별 해설 강의

듣기   쓰기   읽기

제1회 한국어능력시험

정답 및 해설
Answer and commentary

TOPIK II

1교시 **듣기, 쓰기**
(Listening, Writing)

1	2	3	4	5	6	7	8	9	10
①	②	③	②	③	③	④	④	④	①

11	12	13	14	15	16	17	18	19	20
②	①	②	②	③	②	②	③	②	①

21	22	23	24	25	26	27	28	29	30
③	①	②	④	③	②	②	①	④	④

31	32	33	34	35	36	37	38	39	40
③	④	④	①	①	④	③	③	③	③

41	42	43	44	45	46	47	48	49	50
①	③	④	③	③	③	②	④	④	④

1 일치하는 그림 고르기

> 여자: 저, 실례지만 이거 어디에 버려야 해요?
> 남자: 종이는 저쪽이에요.
> 여자: 아, 그렇군요. 고맙습니다.

해설
'어디에 버려야 해요?'와 '종이'라는 말을 통해서 종이를 버리려고 한다는 것을 알 수 있습니다. 그리고 '저쪽이에요.'라는 말에서 어딘가를 가리키는 것을 알 수 있습니다. 종이를 버리는 곳을 물어보고 그곳이 어디인지 답해 주는 그림을 찾으면 됩니다. 따라서 정답은 ①입니다.

2 일치하는 그림 고르기

> 여자: 민수 씨, 표는 샀어요?
> 남자: 네, 인터넷으로 예약을 했는데 표로 다시 받아야 해요.
> 여자: 출발 시간이 다 됐는데 좀 서둘러야겠어요.

해설
'표는 샀어요?'와 '인터넷으로 예매를 했는데'라는 표현을 통해 영화를 관람하거나 기차를 타는 상황을 떠올릴 수 있습니다. 그리고 여자가 '출발 시간이 다 됐는데'라고 말하였기 때문에 기차를 타야 하는 상황임을 알 수 있습니다. 따라서 두 사람이 예매한 표를 받기 위해 기차 매표소 앞에 있는 그림을 찾아야 합니다. 정답은 ② 입니다.

3 일치하는 도표 고르기

> 남자: 지하철에서 물건을 잃어버리는 사고가 자주 발생하고 있습니다. 서울시 지하철 분실물 현황에 따르면 분실물 사고가 가장 많이 발생하는 시기는 5월, 7월, 10월로 나타났습니다. 품목별로는 가방이 42.7%로 가장 많았고 의류가 그 뒤를 이었습니다.

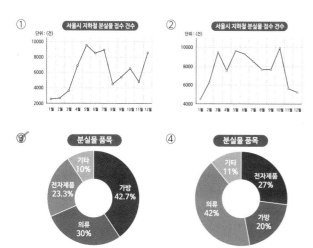

③ 끝나고 마시면 되니까 괜찮아요.
④ 음료수를 안 사면 들어갈 수 없어요.

해설

여자가 영화 시간에 늦어서 먹을 것을 살 수 없는 상황입니다. ② '팝콘도 함께 사면 좋겠어요.'나 ④ '음료수를 안 사면 들어갈 수 없어요.'와 같은 표현은 적절하지 않습니다. ③ '끝나고 마시면 되니까 괜찮아요.'가 정답입니다.

6 이어지는 말 고르기

> 여자: 선배, 오늘 수업 끝나고 밥 먹으러 갈래요?
> 남자: 미안해. 오늘은 약속이 있어서 못 갈 것 같아.
> 여자: _____

① 학교 앞에 좋은 곳을 알아요.
② 약속 시간을 빨리 정해야 해요.
③ 그러면 다음에 같이 먹으러 가요.
④ 그러니까 내일 이어서 계속합시다.

해설

남자는 약속이 있어서 여자와 밥을 먹으러 갈 수가 없습니다. 이럴 때는 상대방의 상황을 이해하고 다음에 가자고 말하는 것이 자연스럽습니다. ① '학교 앞에 좋은 곳을 알아요.'나 ② '약속 시간을 빨리 정해야 해요.'와 같이 만남에 대해 계속 이야기하는 것은 적절하지 않습니다. 따라서 ③ '그러면 다음에 같이 먹으러 가요.'가 정답입니다.

7 이어지는 말 고르기

> 여자: 오늘 회의에서 나눠 줄 서류는 어떻게 됐어요?
> 남자: 지금 복사를 하고 있는데 시간이 많이 걸리네요.
> 여자: _____

① 다음부터 일찍 준비할게요.
② 서류를 좀 복사해 주시겠어요?
③ 조금 전에 복사가 끝났습니다.
④ 앞으로는 미리 좀 준비해 주세요.

해설

여자가 오늘 회의에 사용할 서류가 준비되었는지를 묻고 있습니다. 남자가 지금 복사를 하고 있는데 시간이 오래 걸린다고 했습니다. 시간이 오래 걸린다는 말을 듣고 이어질 수 있는 표현은 ④ '앞으로는 미리 좀 준비해 주세요.'가 적절합니다. ① '다음부터 일찍 준비할게요.'는 여자의 말 뒤에 이어서 남자가 할 수 있는 표현입니다.

해설

서울시 지하철 분실물 접수 건수가 가장 많은 달은 5월, 7월, 10월이라고 했으므로 ①번과 ②번 그래프의 높은 부분을 확인해 보면 됩니다. ①은 5월, 7월, 12월이 높고 ② 3월, 5월, 10월이 높아 정답이 아닙니다. 분실물 품목 그래프에서는 가장 많은 것이 가방, 의류의 순서인 것을 찾으면 됩니다. 따라서 ③이 정답이 됩니다.

4 이어지는 말 고르기

> 여자: 여보, 열쇠가 어디에 있는지 알아요?
> 남자: 아니요. 못 봤어요. 책상 위에 없어요?
> 여자: _____

① 책은 책상 아래에 있어요.
② 아까 찾아봤는데 없더라고요.
③ 무엇을 찾고 있는지 잘 모르겠어요.
④ 찾는다고 해도 아무 소용이 없을 거예요.

해설

여자는 열쇠를 찾고 있지만 보이지 않아서 남자에게 질문합니다. 하지만 남자도 본 적이 없기 때문에 '책상 위에 없어요?'라고 다시 질문합니다. 따라서 열쇠가 있거나 없다고 답을 하는 것이 자연스럽습니다. ①은 책에 대해 말하고 있으므로 정답이 아닙니다. ② '아까 찾아봤는데 없더라고요.'가 남자의 말 뒤에 이어질 적절한 표현이 됩니다.

5 이어지는 말 고르기

> 남자: 영화 시간이 얼마 남지 않았는데 들어갑시다.
> 여자: 어쩌죠? 제가 너무 늦게 와서 음료수 살 시간도 없네요.
> 남자: _____

① 일찍 와서 사면 돼요.
② 팝콘도 함께 사면 좋겠어요.

8 이어지는 말 고르기

> 남자: 신제품에 대한 고객 반응은 어떻습니까?
> 여자: 고객이 어느 정도 만족하는지 알아보기 위해서 지금 만족도 조사를 하고 있습니다.
> 남자: _____

① 고객 조사를 좀 부탁합니다.
② 모두 만족했다니 정말 다행입니다.
③ 어떤 제품인지 소개해 주시겠어요?
☑ 그럼 언제쯤 결과를 알 수 있을까요?

해설

남자가 신제품에 대한 고객의 반응을 물었고, 여자는 '지금 고객의 만족도를 조사 중'이라고 답하였습니다. 지금 조사 중이라고 했으니 그 조사가 언제 끝나는지 물어볼 수 있습니다. 따라서 ④ '그럼 언제쯤 결과를 알 수 있을까요?'가 정답이 됩니다. ① '고객 조사를 좀 부탁합니다.'나 ② '모두 만족했다니 정말 다행입니다.'와 같은 표현은 각각 조사 전과 후에 할 수 있는 말입니다.

9 알맞은 행동 고르기

> 여자: 어? 이거 왜 이러지? 갑자기 인터넷이 안 되네.
> 남자: 어? 누나도 그래? 내 노트북도 안 되는데……
> 여자: 왜 그런지 통신 회사에 물어봐야겠다. 너 전화번호 아니?
> 남자: 잠깐만. 전화번호 좀 찾아볼게.

해설

여자는 남자가 통신 회사의 전화번호를 찾아 주면 그 번호로 전화를 하려고 합니다.
① 통신 회사에 간다.
  ➡ 여자는 통신 회사에 전화로 물어보겠다고 했습니다.
② 전화번호를 알아본다.
  ➡ 남자가 전화번호를 찾아보겠다고 했습니다.
③ 노트북을 고치러 간다.
  ➡ 노트북이 고장 난 것이 아니라 인터넷에 문제가 있습니다.
☑ 통신 회사에 전화한다.

10 알맞은 행동 고르기

> 남자: 저희 공연을 보러 와 주셔서 정말 감사합니다.
> 여자: 첫 공연 축하해요.
> 남자: 공연이 끝나면 번호를 뽑아서 선물도 드리니까 가지 말고 끝까지 보셔야 해요.
> 여자: 그럼요. 긴장하지 말고 잘하세요.

해설

남자가 공연을 보러 와 주셔서 감사하다고 표현한 것과 끝까지 보

셔야 한다는 표현을 통해 아직 공연이 시작하기 전인 것을 알 수 있습니다.
☑ 공연을 본다.
② 번호를 뽑는다.
  ➡ 공연이 끝난 후에 번호를 뽑습니다.
③ 선물을 받는다.
  ➡ 공연 후에 번호를 뽑아서 선물을 주는 행사가 있습니다.
④ 남자를 기다린다.
  ➡ 대화 내용으로는 알 수 없습니다.

11 알맞은 행동 고르기

> 여자: 선배. 우체국에 가는데, 오는 길에 뭐 좀 사 올까요?
> 남자: 커피 한 잔 부탁해.
> 여자: 네, 보고서도 제가 다녀와서 좀 도와드릴게요.
> 남자: 고마워. 그럼, 내가 자료를 모아 놓을 테니까 정리해 줄래?

해설

여자는 우체국에 간 다음에 커피숍에 들러 커피를 살 겁니다. 보고서의 자료를 정리하는 것은 그다음의 행동입니다.
① 커피숍에 간다.
  ➡ 여자는 우체국에 간 다음에 커피숍에 갑니다.
☑ 우체국에 간다.
③ 자료를 찾는다.
  ➡ 남자가 자료를 '모아 놓겠다'고 했습니다.
④ 자료를 정리한다.
  ➡ 자료를 정리하는 것은 여자가 가장 마지막에 할 행동입니다.

12 알맞은 행동 고르기

> 여자: 부장님, 이것 좀 봐 주시겠어요?
> 남자: 음. 사업 보고서는 숫자를 정확하게 제시해야 해요. 다시 작성하는 게 좋겠어요.
> 여자: 네, 알겠습니다. 수정하겠습니다.
> 남자: 수정하고 나서 박 대리에게 먼저 확인받으세요. 꼼꼼하게 봐 줄 거예요.

해설

여자는 남자의 요청에 따라 보고서를 다시 수정해야 합니다.
☑ 서류를 수정한다.
② 박 대리에게 간다.
  ➡ 보고서를 수정한 후에 박 대리에게 가야 합니다.
③ 보고서를 발표한다.
  ➡ 대화 내용을 통해서는 보고서를 발표하는지 안 하는지 알 수 없습니다.
④ 서류 확인을 부탁한다.
  ➡ 보고서를 수정한 후에 박 대리에게 확인을 받으라고 했습니다.

13 일치하는 내용 고르기

> 여자: 다음 주에 부장님 집들이가 있잖아요. 선물을 같이
> 하는 게 어때요?
> 남자: 좋아요. 무슨 선물이 좋을까요?
> 여자: 좀 특별한 선물이면 좋겠어요.
> 남자: 커피 향이 나는 식물은 어때요? 부장님이 꽃 가꾸는
> 것을 좋아하시잖아요.

해설

들은 내용과 일치하는 것을 고르는 문제입니다. 두 사람은 다음 주
부장님의 집들이 선물을 상의하고 있습니다. 조금 특별하게 커피
향기가 나는 식물을 선물하려고 합니다.
① 여자는 새집으로 이사했다.
　➔ 여자의 부장님이 이사를 하였습니다.
②́ 여자는 다음 주에 집들이에 간다.
③ 남자는 꽃과 나무 가꾸는 것을 좋아한다.
　➔ 부장님이 꽃 가꾸는 것을 좋아합니다.
④ 남자는 집들이 선물로 커피를 준비하려고 한다.
　➔ 커피 향기가 나는 식물을 선물하려고 합니다.

14 일치하는 내용 고르기

> 여자: 우리 학교 도서관을 찾아 주신 신입생 여러분 환영
> 합니다. 지금부터 도서관 투어 안내를 시작하겠습
> 니다. 도서관 투어는 1층 로비에서 9시부터 시작합
> 니다. 2층으로 가시면 도서 열람실이 있습니다. 소
> 지하신 학생증으로 도서 대출도 가능합니다. 3층 멀
> 티미디어실에서 학교 홍보 영상 관람 후 1층 로비에
> 서 기념품을 나눠 드리니 꼭 받아 가시기 바랍니다.

해설

들은 내용과 일치하는 것을 고르는 문제입니다. 학교 도서관 투어
에 대한 안내 방송입니다. 각 층에서 어떤 활동을 할 수 있는지를
잘 파악해야 합니다.
① 도서관 3층에서 책을 대출할 수 있다.
　➔ 도서 대출은 도서관 2층에서 할 수 있습니다.
②́ 도서관 투어 후에 기념품을 받을 수 있다.
③ 기념품을 받으려면 학생증이 있어야 한다.
　➔ 학생증은 도서 대출을 위해 필요합니다.
④ 도서관 2층에서 학교 홍보 영상을 볼 것이다.
　➔ 학교 홍보 영상은 3층 멀티미디어실에서 상영합니다.

15 일치하는 내용 고르기

> 남자: 인주 도자기 축제는 이달 15일에 시작하여 3일간
> 계속되며, 국내 작가뿐만 아니라 해외 작가들도 참
> 여해 도자기를 전시합니다. 축제 관람객은 마을 곳

곳에서 도자기 체험 활동을 즐기실 수 있습니다. 그
밖에도 티켓을 보여 주시면 주변 식당에서 20% 할
인을 받으실 수 있습니다. 여러분의 많은 참여 바랍
니다.

해설

들은 내용과 일치하는 것을 고르는 문제입니다. 도자기 축제의
날짜와 행사 내용을 잘 파악해야 합니다.
① 축제는 15일부터 20일까지 열린다.
　➔ 축제는 15일부터 3일간 진행됩니다.
② 축제는 국내 작가들만 참여가 가능하다.
　➔ 국내외의 작가들이 참석합니다.
③́ 마을에서 직접 도자기를 만들어 볼 수 있다.
④ 티켓이 있으면 식당에서 무료로 식사할 수 있다.
　➔ 티켓이 있으면 20% 할인을 받습니다.

16 일치하는 내용 고르기

> 여자: 대표님은 어려운 이웃의 이사를 무료로 도와주시는
> 데요. 이런 일을 하시게 된 계기가 있으신가요?
> 남자: 저는 어렸을 때 가정 형편이 어려웠습니다. 하지만
> 도움을 주신 분들이 계셔서 여기까지 올 수 있었지
> 요. 이삿짐센터를 하니 어려운 분들의 이사를 도와
> 드리고 싶었습니다. 요즘은 고객이 남기고 간 가전
> 제품이나 가구를 수리해서 필요한 분들에게 전달하
> 고 있습니다.

해설

들은 내용과 일치하는 것을 고르는 문제입니다. 남자는 자신이 어
려웠을 때를 생각하면서 가난한 사람의 이사를 도와주는 일을 합
니다. 남자가 어떤 방법으로 어려운 사람들을 돕는지를 잘 들어야
합니다.
① 남자는 중고 물건을 수리하여 판매한다.
　➔ 남자는 중고 물건을 수리하여 필요한 사람에게 무료로 줍니다.
②́ 남자는 어려운 이웃의 이사를 도와준다.
③ 남자는 어려운 사람에게 물건을 사 준다.
　➔ 남자는 어려운 사람에게 물건을 사 주지는 않습니다.
④ 남자는 다른 사람의 도움 없이 살아왔다.
　➔ 남자는 어린 시절 다른 사람의 도움을 받아 지금처럼 살 수 있게
　　되었다고 말합니다.

17 중심 생각 고르기

> 남자: 민호를 찾으러 놀이터에 갔더니 다른 아이들이
> 없네요.
> 여자: 학원에 가서 없는 거예요. 우리 민호도 보내야겠어요.
> 남자: 민호가 뭔가 배우고 싶어 한다면 모르겠지만, 다른
> 아이들이 간다고 민호도 가야 할까요?

① 아이들은 학원에 다녀야 한다.
☑️ 무조건 남을 따라 할 필요는 없다.
③ 어릴 때 친구들과 잘 어울려야 한다.
④ 아이를 일찍 공부시키는 것은 좋지 않다.

해설

남자는 다른 아이들이 학원에 간다고 무조건 따라 하는 것이 올바르지 않다고 생각합니다. 따라서 정답은 ② '무조건 남을 따라 할 필요는 없다.'가 정답이 됩니다.

18 중심 생각 고르기

남자: 왜 그래? 어디 다쳤어?
여자: 앞사람이 문을 놓아 버리는 바람에 문에 부딪혔어.
남자: 그런 사람들은 자기만 생각하는 것 같아. 뒷사람을 위해 잠깐만 문을 잡아 주면 될 텐데…….

① 항상 주위를 살펴야 한다.
② 뒤를 잘 보면서 걸어야 한다.
☑️ 남을 배려하는 마음을 가져야 한다.
④ 자신을 제일 중요하게 생각해야 한다.

해설

남자는 뒤따라오는 사람이 있는데도 문을 놓아 버리는 행동이 자신만을 생각하는 이기적인 행위라고 생각하고 있습니다. 반대로 문을 잡아 주는 행동은 타인을 배려하는 것이라고 할 수 있습니다. 따라서 ③ '남을 배려하는 마음을 가져야 한다.'가 정답이 됩니다.

19 중심 생각 고르기

여자: 휴대 전화를 또 바꾼 거야?
남자: 응, 신제품이 나왔는데 참을 수가 있어야지.
여자: 사용하던 휴대 전화가 쓸 만한데 그렇게 꼭 바꿔야 했어?
남자: 그건 모르는 소리야. 새로운 전자제품을 빨리 배워서 사용해야 시대 변화에 뒤떨어지지 않는 사람이 된다고.

① 물건을 아껴서 사용해야 한다.
☑️ 시대 변화에 빨리 적응해야 한다.
③ 항상 새로운 물건을 사용해야 한다.
④ 쓸 만한 물건은 다시 재활용해야 한다.

해설

남자는 자주 휴대 전화를 바꿉니다. 그 이유는 신제품을 어떻게 사용하는지 빨리 배우는 것이 시대 변화에 적응하는 것이라고 생각하기 때문입니다. 따라서 정답은 ② '시대 변화에 빨리 적응해야 한다.'입니다.

20 중심 생각 고르기

여자: 작가님의 책이 출판된 지 2주 만에 판매 순위 1위에 올랐습니다. 이렇게 인기를 끄는 비결이 뭐라고 보십니까?
남자: 저는 어려운 용어를 대중이 이해하기 쉽게 풀어 쓰려고 애를 썼습니다. 그리고 일상에서 접하는 사건을 예로 들어 설명했지요. 저는 작가가 독자의 눈높이에 맞추어 글을 쓰려는 노력이 중요하다고 생각합니다.

☑️ 작가는 독자가 이해하기 쉽게 글을 써야 한다.
② 작가는 독자가 선호하는 내용의 글을 써야 한다.
③ 작가는 독자의 반응을 살펴본 후에 글을 써야 한다.
④ 작가는 글을 쓸 때 전문 용어를 많이 사용해야 한다.

해설

남자의 책이 대중에게 인기를 끄는 이유에 대해 말하고 있습니다. 독자의 눈높이에 맞추어 글을 쓴다는 것은 어려운 내용을 쉽게 썼다는 의미가 됩니다. ④ '작가는 글을 쓸 때 전문 용어를 많이 사용해야 한다.'는 오히려 글의 내용을 어렵게 만드는 방법입니다. 따라서 ① '작가는 독자가 이해하기 쉽게 글을 써야 한다.'가 정답입니다.

[21-22] 대화 듣고 물음에 답하기

여자: 우리 아파트도 음식물 쓰레기 자동 처리 기기를 설치하는 것이 어떨까요? 맞은편 아파트는 설치 후에 좋은 반응을 얻고 있대요.
남자: 나쁘지 않은데요. 하지만 기계를 설치하려면 비용이 만만하지 않을 거예요. 주민들의 동의도 받아야 하고요.
여자: 네, 그렇지요. 하지만 자동화 기계를 설치하면 쓰레기 처리장도 깨끗해지고 냄새도 나지 않을 테니 반대할 이유가 없죠.
남자: 그래도 설치 비용이 많이 들면 부담스러워하는 주민들도 있을 거예요.

21 중심 생각 고르기

① 음식물 쓰레기를 자동으로 처리해야 한다.
② 쓰레기장 주변 환경을 깨끗하게 관리해야 한다.
☑️ 음식물 쓰레기 처리 기기의 설치 비용이 적게 들어야 한다.
④ 반대 의견이 있더라도 음식물 쓰레기 처리 기기를 설치해야 한다.

해설

남자의 중심 생각을 찾는 문제입니다. 남자는 음식물 쓰레기 처리 장치가 좋기는 하지만 비용이 많이 드는 것을 걱정하고 있습니다. 가격이 비싸면 주민들도 설치에 반대할 수 있기 때문입니다. 설치 비용에 대해 설명하는 것은 ③ '음식물 쓰레기 처리 기기의 설치 비용이 적게 들어야 한다.'입니다.

22 일치하는 내용 고르기

해설

일치하는 내용을 고르는 문제입니다. 음식물 쓰레기 자동 처리 기기 설치의 효과와 주민들의 반응을 파악해야 합니다.

☑ 음식물 쓰레기 자동 처리 기기로 쓰레기 냄새를 줄일 수 있다.

② 음식물 쓰레기 자동 처리 기기는 적은 비용으로 설치할 수 있다.
　→ 기기를 설치하는 데에 많은 비용이 들 것으로 보인다.

③ 음식물 쓰레기 자동 처리 기기를 설치한 아파트 주민들의 불만이 많다.
　→ 맞은편 아파트는 기기를 설치하여 좋은 반응을 얻고 있다.

④ 음식물 쓰레기 자동 처리 기기를 설치할 때 주민들의 동의가 없어도 된다.
　→ 기기를 설치하려면 주민들의 동의가 필요하다.

[23-24] 문의 전화 듣고 물음에 답하기

남자: 여보세요? 인주문화센터지요?
여자: 네, 무엇을 도와드릴까요?
남자: 인주문화센터에서 지역 주민에게 회의실을 무료로 대여해 준다고 들었는데요. 예약할 수 있을까요?
여자: 홈페이지에 신청서가 있어요. 이용 날짜와 시간 그리고 이용자 명단을 작성하셔야 합니다. 이용자는 모두 우리 지역 주민이어야 하고 최대 10명까지 이용 가능합니다.
남자: 그러면 회의실의 프린터도 사용할 수 있을까요?
여자: 네, 사용하실 수 있습니다. 그런데 프린터 종이는 개인이 준비하셔야 합니다.

23 대화 상황 고르기

① 신청서 작성 방법을 알아보고 있다.
☑ 회의실과 회의실 기기를 예약하고 있다.
③ 회의실 용품 대여 방법에 대해 문의하고 있다.
④ 센터에서 운영하는 무료 프로그램에 대해 묻고 있다.

해설

대화 상황을 파악하는 문제입니다. 남자가 인주문화센터에 전화를 한 이유는 회의실과 회의실 기기를 무료로 예약하기 위해서입니다. ① '신청서 작성 방법을 알아보고 있다.'나 ③ '회의실 용품 대여 방법에 대해 문의하고 있다.'는 핵심 내용으로 볼 수 없습니다. 따라서 정답은 ② '회의실과 회의실 기기를 예약하고 있다.'입니다.

24 일치하는 내용 고르기

해설

일치하는 내용을 고르는 문제입니다. 회의실과 기기 대여에 대한 세부적인 정보가 정확한지 확인합니다.

① 회의실은 10명 이상부터 이용 가능하다.
　→ 회의실은 10명까지 사용할 수 있습니다.

② 종이와 프린터는 센터에서 빌릴 수 있다.
　→ 프린터는 사용할 수 있지만 종이는 개인이 가져와야 합니다.

③ 회의실은 예약만 하면 누구든지 이용이 가능하다.
　→ 회의실은 지역 주민만 사용이 가능합니다.

☑ 지역 주민은 센터의 회의실을 무료로 이용할 수 있다.

[25-26] 인터뷰 듣고 물음에 답하기

여자: 한국여성경제인협회 김준수 부회장님과 이야기를 나누고 있습니다. 현재 여성 기업인 지원 사업 업무를 맡고 계신데요. 이 분야에 힘을 쏟고 계신 이유가 있습니까?
남자: 네, 여성들의 사회 진출이 증가했지만 경제 활동은 아직 선진국 수준에 이르지 못하고 있는데요. 그래서 여성의 창업이나 여성 기업의 활동을 위해 노력하고 있습니다. 개인적으로는 딸을 둔 아빠로서 남녀가 동등한 기회를 얻어야 한다고 생각해 왔고요. 우리나라가 생산적이고 창의적인 경제 발전을 이루기 위해서는 인구의 절반인 여성의 에너지가 필요하다고 생각합니다.

25 중심 생각 고르기

① 여성에게 보다 많은 일자리를 제공해야 한다.
② 남성과 여성 모두 경제 활동에 참여해야 한다.
☑ 경제 성장을 위해 여성 인력을 활용해야 한다.
④ 남성은 여성의 사회 진출에 도움을 주어야 한다.

해설

남자는 여성의 창업을 돕고 여성 기업인을 지원하는 일을 하고 있습니다. 남자는 여성이 더 많이 사회로 진출하여 사회 발전에 힘이 되기를 바라고 있습니다. ① '여성에게 보다 많은 일자리를 제공해야 한다.'는 남자의 일과 관련이 있지만 중심 생각이라고는 보기 어렵습니다. 남자가 이야기하려는 핵심 내용은 ③ '경제 성장을 위해 여성 인력을 활용해야 한다.'입니다.

26 일치하는 내용 고르기

해설

남자의 인터뷰 내용을 듣고 일치하는 내용을 고르는 문제입니다. 남자의 의견을 중심으로 세부 내용을 파악해야 합니다.

① 남자는 아들과 딸을 키우고 있다.
　→ 딸은 있지만 아들이 있는지는 알 수 없습니다.

☑ 남자는 여성의 창업을 지원해 왔다.

③ 남자는 사업가에게 주는 상을 수상했다.
→ 남자가 상을 받았는지 알 수 없습니다.
④ 남자는 남녀의 역할이 서로 다르다고 생각한다.
→ 남녀가 동등한 기회를 얻어야 한다고 생각합니다.

[27-28] 의논하는 대화 듣고 물음에 답하기

남자: '일대삼' 후원 프로그램을 들어 봤어요?
여자: 네, 성인 세 명이 한 명의 아이를 후원해 주는 프로그램이잖아요.
남자: 우리도 한번 해 보는 게 어때요? 세 명이니까 부담도 줄고 한 아이의 성장을 지켜볼 수 있으니 분명 보람도 느낄 거예요. 후원하는 아이와 편지도 주고받고요.
여자: 함께하고 싶은데 지금 우린 두 명이잖아요.
남자: 가입을 하면 다른 한 명을 소개해 준다고 하니까 걱정하지 않아도 돼요.

27 화자의 의도/목적 고르기
① 후원 프로그램에 대해 소개하기 위해
② 후원 프로그램 가입을 제안하기 위해
③ 후원 프로그램에 대한 정보를 알아보기 위해
④ 후원 프로그램의 운영 방법을 안내하기 위해

해설

남자는 여자에게 후원 프로그램을 알고 있는지 물어보았고 '우리도 한번 해 보는 게 어때요?'라고 권하고 있습니다. 따라서 남자가 여자에게 말하는 의도는 ② '후원 프로그램 가입을 제안하기 위해'입니다.

28 일치하는 내용 고르기

해설

들은 내용과 일치하는 것을 고르는 문제입니다. '일대삼' 후원 프로그램의 특징이 무엇인지 세부 내용을 잘 듣고 답을 골라야 합니다.
① 후원을 하면 아이와 편지로 연락을 할 수 있다.
② 여자는 후원 프로그램에 대해 들어 본 적이 없다.
→ 여자는 이미 이 프로그램에 대해 알고 있습니다.
③ 후원 프로그램을 통해 성인 한 명이 세 명의 아이를 지원한다.
→ 성인 세 명이 아이 한 명을 지원합니다.
④ 아는 사람과 함께 가입해야만 후원 프로그램에 참여할 수 있다.
→ 세 명이 되지 않아도 후원 단체에서 다른 후원자를 소개해 줍니다.

[29-30] 직업 인터뷰 듣고 물음에 답하기

여자: 책의 얼굴을 그리신다고요.
남자: 네, 저는 책의 표지와 크기, 모양 등 책 한 권에 들어가는 모든 시각적 요소를 담당합니다. 사람도 외모가 중요하듯이 책도 그렇습니다. 내용이 아무리 좋아도 책의 표지가 별로면 사람들이 선택하지 않거든요.
여자: 저도 책 디자인이 마음에 들면 저절로 손이 가긴 하더라고요.
남자: 맞습니다. 출판사가 표지에 많은 비용을 들이는 이유도 여기에 있습니다. 책 표지의 제목도 한눈에 들어오게 배치해야 하고 본문의 글도 독자가 편하게 읽을 수 있도록 배열하는 데에 노력을 기울여야 합니다.

29 대화 참여자 고르기
① 전문 작가
② 도서 판매자
③ 도서관 관계자
④ 출판 디자이너

해설

남자는 책 표지의 크기, 모양 등 시각적인 요소를 담당합니다. 책 제목을 배치하고 본문의 글씨 크기도 조절하여 독자가 편하게 책을 읽을 수 있도록 배열하는 작업을 합니다. 정답은 ④ '출판 디자이너'입니다.

30 일치하는 내용 고르기

해설

들은 내용과 일치하는 것을 고르는 문제입니다. 책 디자인이 왜 중요한지에 대한 대화로 세부 내용을 잘 파악해야 합니다.
① 책의 내용만 좋다면 구매율도 높아진다.
→ 책 표지가 별로면 사람들이 선택하지 않습니다.
② 출판사는 책 표지보다 내용에 돈을 많이 쓴다.
→ 출판사는 책의 판매를 위해 표지에 비용을 많이 들입니다.
③ 여자는 책을 선택할 때 책 표지는 신경 쓰지 않는다.
→ 책 디자인이 마음에 들면 책을 선택하게 됩니다.
④ 남자는 독자가 읽기 편한 책을 만들어야 한다고 생각한다.

[31-32] 토론 듣고 물음에 답하기

여자: 수술실 CCTV 설치 의무화 법안이 아직도 논의 단계인데요. 환자의 알 권리를 위해서 의무화하는 것이 맞지 않을까요?
남자: 글쎄요. 환자의 알 권리도 중요하지만 CCTV는 환자의 사생활을 침해할 수 있습니다.

여자: 그래도 수술실에 CCTV가 있으면 더 안전하게 수술을 받을 수 있을 것 같은데요.

남자: CCTV가 있다고 수술에 대한 안전성이나 신뢰도가 높아지는 건 아닙니다. 오히려 의사가 수술을 회피하는 경향이 나타날 겁니다. 의료 사고를 줄이려면 감시하는 것이 아니라 사고를 예방하기 위한 방안을 마련하는 것이 옳다고 생각합니다.

31 중심 생각 고르기

① CCTV 설치를 통해 의료 사고를 방지할 수 있다.
② 환자의 사생활 보호를 위해 CCTV를 줄여야 한다.
③ CCTV 설치보다 의료 사고 예방에 더 힘써야 한다.
④ 사고 예방 방안 마련을 위해 의료 행위를 감시해야 한다.

[해설]

CCTV 설치에 대한 화자의 생각을 파악하는 문제입니다. 남자는 CCTV 설치가 의료 사고 예방에 도움이 되지 않는다고 말하며 사고 예방을 위한 방안이 필요하다고 주장합니다. 그러므로 ③ 'CCTV 설치보다 의료 사고 예방에 더 힘써야 한다.'가 정답입니다.

32 화자의 태도/말하는 방식 고르기

① 법안 내용을 지지하고 있다.
② 상대방의 의견에 동의하고 있다.
③ 구체적인 해결책을 제시하고 있다.
④ 문제점을 지적하며 반대하고 있다.

[해설]

'수술실 CCTV 설치 의무화'를 주제로 토론하는 남자의 태도를 묻는 문제입니다. 남자는 수술실에 CCTV를 설치하는 것이 왜 잘못된 것인지 그 문제점을 지적합니다. 따라서 정답은 ④ '문제점을 지적하며 반대하고 있다.'입니다.

[33-34] 강연 듣고 물음에 답하기

여자: 여기 부자들의 생활 습관에 대한 연구 결과가 하나 있습니다. 백만장자 만 이천 명을 대상으로 설문 조사를 했는데요. 돈을 많이 버는 사람일수록 설문 조사에 대한 응답 시간이 빨랐다고 합니다. 부자들은 무엇이든 신속하게 결정하는 습관이 몸에 배어 있기 때문에 비즈니스뿐만 아니라 개인적인 편지나 이메일, 감사 편지에도 신속하게 답하는 것으로 조사되었습니다. 이처럼 신속하게 반응하면 사람들의 호감과 신뢰를 얻을 수 있습니다. 이것이 바로 부자들이 성공적으로 부를 쌓은 이유 중 하나라고 할 수 있겠지요.

33 화제 고르기

① 부자들의 실패 경험담
② 부자들의 사업 성공 과정
③ 부자가 신뢰를 얻는 이유
④ 성공을 부르는 부자들의 습관

[해설]

글의 주제를 파악하는 문제입니다. 이 글은 일을 신속하게 처리하는 습관을 가진 사람들이 다른 사람으로부터 호감과 신뢰를 얻어 성공에 이르게 된다는 내용입니다. 결국 부자들은 이런 습관으로 성공한 사람입니다. 따라서 ④ '성공을 부르는 부자들의 습관'이 정답입니다.

34 일치하는 내용 고르기

[해설]

들은 내용과 일치하는 것을 고르는 문제입니다. 부자들이 어떤 생활 습관을 갖고 있고 그것의 긍정적인 효과는 무엇인지 찾아야 합니다.

① 신속한 응답은 사람들의 호감을 얻는다.
② 부자는 여유롭게 결정하는 습관이 있다.
→ 부자는 신속하게 결정하는 습관이 있습니다.
③ 부자는 비즈니스 이메일에만 빨리 답변한다.
→ 부자는 개인적인 편지나 이메일도 빨리 답변합니다.
④ 설문 조사에 답한 사람은 시간적 여유가 있다.
→ 설문 조사에 답한 사람이 시간적 여유가 있는지 없는지 이 글에서는 알 수 없습니다.

[35-36] 연설 듣고 물음에 답하기

남자: 저는 지금 드라마의 주연을 맡고 있습니다. 하지만 연기를 막 시작했을 때는 엑스트라부터 안 해 본 역할이 없었지요. 연기하며 배고파서 울던 시절도 있었고요. 그런데도 제가 연기를 포기하지 않은 것은 연기의 매력 때문입니다. 연기를 하면 대기업 회장님의 인생도, 거지의 인생도 살아 볼 수 있지요. 덤으로 사람을 이해하는 능력도 얻게 됩니다. 저는 어렸을 때 아버지가 왜 그렇게 무뚝뚝한지 이해가 되지 않았습니다. 그런데 아버지 역할을 맡으면서 아버지들에게는 절제된 감정 표현이 많다는 걸 알게 되었죠. 이후로는 표정 없는 아버지의 얼굴에서도 따뜻한 마음을 읽을 수 있게 되었습니다.

35 대화 상황 고르기

① 연기의 장점을 설명하고 있다.
② 연기의 중요성을 주장하고 있다.
③ 연기자의 자세를 강조하고 있다.
④ 연기자의 역할을 평가하고 있다.

해설

남자는 연기를 하면서 어려움이 많았지만 연기의 매력으로 인해 연기를 포기할 수 없었다고 말합니다. 그리고 연기를 하면 타인의 인생을 살아 보게 되고 사람을 폭넓게 이해하는 능력을 키울 수 있다고 설명합니다. 따라서 정답은 ① '연기의 장점을 설명하고 있다.'입니다.

36 일치하는 내용 고르기

해설

들은 내용과 일치하는 것을 고르는 문제입니다. 무뚝뚝하고 표정 없는 아버지의 얼굴을 통해 아버지는 아들에게 감정을 잘 드러내지 않는 성격이라는 것을 알 수 있습니다.

① 남자는 자신의 연기에 만족하지 않았다.
　→ 이 글을 통해서는 알 수 없습니다.

② 남자의 아버지는 아들을 사랑하지 않았다.
　→ 남자의 아버지는 아들을 사랑하는 마음을 잘 표현하지 않았습니다.

③ 남자가 처음 연기를 시작할 때 주연을 맡았다.
　→ 남자는 처음 엑스트라부터 시작하였습니다.

✔ 남자의 아버지는 감정 표현을 잘 하지 않았다.

[37-38] 교양 프로그램 듣고 답하기

> 남자: 성격이 유전적인 요인보다 환경적인 요인에 더 많은 영향을 받는다고 하셨죠?
> 여자: 네, 보통 성격은 '타고나는 거다'라고 말합니다. 그런데 유아의 행동에 결정적인 영향을 미치는 것은 부모의 양육 태도라고 합니다. 부모가 개방적이면 자녀는 독립적이고 능동적으로 자라고, 부모가 권위적이면 의존적이고 수동적으로 자라게 되는 것이지요. 우리 주위에서도 보면 부모의 간섭을 많이 받는 장남보다는 자유롭게 자란 둘째나 막내가 창의적인 편이지요. 그런 예를 보더라도 환경이 성격을 이루는 데에 미치는 영향이 크다는 것을 알 수 있습니다.

37 중심 생각 고르기

① 한 번 형성된 성격은 고칠 수 없다.
② 성격은 타고나는 것으로 고칠 수 있다.
✔ 성격이 형성되는 데에 환경적 영향이 크다.
④ 형제 관계에 따라서 성격이 다르게 나타난다.

해설

여자는 성격이 환경적인 요인에 더 많은 영향을 받는다는 점을 설명합니다. 그 예로 형제들 사이의 성격 차이를 예로 들고 있습니다. 여자의 중심 생각은 ③ '성격이 형성되는 데에 환경적 영향이 크다.'입니다.

38 일치하는 내용 고르기

해설

들은 내용과 일치하는 것을 고르는 문제입니다. 부모의 양육 태도와 아이의 특징, 형제 관계에 따른 성격적 특징을 이해하고 답을 선택해야 합니다.

① 장남은 권위적인 성향이 강하다.
　→ 이 글에서는 알 수 없습니다.

② 막내는 책임감이 강하고 성실하다.
　→ 막내는 창의적인 편이라 했습니다.

✔ 부모가 권위적이면 아이는 수동적이다.

④ 부모가 간섭하면 아이가 더욱 창의적으로 자란다.
　→ 부모의 간섭을 받지 않은 둘째나 막내가 창의적인 편이라고 했습니다.

[39-40] 공적 대화 듣고 답하기

> 여자: 20~30대 청년들의 결혼관이 변하고 있습니다. "결혼은 필수가 아니며 동거도 가능하다."라고 생각하는 젊은이들이 늘어나고 있는데요. 앞서 통계 자료에서 보셨다시피 결혼을 해야 한다고 답한 사람은 57%에 불과했습니다.
> 남자: 네, 그렇습니다. 특히 네 명 가운데 세 명이 우리나라의 결혼 비용과 절차가 과도하다고 답했고, 결혼 없이도 함께 살 수 있다는 응답도 45%에 달했습니다. 미혼 1인 가구가 가속화되는 것도 이러한 인식의 반영이라고 할 수 있겠지요. 우리 사회도 결혼에 대한 획일적인 사고를 버리고 청년들의 입장에서 그들을 이해하려는 노력이 필요할 것 같습니다.

39 대화 전/후의 내용 고르기

① 청년들이 동거를 선호하는 이유
② 청년들의 결혼관이 변화한 이유
✔ 청년들의 결혼관에 대한 조사 결과
④ 청년들의 결혼 연령에 대한 조사 결과

해설

들려준 대화 앞에 나온 내용을 고르는 문제입니다. '앞서 통계 자료에서 보셨다시피'라는 표현을 통해서 조사 결과에 대해 논의했음을 알 수 있습니다. 따라서 ③ '청년들의 결혼관에 대한 조사 결과'가 정답입니다.

40 일치하는 내용 고르기

해설

들은 내용과 일치하는 것을 고르는 문제입니다. 응답자의 대답과 응답률을 중심으로 답을 찾아야 합니다.

① 응답자의 절반 이상이 동거에 찬성한다.
　→ 동거에 찬성하는 사람은 45%입니다.

② 결혼을 해야 한다는 응답이 절반에도 미치지 못했다.

→ 결혼을 해야 한다는 응답은 57%입니다.

☑️ 결혼하지 않고 혼자 사는 사람들이 점점 많아지고 있다.

④ 대부분의 청년들은 결혼에 드는 비용이 적당하다고 생각한다.

→ 청년의 네 명 중 세 명이 결혼 비용이 과하다고 답했습니다.

[41-42] 강연 듣고 답하기

여자: 이제 날씨를 조절하는 일이 하늘만의 역할은 아닌 것 같습니다. 현재 진행 중인 인공 강설 실험의 목표는 동계 올림픽이 열리는 동안 기상 조절로 맑은 날씨를 유지하는 것입니다. 인공 눈 실험은 구름에 '아이오딘화은'과 같은 구름 씨를 뿌려서 인공적으로 구름을 키우는 방식으로 진행됩니다. 구름이 경기장으로 들어오기 전에 씨를 뿌려서 경기장 밖에서 미리 비나 눈을 떨어뜨린다는 것입니다. 가뭄을 막고 안개를 없애는 것도 2~3년 후에는 실용화될 전망입니다. 그러나 국내 기상 조절 수준은 이제 초기 단계여서 기상 조절용 시설 도입과 전문 인력 확충이 시급합니다.

41 중심 내용 고르기

☑️ 국내 기상 조절 수준을 향상해야 한다.

② 인공 기상 조절로 자연재해를 막아야 한다.

③ 날씨를 조절하는 것은 인간이 해야 하는 일이다.

④ 일상생활에 도움이 되는 기상 조절 기술이 필요하다.

해설

강연자는 인공 기상 조절 기술에 대해 소개하면서 국내의 기상 조절 수준은 아직 초기 단계임을 강조합니다. 따라서 ① '국내 기상 조절 수준을 향상해야 한다.'가 정답입니다.

42 일치하는 내용 고르기

해설

들은 내용과 일치하는 것을 고르는 문제입니다. 인공 강우 실험의 목적, 실험 방법, 기술 단계 등의 세부 내용을 잘 들어야 합니다.

① 현재 인공 강우는 농사에 사용되고 있다.

→ 2년 후에는 가뭄을 막는 데 상용화될 수 있습니다.

② 국내의 기상 조절 기술은 세계적인 수준이다.

→ 아직 국내 기술은 초기 단계입니다.

☑️ 인공적으로 눈을 만드는 실험을 진행하고 있다.

④ 날씨 조절 기술을 활용해 동계 올림픽을 성공적으로 마쳤다.

→ 동계 올림픽에 사용하기 위해 실험 중입니다.

[43-44] 다큐멘터리 듣고 답하기

남자: 지역명의 유래를 알면 지역에 대한 이해가 더 쉬워집니다. 이곳 남태령은 인주시 남쪽에 위치한 고개로 현재는 많은 차량이 오고 가지만 1930년대 초까지만 해도 사람들이 걸어서 넘나드는 산길이었습니다. 조선 시대 22대 임금인 정조가 수원 화성으로 가는 길에 고개 이름을 물었습니다. 본래 이 고개는 여우가 많이 출몰하여 여우고개라 불리었으나 임금님께 사실대로 고하기가 민망했던 관리는 남쪽에 있는 큰 고개라는 뜻의 '남태령'이라 대답하였다고 합니다. 이런 역사적 유래를 통해 우리는 남태령의 과거 모습을 추측할 수 있습니다.

43 화제 고르기

① 지명에 얽힌 전설

② 지명으로 보는 지역의 발전사

③ 지명의 유래와 과거 사람들의 삶

☑️ 지역의 역사를 통한 지명의 이해

해설

다큐멘터리에서 지명과 관련된 이야기를 하고 있지만 그중에도 특히 '남태령'이라는 '지역에 대해 이해하기 위해서는 지명의 유래를 알아야 한다'는 점을 말하고자 합니다. 따라서 정답은 ④ '지역의 역사를 통한 지명의 이해'가 됩니다.

44 일치하는 내용 고르기

해설

들은 내용과 일치하는 것을 고르는 문제입니다. 왕이 고개의 이름을 묻는 부분을 집중하여 들어야 합니다. '관리가 사실대로 고하기가 민망하여'라는 표현은 '왕에게 여우고개라는 이름을 사실대로 말하기가 곤란하였다'는 의미입니다.

① 고개에는 여우가 살고 있지 않아서

→ 여우가 살고 있어서 여우고개라고 불렸습니다.

② 왕이 직접 새로운 이름이 지어 주어서

→ 신하가 왕에게 알려 준 이름입니다.

☑️ 여우고개라는 이름을 왕에게 말하는 것이 곤란해서

④ 당시의 지도에 이미 남태령이라는 지명을 사용해서

→ 들은 내용으로는 알 수 없습니다.

[45-46] 강연 듣고 답하기

여자: 오늘은 나노 과학 기술과 나노 제품에 대해 이야기해 보겠습니다. 1 나노미터는 머리카락의 10만분의 1 정도로 아주 작은 단위입니다. 그래서 같은 물질이라도 나노 크기로 작아지게 되면 독특한 특성이

나타나게 됩니다. 강도가 강해진다거나, 전기가 잘 통한다거나 하는 전에는 없던 특성이 생기게 되지요. 이러한 특성을 산업의 각 분야에 활용하는 것이 나노 기술의 본질입니다. 나노 기술은 지금 화학 소재나 자동차, 환경 에너지 등 다양한 분야에 사용되고 있는데요. 이미 우리의 일상에서 다양한 제품으로 가까이 와 있습니다. 자외선 차단제나 방수되는 옷, TV 모니터 등에 나노 기술이 들어가 있으니까요.

45 일치하는 내용 고르기

해설

들은 내용과 일치하는 것을 고르는 문제입니다. 나노 과학의 뜻과 특징, 기술 개발의 대한 세부 내용을 잘 들어야 합니다.
① 나노 과학은 물체가 커지는 특징을 이용한다.
　→ 나노 과학은 물체가 작아지는 특징을 이용합니다.
② 나노 기술은 머리카락 크기의 물체를 활용한다.
　→ 나노미터는 머리카락의 10만분의 1 정도의 크기입니다.
③ 나노 기술을 이용한 다수의 제품이 실용화되었다.
④ 나노미터는 물질이 가진 본래의 특성을 이용하는 과학이다.
　→ 나노미터는 물질이 극도로 작아지면서 생기는 특성을 이용합니다.

46 화자의 태도/말하는 방식 고르기

① 나노 기술의 안전성을 설명하고 있다.
② 나노 과학의 연구 결과를 분석하고 있다.
③ 나노 기술을 이용한 사례를 제시하고 있다.
④ 나노 과학의 새로운 가능성을 규명하고 있다.

해설

강연자가 말하는 방식에 대한 문제입니다. 강연자는 나노 기술이 무엇인지 설명하고 나노 기술을 이용한 실용적인 제품들에 대해 소개하고 있습니다. 정답은 ③ '나노 기술을 이용한 사례를 제시하고 있다.'입니다.

[47-48] 공적 대화 듣고 답하기

여자: 대중매체는 적은 비용으로 다양한 정보와 지식을 전달할 뿐만 아니라, 대중에게 휴식과 오락을 제공합니다. 대중매체가 우리의 지적 수준을 향상시켰다고 해도 과언이 아닐 겁니다.
남자: 저도 대중매체의 긍정적인 측면은 동의합니다. 그러나 지나친 상업화와 선정성으로 인한 문제도 무시할 수 없습니다. 먼저, 대중매체로 인해 대중은 개성을 상실하게 되었습니다. 다음으로, 왜곡된 정보로 만들어진 거짓 뉴스는 대중을 불신과 불안으

로 이끌었지요. 가장 큰 문제는 간접 광고입니다. 간접 광고는 특정 상품을 무의식중에 각인시켜 소비자가 판단력을 상실하게 하였습니다.

47 일치하는 내용 고르기

해설

들은 내용과 일치하는 것을 고르는 문제입니다. 대중매체의 역할과 간접 광고에 대한 세부 내용을 이해해야 합니다.
① 대중매체는 대중의 지적 수준을 떨어뜨렸다.
　→ 대중의 지적 수준을 높이는 역할을 하였습니다.
② 사람들은 대중매체의 정보를 잘 믿지 못한다.
③ 대중매체로 인해 사람들은 개성을 찾게 되었다.
　→ 대중매체로 인해 개성을 상실하게 되었습니다.
④ 간접 광고는 대중이 올바른 판단을 하도록 돕는다.
　→ 간접 광고는 소비자가 올바른 판단을 하지 못하게 합니다.

48 화자의 태도/말하는 방식 고르기

① 특정 광고를 비판하고 있다.
② 상대방의 주장에 찬성하고 있다.
③ 정보를 구체적으로 분석하고 있다.
④ 문제점을 단계적으로 나열하고 있다.

해설

남자의 말하기 방식에 대한 문제입니다. 남자는 대중매체의 문제점을 지적하면서 '먼저', '다음으로', '가장 큰 문제는'과 같이 문제를 단계적으로 제시하고 있습니다. 따라서 정답은 ④ '문제점을 단계적으로 나열하고 있다.'가 됩니다.

[49-50] 강연 듣고 답하기

남자: 최근 환율 상승으로 침체된 수출 시장이 활력을 얻고 있습니다. 그러나 여러분이 체감하는 경기는 어떠십니까? 과자 봉지는 점점 작아지고 김밥은 사 먹기에 부담스러운 가격이 되었지요. 오늘은 환율 변동이 수출과 물가에 미치는 영향에 대해 살펴보겠습니다. 먼저 수출의 경우, 환율이 오르면 수출 제품의 수익이 증가하게 됩니다. 같은 양을 팔아도 환율 변동으로 인해 원화 수익이 증가하게 되는 것이지요. 환율 상승은 경상 수지 증가와 경제 성장 촉진 등 긍정적인 영향을 미칩니다. 그러나 국내 물가는 어떨까요? 원재료를 수입에 의존하는 기업들이 많기 때문에 원재료의 값이 오르면 제품의 가격도 따라서 오르게 됩니다. 문제는 이렇게 물가가 오르면 생활필수품을 구매해야 하는 시민은 생활고를 겪게 된다는 점입니다.

49 일치하는 내용 고르기

해설

들은 내용과 일치하는 것을 고르는 문제입니다. 강연에서는 환율 상승과 그 영향에 대해 말하고 있습니다. 환율 상승의 장단점과 그 것이 어떤 결과로 나타나는지에 대한 세부 내용을 잘 들어야 합니다.

① 환율 하락은 물가 상승을 불러올 수 있다.
　→ 환율이 상승하면 원재료의 가격 상승으로 물가가 상승합니다.

② 환율이 상승하면 수입업자의 수익이 증가한다.
　→ 수출업자의 수익이 증가합니다.

③ 환율이 상승하면 여러 가지 부정적인 영향만 발생한다.
　→ 환율 상승은 경제 성장 촉진 등의 긍정적인 역할도 합니다.

✔️ 환율 상승으로 생활에 어려움을 겪는 사람들도 생긴다.

50 화자의 태도/말하는 방식 고르기

① 원자재 가격의 상승을 주장하고 있다.
② 환율 상승의 원인에 대해 비판하고 있다.
③ 수출업자의 판매 수익 증가를 기대하고 있다.
✔️ 환율 상승으로 인한 부작용을 우려하고 있다.

해설

남자의 태도에 대한 문제입니다. 강연자는 환율 상승이 물가에 미치는 영향에 대해 설명하면서 시민을 힘들게 하는 물가 상승이 문제라고 걱정하고 있습니다. 따라서 정답은 ④ '환율 상승으로 인한 부작용을 우려하고 있다.'입니다.

유형별 해설 강의

주관식 답안은 정해진 답란을 벗어나거나 답란을 바꿔서 쓸 경우 점수를 받을 수 없습니다.
(Answers written outside the box or in the wrong box will not be graded.)

51	㉠	불편을 드려서
	㉡	공사를 마칠 수 있도록
52	㉠	유사한 사람을 선호하는 경향이 있다
	㉡	함께 있는 것이 싫어질 수밖에 없다

53

아래 빈칸에 200자에서 300자 이내로 작문하십시오 (띄어쓰기 포함).
(Please write your answer below; your answer must be between 200 and 300 letters including spaces.)

	국	민	건	강	센	터	에	서		성	인		남	녀		50	0	명	을	
																				대	상	으	로
운	동		습	관		변	화	에		대	해		설	문		조	사	를		실	시	하	였	다 .	50
조	사		결	과	,	운	동	하	는		사	람	의		비	율	은		20	13	년		25	%	
에	서		20	23	년		75	%	로		3	배		증	가	한		것	으	로		나	타	났	100
다	.	운	동	에		대	한		만	족	도	도		30	.5	점	에	서		81	.7	점	으	로	
51	.2	점		증	가	하	였	다	.	이	런		변	화	의		원	인	은		운	동	을	150
시	작	한		후	에		건	강		상	태	가		증	진	되	었	으	며	,	운	동	으	로	
인	해		스	트	레	스	가		해	소	되	고		마	음	이		안	정	되	었	기		때	200
문	인		것	으	로		보	인	다	.															

※ 54번은 뒷면에 작성하십시오. (Please write your answer for question number 54 at the back.)

54

주 관 식 답 란 (Answer sheet for composition)

아래 빈칸에 600자에서 700자 이내로 작문하십시오 (띄어쓰기 포함).
(Please write your answer below; your answer mus be between 600amd 700 letters including spaces.)

　오늘날 다수결 원칙은 선거는 물론이고 일상생활에서도 널리 쓰이고 있다. 그렇다면 이 방법이 진정으로 가장 합리적이고 믿을 만한 의사결정 방법일까?

　다수결 원칙의 긍정적인 면은 첫째, 민주 사회에서 가장 현실적인 결정 방법이라는 점이다. 다수결은 개인 및 집단 간의 이해관계가 달라 합의를 도출하기 어려운 상황에서 빠른 결정과 실행을 돕는 최적의 방법이 될 수 있다. 둘째, 개인 한 명의 이익의 크기가 동일하다고 가정한다면, 다수의 의견을 따르는 것이 공동체를 중시하는 사회에서는 이익이 크다. 다수의 결정으로 획득하는 이익이 소수가 상실하는 이익보다 평균적으로 크기 때문이다.

　그러나 다수결 원칙에도 한계점은 있다. 소수에 비해 다수의 판단이 합리적일 확률이 높다는 주장은 수학적 계산에 불과하다. 개인의 이익에 따라 가치 판단을 하는 경우가 있기 때문이다. 실제로 지역 환경을 고려하지 않고 다수결에 따라 골프장 건설 계획을 통과시킨 일처럼 다수결에 의한 결정이 사회 전체에 불이익을 준 경우도 적지 않다.

　결과적으로 올바른 의사결정을 하기 위해서는 의사결정을 내리기 전에 충분한 토론과 토의를 통한 상호 설득의 과정이 필요하다. 물론 소수의 의견 또한 존중하며 경청해야 한다. 다수와 소수가 동등한 입장에서 대화와 타협의 과정을 거칠 때 최선이자 최고의 의사결정을 할 수 있다.

※ 주어진 답란의 방향을 바꿔서 답안을 쓰면 '0'점 처리됩니다.
(Please do not turn the answer sheet horizontally. No points will be given.)

51

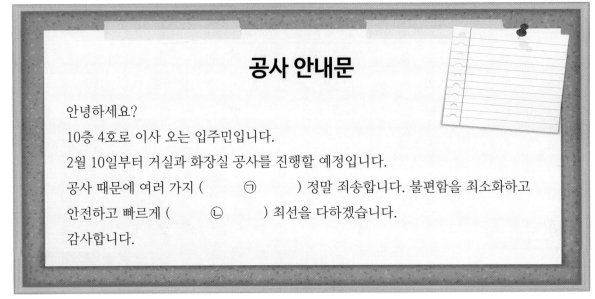

공사 안내문

안녕하세요?

10층 4호로 이사 오는 입주민입니다.

2월 10일부터 거실과 화장실 공사를 진행할 예정입니다.

공사 때문에 여러 가지 (㉠) 정말 죄송합니다. 불편함을 최소화하고

안전하고 빠르게 (㉡) 최선을 다하겠습니다.

감사합니다.

모범 답안 ㉠ 불편을 드려서 /
불편을 끼쳐서

㉡ 공사를 마칠 수 있도록 /
공사를 끝낼 수 있도록

채점 기준

내용 요소

'다른 사람에게 불편을 주다'를 의미하는 표현을
사용해야 합니다. 아파트 주민들에게 안내하는 안내문
이니 '불편을 드리다'를 사용하면 더 좋습니다.

형식 요소

이유, 원인을 나타내는 문법을 사용해야 합니다. 감사
하다, 죄송하다, 반갑다 등의 인사 앞에는 문법 '-아/어
서'를 사용해야 합니다.

내용 요소

'공사를 끝내다'를 의미하는 표현을 사용해야 합니다.

형식 요소

빈칸 안에 들어가는 내용을 위해 최선을 다하겠다고 했
습니다. 따라서 '-도록', '-게'와 같은 문법을 사용하면
됩니다.

52

사람들은 자신과 생각이나 태도가 (㉠). 이것은 자신의 믿음과 비슷한 의견을 들었을 때 편안함을
느끼기 때문이라고 한다. 반대로 자신과 다른 의견을 보이는 사람과 함께 있을 때에는 불안감 같은 부정적인
감정이 생긴다. 부정적인 감정이 생기는 사람들끼리는 (㉡). 그래서 '끼리끼리 논다'는 말처럼
비슷한 사람들끼리 모이게 된다.

모범 답안 ㉠ 유사한 사람을 선호하는 경향이 있다 /
비슷한 사람을 더 좋아하기 마련이다

㉡ 함께 있는 것이 싫어질 수밖에 없다

채점 기준

내용 요소

'비슷한 사람을 좋아하다'라는 의미의 표현을 사용해
야 합니다.

형식 요소

'비슷한 사람을 좋아하다'보다 '유사한 사람을 더 선호
하는 경향이 있다'나 '유사한 사람을 선호하기 마련이
다'와 같이 중급 수준의 문법을 사용해서 표현을 완성
하면 더 좋습니다.

내용 요소

'함께 있는/하는 것이 싫다'를 의미하는 표현을 사용해
야 합니다.

형식 요소

'당연히 그렇다'는 의미를 나타내는 문법 '-(으)ㄹ 수밖
에 없다'를 사용하면 좋습니다.

53 다음은 '운동 습관 변화'에 대한 자료이다. 이 내용을 200~300자의 글로 쓰시오. 단, 글의 제목을 쓰지 마시오. (30점)

「운동 습관 변화」

조사 기관: 국민건강센터
조사 대상: 성인 남녀 500명

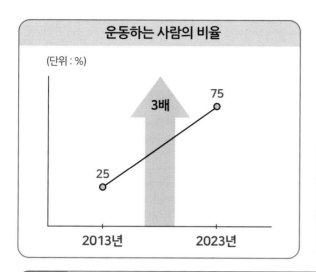

운동하는 사람의 비율

(단위 : %)

75

3배

25

2013년　　　2023년

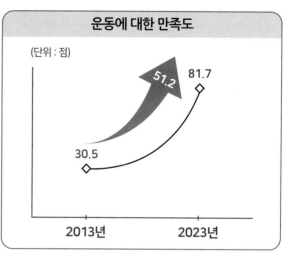

운동에 대한 만족도

(단위 : 점)

51.2 　81.7

30.5

2013년　　　2023년

원인
• 운동 시작 후 건강 상태 증진
• 운동 ➡ 스트레스 해소, 마음 안정

모범 답안

　국민건강센터에서 성인 남녀 500명을 대상으로 운동 습관 변화에 대해 설문 조사를 실시하였다. 조사 결과, 운동하는 사람의 비율은 2013년 25%에서 2023년 75%로 3배 증가한 것으로 나타났다. 운동에 대한 만족도도 30.5점에서 81.7점으로 51.2점 증가하였다. 이런 변화의 원인은 운동을 시작한 후에 건강 상태가 증진되었으며, 운동으로 인해 스트레스가 해소되고 마음이 안정되었기 때문인 것으로 보인다.

채점 기준　**과제 (1)**
• 운동하는 사람의 비율 변화 조사 결과
– 조사 기관과 조사 대상 제시하기
– 제시된 정보(예 2013년 25%, 2023년 75%, 3배, 증가……) 모두 제시하기

과제 (2)
• 운동에 대한 만족도 조사 결과
– 2013년 만족도 점수 제시하기
– 2023년 만족도 점수 제시하기
– 만족도 점수 변화 정도 제시하기

과제 (3)
• 조사 결과의 원인
– 제시된 두 개의 원인 모두 제시하기
– 첫 번째 이유와 두 번째 이유는 '와/과', '–고' 등의 문법 사용하기
– 제시된 내용에 화살표(➡)가 있으면 '(으)로 인해', '–아/어서' 등의 문법 사용하기
– 간단한 명사형으로 제시된 경우 완벽한 서술형(예 건강 상태 → 건강 상태가, 증진 → 증진되다……)으로 제시하기

54 다음을 참고하여 600~700자로 글을 쓰시오. 단, 문제를 그대로 옮겨 쓰지 마시오. (50점)

> '다수결 원칙(다수의 의견을 전체 의사로 보고 결정하는 방식)'은 의사결정에서 가장 많이 사용되고 있다. 그러나 다수결 원칙이 가장 합리적이고 믿을 만한 의사결정 방법이 아닐 수 있다. 아래 내용을 중심으로 '다수결의 원칙'에 대한 자신의 생각을 쓰라.
>
> • 다수결 원칙의 긍정적인 면은 무엇인가?
> • 다수결 원칙은 어떤 한계를 보이는가?
> • 올바른 의사결정 방법은 무엇인가?

모범 답안

　오늘날 다수결 원칙은 선거는 물론이고 일상생활에서도 널리 쓰이고 있다. 그렇다면 이 방법이 진정으로 가장 합리적이고 믿을 만한 의사결정 방법일까?

　다수결 원칙의 긍정적인 면은 첫째, 민주 사회에서 가장 현실적인 결정 방법이라는 점이다. 다수결은 개인 및 집단 간의 이해관계가 달라 합의를 도출하기 어려운 상황에서 빠른 결정과 실행을 돕는 최적의 방법이 될 수 있다. 둘째, 개인 한 명의 이익의 크기가 동일하다고 가정한다면, 다수의 의견을 따르는 것이 공동체를 중시하는 사회에서는 이익이 크다. 다수의 결정으로 획득하는 이익이 소수가 상실하는 이익보다 평균적으로 크기 때문이다.

　그러나 다수결 원칙에도 한계점은 있다. 소수에 비해 다수의 판단이 합리적일 확률이 높다는 주장은 수학적 계산에 불과하다. 개인의 이익에 따라 가치 판단을 하는 경우가 있기 때문이다. 실제로 지역 환경을 고려하지 않고 다수결에 따라 골프장 건설 계획을 통과시킨 일처럼 다수결에 의한 결정이 사회 전체에 불이익을 준 경우도 적지 않다.

　결과적으로 올바른 의사결정을 하기 위해서는 의사결정을 내리기 전에 충분한 토론과 토의를 통한 상호 설득의 과정이 필요하다. 물론 소수의 의견 또한 존중하며 경청해야 한다. 다수와 소수가 동등한 입장에서 대화와 타협의 과정을 거칠 때 최선이자 최고의 의사결정을 할 수 있다.

채점 기준

과제 (1)
• 다수결 원칙의 긍정적인 면
 – 민주 사회에서 가장 현실적인 결정 방법
 – 공동체 사회에서 소수보다 다수의 결정으로 인한 이익이 큼

과제 (2)
• 다수결 원칙의 부정적인 면
 – 다수의 판단이 무조건 합리적이지 않음
 – 다수의 의견으로 인한 사회 불이익 사례가 존재함

과제 (3)
• 올바른 의사결정 방법
 – 의사결정 전 대화와 타협 과정 필요
 – 소수의 의견 경청 및 존중

제1회 한국어능력시험

정답 및 해설
Answer and commentary

TOPIK II

2교시 | **읽기**
(Reading)

1	2	3	4	5	6	7	8	9	10
①	②	②	②	③	③	③	③	③	②
11	**12**	**13**	**14**	**15**	**16**	**17**	**18**	**19**	**20**
②	④	①	④	②	②	④	③	②	④
21	**22**	**23**	**24**	**25**	**26**	**27**	**28**	**29**	**30**
④	④	④	③	④	④	①	①	②	④
31	**32**	**33**	**34**	**35**	**36**	**37**	**38**	**39**	**40**
③	②	④	①	③	④	④	③	③	②
41	**42**	**43**	**44**	**45**	**46**	**47**	**48**	**49**	**50**
③	③	①	①	①	③	③	④	④	①

1 빈칸에 알맞은 말 고르기

> 비가 (   ) 등산을 못 가게 되었다.

☑ 오는 바람에   ③ 오는 척해서
② 오는 반면에   ④ 오려던 참에

해설

등산을 못 가게 된 이유가 와야 합니다. '–는 바람에'는 앞의 말이 나타내는 행동이나 상태가 뒤에 오는 말의 원인이나 이유가 됨을 나타내는 표현입니다. 부정적인 영향을 주는 상황 뒤에 씁니다. 따라서 정답은 ①입니다.

2 빈칸에 알맞은 말 고르기

> 할 일을 자꾸 (   ) 나중에 후회하게 될 겁니다.

① 미루는데도   ☑ 미루다가는
③ 미루었더니   ④ 미루다 보니

해설

부정적인 상황을 오게 할 조건을 나타내는 문법 표현을 찾아야 합니다. '–다가는'은 앞의 행동이나 상태가 계속되면 부정적인 상황이나 의외의 결과가 생기게 될 것임을 나타내는 것입니다. 따라서 정답은 ②입니다

3 의미가 비슷한 말 고르기

> 앞으로는 누구나 쉽게 우주여행을 할지도 모른다.

① 하면 좋겠다   ☑ 할 수도 있다
③ 할 줄 모른다   ④ 할 리가 없다

해설

'–(으)ㄹ지(도) 모르다'는 앞 내용에 대한 추측을 나타내고 '–(으)ㄹ 수도 있다'는 어떤 행동이 가능함을 나타내는 표현입니다. 우주여행을 할 것이라는 추측은 곧 우주여행이 가능하다는 의미로 볼 수 있습니다. 따라서 정답은 ②입니다.

4 의미가 비슷한 말 고르기

> 그 식당은 음식 맛도 좋은 데다가 사장님도 친절해서 손님이 많다.

① 좋다고 해서   ☑ 좋은가 하면
③ 좋은 나머지   ④ 좋음에 따라

해설

'–(으)ㄴ 데다가'는 앞의 일에 더해 뒤의 일까지 그러함을 나타낼 때 쓰는 표현입니다. '–(으)ㄴ가 하면'도 앞의 행동이나 상태에 더해 뒤의 일도 그렇다는 표현으로도 쓸 수 있고, 다른 행동이나 상태도 있음을 표현할 수도 있습니다. 식당의 손님이 많은 이유를 여러 개 설명할 때 두 문법 모두 사용할 수 있습니다. 따라서 정답은 ②입니다.

5 화제 고르기

> 밝은 세상으로 초대합니다!
> 참지 말고 쓰세요!

① 전화   ② 모자
③ 안경   ④ 카드

해설

잘 보이는 밝은 세상으로 오라는 광고 글입니다. 안경을 쓰면 어둡고 잘 안 보이는 것이 밝게 잘 보입니다. 따라서 정답은 ③입니다.

6 화제 고르기

> 음악과 향기까지 한 잔 가득 담아 드립니다.
> 직접 만든 **케이크**도 맛보세요.

① 꽃집   ② 공원
③ 커피숍   ④ 편의점

해설

음악과 커피 향이 있고 케이크까지 먹을 수 있는 커피숍에 관한 글입니다. 따라서 정답은 ③입니다.

7 화제 고르기

> 개인 컵 사용! 모두를 생각합시다.
> 불편해도 실천하는 당신이 **환경을 지킵니다!**

① 자연 보호   ② 건강 관리
③ 일회용품 제한   ④ 개인용품 제안

해설

개인 컵을 사용하는 것이 환경을 지키는 것임을 알리는 글입니다. 개인 컵을 사용하고 일회용품을 사용을 제한하자는 글입니다. 따라서 정답은 ③입니다.

8 화제 고르기

> • 음식은 짜고 맵지 않게, 싱겁게 만드십시오.
> • 채소는 푹 익히지 말고 그냥 먹거나 살짝 데쳐 드십시오.
> • 콩, 생선, 우유, 요구르트 등으로 필요한 단백질을 보충하십시오.

① 손쉬운 요리법 문의   ② 우수한 관리법 광고
③ 건강한 식습관 안내   ④ 특별한 식재료 소개

해설

이 안내문은 음식의 간, 채소 조리법, 단백질 보충에 대해 말하고 있습니다. 모두 건강을 위한 식습관에 대한 안내입니다. 따라서 정답은 ③입니다.

9 일치하는 내용 고르기

> ### 주차 이용 안내
>
> 도서관 주차 가능 시간이
> **9월 1일부터**
> 다음과 같이바뀌었으니 확인 바랍니다.
>
> 화~금: 09시~22시
> 토~일: 09시~18시
> 이용 가능 차량 수: 8대
> ※ 휴관일에는 주차장을 이용하실 수 없습니다.
>
> 청원 도서관

해설

① 주차장은 1년 내내 이용할 수 있다.
  → 주차 가능 시간에만 이용할 수 있습니다.
② 한 사람 당 8대까지 주차가 가능하다.
  → 도서관에 주차 가능한 차량 수는 8대입니다.
③ 주말에는 주차장 이용 시간이 더 짧다.
④ 월요일에는 밤 10시까지 주차할 수 있다.
  → 월요일에는 주차할 수가 없습니다.

10 일치하는 내용 고르기

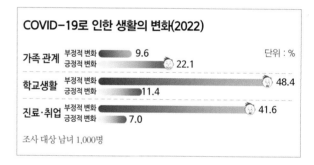

COVID-19로 인한 생활의 변화(2022)

		단위 : %
가족 관계	부정적 변화	9.6
	긍정적 변화	22.1
학교생활	부정적 변화	48.4
	긍정적 변화	11.4
진료·취업	부정적 변화	41.6
	긍정적 변화	7.0

조사 대상 남녀 1,000명

해설

① COVID-19로 인한 생활 변화에 대해 남녀가 느끼는 것이 다르다.
  → 남녀로 구분하여 설명하고 있지 않습니다.
② 학교생활의 변화를 부정적으로 보는 응답자는 절반에 조금 못 미친다.
③ COVID-19로 인해 긍정적인 변화가 많다고 생각하는 분분은 진료·취업 부분이다.
  → 긍정적인 변화가 가장 많다고 느끼는 부분은 가족 관계입니다.
④ 응답자의 절반 이상이 COVID-19 이전보다 가족 관계가 더 나빠졌다고 생각한다.
  → 가족 관계가 나빠졌다고 보는 응답자는 9.6%에 불과합니다.

11 일치하는 내용 고르기

> 인주시가 올 12월부터 현금 대신 카드로만 요금을 내도록 하는 교통 카드 전용제를 실시한다고 한다. 그 대상은 버스 회사 3곳의 5개 노선, 150대이며 내년 9월까지 9개월간 시범 운행될 계획이다. 교통 카드 전용제는 운전 기사가 **현금을 받으면 거스름돈을 주어야 해서 생기는 각종 문제**에 대한 고민으로 제안된 방안이다.

해설

① 모든 버스 회사에서 교통 카드 전용제를 시행할 것이다.
→ 교통 카드 전용제는 모든 회사가 아니라 버스 회사 3곳에서만 시행합니다.

② 버스를 탈 때 현금을 내는 방식으로 인한 문제점이 있다.

③ 카드로 버스를 이용하는 사람이 전국적으로 늘어날 전망이다.
→ 교통 카드 전용제 시행은 인주시에서만 하고 있고 전국적으로 확대할 것인지는 알 수 없습니다.

④ 12개월 동안 교통 카드 전용제를 실시할 것이고 점차 확대할 예정이다.
→ 12개월이 아닌 9개월간 시험 운영한다고 했습니다.

12 일치하는 내용 고르기

> 건강에 도움이 안 되는 음식으로 여겨졌던 도넛의 판매량이 올해 하반기 상승했다. 2000년대까지 인기 제품이었던 도넛은 2010년 웰빙 열풍으로 **사람들이 건강한 삶에 관심을 가지게 되면서 인기가 떨어졌다**. 그러나 작년부터 식사뿐만이 아니라 디저트와 음료까지 배달이 가능해지면서 도넛의 배달 매출액 역시 배로 증가했다. 도넛 업체들은 영양을 고려한 제품을 개발하는 등 품질을 강화하여 소비자의 요구를 만족시키려 힘쓰고 있다.

해설

① 도넛 가게를 운영하는 가게 수가 증가했다.
→ 도넛 가게 수가 증가한 것이 아니라 도넛의 판매량이 증가했습니다.

② 소비자들은 도넛 품질 강화에 긍정적인 반응을 보이고 있다.
→ 도넛 업체들이 영양을 고려한 제품을 개발하는 등 소비자 만족에 힘쓰고 있다고 했습니다.

③ 배달되는 음식이 많아지면서 도넛을 찾는 사람들이 감소했다.
→ 디저트와 음료까지 배달이 가능해지면서 도넛 매출액이 증가했다고 했습니다.

④ 건강에 대한 관심은 도넛의 인기를 떨어뜨리는 원인이 되었다.

13 알맞은 순서로 배열한 것 고르기

> (가) **운은 준비된 자에게 온다.**
> (나) **준비에는 노력이 필요하다.**
> (다) 그리고 그 **선택**은 그 누구도 아닌 내가 하는 것이다.
> (라) 어떤 **노력**을 어떻게, 얼마만큼 할지는 **선택**의 영역이다.

① (가)-(나)-(라)-(다) ② (나)-(라)-(가)-(다)
③ (다)-(라)-(가)-(나) ④ (라)-(다)-(가)-(나)

해설

첫 문장은 전체 글의 문제를 제기하는 내용이 나타나는 ⑺입니다. 이어지는 문장은 앞선 문장에서 이야기한 것을 받아서 계속 연결해 나가는 방식으로 글이 진행되고 있습니다. '운은 준비된 자에게 → 준비에는 노력이 필요 → 노력은 선택의 영역 → 선택은 내가'라는 순서로 글이 진행됩니다. 따라서 정답은 ①입니다.

14 알맞은 순서로 배열한 것 고르기

> (가) 눈의 중요성을 **강조하는** 말이다.
> (나) '몸이 백 냥이면 눈이 구십 냥'이라고 많이 이야기한다.
> (다) 따라서 **눈 건강을 위한 좋은 생활 습관**을 기르도록 해야 한다.
> (라) 그런데 눈은 다른 신체 기관에 비해 **노화가 빨리 진행**된다고 한다.

① (가)-(나)-(다)-(라) ② (가)-(나)-(라)-(다)
③ (나)-(가)-(다)-(라) ④ (나)-(가)-(라)-(다)

해설

첫 문장은 전체 글의 문제를 제기하는 내용이 나타나는 ⑷입니다. 속담을 인용한 것이기에 그다음 문장은 그 속담에 대한 설명인 ⑺가 이어져야 합니다. ⑺에서 눈의 중요성을 강조한 데에 이어 ⑷에서 눈이 노화가 빨리 진행된다는 것을 설명하고 나서 ⑷에서 눈 건강을 위한 좋은 생활 습관을 기르라는 내용으로 글을 정리합니다. 따라서 정답은 ④입니다.

15 알맞은 순서로 배열한 것 고르기

> (가) 스트레스를 먹는 것으로 해소하려고 하는 사람이 많다.
> (나) 또한 식이섬유가 풍부한 과일, 채소가 식단에 포함되어야 한다.
> (다) 그러나 이런 습관의 반복은 당뇨병으로 가는 지름길임에 주의해야 한다.
> (라) **당뇨병 예방**을 위해 자신에게 맞는 표준 체중을 알고 음식량을 조절해야 한다.

① (가)-(다)-(나)-(라) ② (가)-(다)-(라)-(나)
③ (라)-(나)-(가)-(다) ④ (라)-(다)-(가)-(나)

[해설]

첫 문장은 어떤 현상에 대한 문제를 제기하는 ㈎입니다. 먹는 것으로 스트레스를 해소하려는 습관에 대해 말하고 있으므로, '이런 습관의 반복은'이라는 표현이 포함된 ㈐와 연결되는 것이 자연스럽습니다. 당뇨병에 걸릴 수 있음을 경고한 ㈐ 뒤에는 이를 예방하는 방법인 ㈑가 와야 합니다. 그 뒤에 추가 예방 방법을 소개하는 것이 자연스러우므로 '또한'으로 시작되는 ㈏가 이어져야 합니다. 따라서 정답은 ②입니다.

16 빈칸에 알맞은 말 고르기

> 상대방에게 말하기 어려운 부탁이나 거절을 해야 할 때 푹신한 쿠션을 앞에 깔아 주듯이 하는 대화 방법을 '쿠션 대화법'이라고 한다. 이것은 (   ) 방법으로 대화를 시작한다. "죄송합니다만", "괜찮으시다면"과 같은 말을 문장의 처음에 붙임으로써 상대방의 마음을 덜 다치게 하고 최대한 예의 있게 표현하여 부담 없이 대화가 이어질 수 있게 한다.

① 가벼운 농담으로 시작하는
②̌ 미안한 마음을 먼저 전하는
③ 간접적으로 의사를 전달하는
④ 진심을 담아 사과를 표현하는

[해설]

쿠션 대화법의 예로 "죄송합니다", "괜찮으시다면"과 같은 말을 예로 들고 있으므로 빈칸에는 '미안한 마음을 전하는 방법'이 가장 알맞습니다. 따라서 정답은 ②입니다.

17 빈칸에 알맞은 말 고르기

> '콩나물에 물을 주면 물은 다 빠져나가지만 콩나물은 자란다'라는 말로 교육의 효과를 비유하곤 한다. 그러나 우리는 물을 주자마자 바로 (   ) 경향이 있다. 콩나물을 잘 키우려면 매일 물을 주는 성실함과 그 물이 그냥 흘러서 버려지는 것이 아니라는 것을 믿는 마음이 필요하다. 아이가 얼마나 많이 컸을까 기대하기 전에 물을 주는 사람이 얼마나 정성과 신뢰감을 주었는지 돌아볼 줄 아는 자세가 중요할 것이다.

① 콩나물을 시장에 팔려는
② 콩나물의 가격을 물어보는
③ 콩나물의 무게를 알려고 하는
④̌ 콩나물의 길이를 재려고 하는

[해설]

마지막 문장에 '아이가 얼마나 많이 컸을까 기대하기 전에 물을 주는 사람이 얼마나 정성과 신뢰감을 주었는지 돌아볼 줄 알아야 한다'고 했습니다. 사람들이 콩나물에 물을 주자마자 바로 얼마나 컸나 보려고 하는 경향이 있음을 지적하면서 콩나물을 잘 키우려면

물을 매일 주는 성실함과 그 물이 그냥 흘러 버려지는 것이 아님을 믿는 믿음이 필요하다고 했으니 정답은 ④입니다.

18 빈칸에 알맞은 말 고르기

> 자신보다 어린 사람에게도 예의 있게 대하는 것, 남에게 물건을 빌릴 때 감사하다고 말하는 것, 타인이 잘한 것을 칭찬하는 것 등이 겸손의 시작이다. 상대방을 높이고 자신을 낮추는 것은 대단한 행동이 필요한 것이 아니다. (   )과 표현에서 겸손과 존중이 드러난다. 단지 자신을 낮추려고만 하는 것이 아닌, 상대방을 귀하게 생각하고 귀하게 대하는 것이 겸손이다.

① 말과 행동이 일치하는 것
② 먼저 상대를 걱정하는 마음
③̌ 별것 아닌 것 같은 작은 행동
④ 착한 사람이 돼야 한다는 신념

[해설]

글의 첫 문장에서 '겸손의 시작'으로 어린 사람에게도 예의 있게 대하는 것, 감사하다고 말하는 것, 칭찬하는 것 등을 예로 들었습니다. 이러한 행동은 대단한 행동이 필요한 것이 아니라고 했으므로 정답은 ③ '별것 아닌 것 같은 작은 행동'입니다.

[19-20] 글을 읽고 물음에 답하기

> 아이가 어릴 때부터 외국어를 가르치는 부모들을 흔히 볼 수 있다. 이러한 부모의 높은 교육열은 장점도 있지만 지나치면 잃는 것이 더 많다. 계속 성장 중인 아이들은 신체뿐 아니라 두뇌도 점점 발달하기에 그에 맞게 교육을 하는 것이 좋다. 조기 교육은 일시적으로 우수한 학습 효과를 얻을 수도 있지만 쉽게 싫증을 내게 할 수도 있다. 따라서 아이들이 학습에서 (   ) 될 수도 있다. 똑똑한 아이로 키우고 싶다면 또래 친구들과 자주 어울리게 하고 부모와 대화의 시간을 가지게 하는 것이 좋다. 그 과정을 통해 아이들은 생각하는 방법을 배우게 되고 두뇌도 발달하게 될 것이다.

19 빈칸에 알맞은 말 고르기

① 맛을 보게
②̌ 손을 떼게
③ 열을 올리게
④ 문을 두드리게

[해설]

부모의 높은 교육열은 지나치면 잃는 것이 더 많다고 했고 학습을 일찍 시작한 아이는 쉽게 싫증을 내게 된다고 했습니다. 따라서 그 뒤에는 아이들이 학습을 좋아하지 않는 상황이 이어져야 하므로 학습에서 마음이 떠났다는 의미, '그만두다'의 뜻을 가진 표현을 찾아야 합니다. '맛을 보다'는 음식의 맛을 알기 위해 먹어 본다, 혹은 어떤 일을 경험해 본다, '손을 떼다'는 그만두거나 끝낸다, '열을

올리다'는 흥분해 화를 내거나 무엇에 열성을 보인다, '문을 두드리다'는 신청하거나 요구한다의 의미를 가지고 있습니다. 따라서 정답은 ②입니다.

20 주제/중심 내용 고르기

① 조기 교육의 단점보다는 장점을 살려야 한다.
② 외국어 교육으로 인한 부작용을 고려해야 한다.
③ 부모의 교육에 대한 열정을 높이 평가해야 한다.
✔ 아이들에게는 발달 단계에 맞는 교육을 해야 한다.

해설

부모의 교육열로 인한 아이들의 조기 교육은 일시적인 효과는 있을 수 있으나 아이들이 공부를 쉽게 싫증을 내게 된다고 하였습니다. 그러므로 신체와 두뇌 발달에 맞게 교육을 하는 것이 좋으며 또래들과 자주 어울리고 부모와의 대화 시간을 가지게 하라고 했습니다. 따라서 정답은 ④입니다.

[21-22] 글을 읽고 물음에 답하기

달걀은 영양가가 높은 식품이지만 콜레스테롤 때문에 즐기지 않는 사람들도 많다. 그러나 연구에 의하면 하루에 달걀 한 개를 먹는 사람은 (   ) 먹지 않는 사람에 비해 심장 관련 질병에 걸릴 가능성이 적었다. 그렇다면 건강을 위한 '달걀 잘 먹는 방법'에는 어떤 것이 있을까? 먼저 신선한 달걀을 고를 줄 알아야 한다. 신선한 달걀은 껍질 표면이 매끈하고 빛이 나는 것이다. 그리고 구매한 달걀은 냉장고에 보관해야 한다. 또한 달걀을 찬물에 넣었을 때 가라앉으면 싱싱한 것이지만 물 위로 뜨면 상한 것이므로 먹어서는 안 된다.

21 빈칸에 알맞은 말 고르기

① 가끔   ② 역시
③ 비록   ✔ 전혀

해설

달걀은 콜레스테롤 때문에 즐기지 않는 사람들도 많지만 연구에 의하면 하루에 달걀 한 개를 먹는 사람은 먹지 않는 사람에 비해 심장 질병에 걸릴 가능성이 적다고 했습니다. 달걀 한 개를 먹는 사람과 그렇지 않은 사람을 비교한 것이니 한 개도 먹지 않는 사람이 비교 대상이 되어야 합니다. 따라서 하나도 먹지 않는다는 의미의 '전혀'가 들어가야 합니다. 따라서 정답은 ④입니다.

22 일치하는 내용 고르기

해설

① 달걀은 겉에 빛이 나면 오래된 것이다.
➡ 껍질 표면이 매끈하고 빛이 나는 것은 신선한 달걀입니다.
② 달걀은 신선할수록 물에 뜨는 특성이 있다.
➡ 물 위로 뜨는 달걀은 상한 것입니다.

③ 달걀은 많이 먹을수록 심장의 기능이 좋아진다.
➡ 하루에 달걀 한 개를 먹는 사람은 먹지 않는 사람에 비해 심장 관련 질병에 걸릴 가능성이 적다고 했습니다.
✔ 달걀이 건강에 좋지 않다고 생각하는 사람들이 있다.

[23-24] 글을 읽고 물음에 답하기

나는 10년을 넘게 사귄 남자 친구의 프러포즈에도 이런저런 핑계를 대며 결혼을 미루고 미루었다. 하지만 부모님의 성화에 못 이겨 결국 결혼을 했고, 최대한 아이를 늦게 가지려던 마음과 달리 금방 임신과 출산까지 하게 되었다. 아이를 낳은 후에도 나는 직장 생활을 포기할 수 없었고 결국 아이 육아는 전적으로 친정 엄마의 몫이었다.
근무 중이던 어느 날, 아이가 넘어져 다쳤다는 엄마의 전화를 받고 아이 돌보는 것도 제대로 못 하냐며 큰소리를 쳤다. 퇴근해서 집에 가자마자 엄마의 질문에는 대답도 하지 않은 채 아이부터 찾았다. 다행히도 아이는 크게 다치지 않아서인지 웃으며 놀고 있었다. 아이를 와락 껴안았을 때 엄마의 손등에 무언가에 베인 상처가 눈에 들어왔다. 순간 그 상처가 왜 생긴 건지 묻지 않아도 알 수 있었지만 나는 오히려 아이를 더 세게 끌어안고 눈물만 흘렸다.

23 인물의 태도/심정 고르기

① 고생스럽다   ② 불만스럽다
③ 자랑스럽다   ✔ 후회스럽다

해설

아이가 다쳤다는 소식을 듣고 엄마에게 화를 냈는데 퇴근 후 아이를 살펴보니 아이는 크게 다치지 않았고 엄마는 손등에 상처가 나 있었습니다. 아이를 보호하기 위해 다치셨을 엄마한테 아이를 제대로 못 본다고 화를 낸 것이 미안하고 후회스러워 눈물이 났을 것입니다. 따라서 정답은 ④입니다.

24 일치하는 내용 고르기

해설

① 아이가 크게 다쳐 피가 나고 상처가 생겼다.
➡ 아이는 크게 다치지 않아서인지 웃으며 놀고 있었다고 했습니다.
② 나는 결혼 후에 어렵게 임신을 하게 되었다.
➡ 아이를 늦게 가지려 했으나 금방 임신과 출산을 하게 되었다고 했습니다.
✔ 나는 친정 엄마에게 아이를 맡기고 일을 하였다.
④ 나는 부모님의 반대에도 불구하고 결혼하게 되었다.
➡ 부모님의 성화*에 못 이겨 결혼하게 되었다고 했습니다.

*성화: 몹시 귀찮게 하는 것

25 중심 내용 고르기

> "어머님, 올 추석엔 전 대신 용돈 부칠게요"

① 올 추석에는 현금을 주고받는 것보다 송금을 하려는 사람이 증가했다.

② 올 추석에는 음식을 직접 만들지 않고 사서 준비하려는 이들이 많아졌다.

③ 올 추석에는 음식 준비를 위해 어머님께 용돈을 드리겠다는 이들이 많다.

④ 올 추석에는 부모님 집에 가지 않고 용돈으로 마음을 전달하려는 사람이 많다. ✓

해설

김치전, 생선전과 같이 한국 음식 '전'을 만들 때는 '전을 부치다'라고 표현합니다. 그리고 '돈을 부치다'는 돈을 보낸다는 의미입니다. 추석에 어머님 댁으로 전을 부치러, 즉 음식을 만들러 가겠다는 것이 아닌 용돈을 보내 마음을 전하겠다는 의미입니다. 따라서 정답은 ④입니다.

26 중심 내용 고르기

> 전기차 달리는데 대학은 기름차만 가르친다

① 자동차학과는 미래 산업의 중심 역할을 하기 위해 연구를 해야 한다.

② 자동차학과의 교육 내용이 실습 위주의 교육 과정으로 구성되어 있다.

③ 자동차학과의 현재 강의 수준으로는 실제 현장에서 쓸모가 없을 것이다.

④ 자동차학과는 교육 현장에서 시대적 요구를 제대로 반영하지 못하고 있다. ✓

해설

요즘은 전기차가 달리는 시대인데 대학에서는 기존에 사용하던 기름차만 가르치고 있어서 시대의 요구를 따르지 못하고 있음을 나타내고 있습니다. 따라서 정답은 ④입니다.

27 중심 내용 고르기

> 오지 않는 여행객, 직원 1.5만 명 짐 쌌다

① 여행객의 감소로 많은 수의 직원들이 일을 그만두었다. ✓

② 여행객이 놓고 간 짐은 직원들이 대신 정리하여 보관하고 있다.

③ 여행객을 늘리기 위한 방법의 하나로 여행객에게 가방을 선물하였다.

④ 여행객을 모시기 위한 서비스로 직원들이 짐을 싸 주는 행사를 하였다.

해설

'짐을 싸다'라는 것은 일을 그만두다, 혹은 다른 곳으로 떠나다는 의미로 여행객 수가 줄어서 많은 직원들이 일을 그만두게 되었음을 의미합니다. 따라서 정답은 ①입니다.

28 빈칸에 알맞은 말 고르기

> 각 나라의 문화에 따라 의식에 사용되는 색이 다르다. 장례식장에서 입는 상복을 생각하면 보통 검은색을 떠올리곤 하나 꼭 그렇지만도 않다. 아시아 국가들은 한국처럼 흰색, 멕시코에서는 노란색, 브라질에서는 보라색 상복을 입는다. 이때 어느 것이 맞고 어느 것이 틀리다 말할 수는 없다. 문화란 상대적인 것이기에 (   ) 가치나 수준 등을 정할 수는 없다.

① 절대적인 하나의 잣대로 ✓

② 인간적인 차원의 생각으로

③ 주관적인 가치를 반영한 것으로

④ 전통적인 입장을 따르는 것으로

해설

나라마다 의식에 사용하는 색깔이 다른데 이를 두고 어느 것이 맞다 틀리다 말할 수 없다고 했습니다. 문화란 상대적인 것이라고 했으니, 하나의 기준, 즉 하나의 잣대(현상이나 문제를 판단하는 기준)로 가치나 수준을 정할 수 없습니다. 따라서 정답은 ①입니다.

29 빈칸에 알맞은 말 고르기

> 한 심리학자는 5단계의 삼각형 피라미드로 인간의 욕구를 설명하였다. 하나의 욕구가 충분히 채워지게 되면 다음 단계의 욕구가 나타나고, 먼저 요구되는 욕구가 충족되었을 때 (   ). 제일 높은 단계인 자아실현 욕구는 계속 발전하기 위해 자신의 잠재력을 최대한 발휘하려는 욕구로, 다른 욕구와 달리 욕구가 충족되어도 멈추지 않고 더욱 증대되는 경향을 보인다.

① 만족감으로 멈추게 된다

② 다음 단계의 욕구로 나아간다 ✓

③ 최종의 목표에 도달할 수 있다

④ 더 이상 동기 유발이 되지 않는다

해설

한 심리학자의 말에 의하면 하나의 욕구가 충족되면 다음 단계의 요구가 나타난다고 하였습니다. 먼저 요구되는 욕구가 충족되면 그다음의 단계가 나타나기에 곧 다음 단계 욕구로 나아간다는 표현을 찾아야 합니다. 그렇기 때문에 정답은 ②입니다.

30 빈칸에 알맞은 말 고르기

> 맥주 테스트로 정치인에 대한 호감도를 측정할 방법이 있다. 투표에 참여할 유권자들은 '내가 맥주 한잔하고 싶은 정치인'이 아니라 '(   )'을 뽑게 된다고 한다. 나에게 먼저 맥주를 청할 수 있을 것 같은 사람이라면 나의 이해관계에 대해서도 나를 대신해서 말해 줄 수 있을 것 같다고 생각하기 때문이다.

① 내가 맥주를 사 주고 싶은 정치인
② 술을 전혀 마시지 않을 것 같은 정치인
③ 호감이 생기는 방법을 잘 알고 있는 정치인
☑ 나에게 맥주 한잔하자고 말할 것 같은 정치인

해설

빈칸 뒤에 나에게 먼저 맥주를 청할 수 있을 것 같은 사람이 나의 이해관계를 대신해서 말해 줄 수 있을 것 같기 때문이라고 했습니다. 따라서 '나에게 맥주를 한잔하자고 말할 것 같은 정치인'이 빈칸에 와야 합니다. 정답은 ④입니다.

31 빈칸에 알맞은 말 고르기

> 번아웃 증후군이란 극도의 피로감에 기운과 의욕이 사라져 더 이상 일을 할 수 없게 된 상태를 말한다. 번아웃은 스트레스와는 달리 어떤 일에도 감동을 느끼지 못하고 둔감해지게 만든다. 이처럼 (   ) 거나 일상적 기능이 쇠퇴할 수도 있어 주변인들 역시 분명하게 인식할 수 있다. 번아웃은 우울증을 동반하기도 하므로 이에 대한 경고 신호를 느끼면 전문가에게 도움을 요청해야 한다.

① 과로 때문에 발생한다
② 일시적인 휴식이 필요하다
☑ 즐기던 것에서 즐거움을 잃는다
④ 번아웃에 면역력을 가지고 있지 않다

해설

빈칸 앞에서 번아웃은 스트레스와 달리 어떤 일에도 감동을 느끼지 못하고 둔감해지게 만든다고 했습니다. 빈칸 뒤에 문법 '-거나'가 사용되었으므로 일상적 기능이 쇠퇴하는 것처럼 주변인에게도 분명하게 보이는 것을 골라야 합니다. 또 앞에서 '둔감해진다'고 했으므로 감정과 관련된 내용인 '즐거움을 잃는다'가 있는 ③이 정답이 됩니다.

32 일치하는 내용 고르기

> 많은 육아 정보 프로그램에서는 아기의 감각을 자극하는 것이 중요하다고 알려 준다. 이것을 장난감이나 카드 등으로 아기를 계속 자극하는 것으로 오해하는 사람들도 많다. 아기의 발달을 위해서는 도구를 이용한 자극보다는 양육자가 아이를 안아 주고 아이와 눈을 맞추며 말을 걸어 주는 것처럼 애정과 관심을 보여 주는 것이 더 중요하다. 그렇기에 진정한 전문가라면 아이한테 양육자의 따뜻한 돌봄보다 더 특별한 자극은 없다고 조언할 것이다.

해설

① 적절한 자극을 받지 못한 아이들을 위한 장난감이 필요하다.
➡ 도구를 이용한 자극보다 양육자의 애정과 관심이 더 중요하다고 했습니다.
☑ 일상에서 아이를 돌보는 행동이 아이에게 좋은 자극이 된다.
③ 아기의 성장 발달을 위해서는 엄마의 노력이 무엇보다 중요하다.
➡ 아기의 성장 발달을 위해서는 '양육자'의 따뜻한 돌봄이 중요하다고 했습니다.
④ 아기의 감각을 발달시키기 위해서는 전문가의 조언을 들어야 한다.
➡ 진정한 전문가는 양육자의 돌봄이 가장 특별하다는 조언을 할 것이라 했습니다.

33 일치하는 내용 고르기

> 푸드테크 산업은 음식과 기술을 합해 놓은 새로운 산업이다. 그동안 음식 산업은 신선함 유지나 유통 기한 등의 문제로 인해 기술 적용이 어려워서 정성과 맛으로만 승패가 결정되는 분야였다. 그러나 로봇, 인공 지능 등의 첨단 과학이 식품 생산과 배달에 적용되면서 변화가 나타나고 있다. 1인 가구 및 맞벌이 부부 증가, 편리함을 중시하는 사람들의 증가 등 현대 사회의 변화 양상들은 푸드테크 시장을 점점 확대시키고 있다.

해설

① 푸드테크 산업은 음식 맛을 지키기 위해 노력을 하고 있다.
➡ 음식의 맛으로 승패가 결정되었다고 생각한 것은 기존의 음식 산업입니다.
② 음식 산업과 기술의 융합은 생산과 유통에 악영향을 끼쳤다.
➡ 첨단 과학을 식품 생산과 배달에 적용시키면서 변화가 나타나고 있다고 했습니다.
③ 푸드테크 산업이 주목받고 있는 것은 융합 산업에 대한 기대 때문이다.
➡ 푸드테크 산업은 음식과 기술을 융합한(합해 놓은) 새로운 산업이라고만 했습니다.
☑ 가족 제도의 변화는 푸드테크 시장을 더 커지게 하는 요인이 되고 있다.

34 일치하는 내용 고르기

> 사람이 추위를 느끼는 가장 큰 원인은 근육 부족이다. 우리 몸속 열의 50% 이상이 근육에서 생긴다. 그런데 근육 중에서 하체 근육이 우리 몸 근육의 3분의 2를 차지하므로 만약 추위를 많이 탄다면 하체 근육 부족을 의심해 봐야 한다. 그리고 몸 전체에 체지방이 많은 사람이 적은 사람보다 추위를 덜 타지만 배에만 지방이 많은 사람은 오히려 추위에 훨씬 약하다. 지방이 부족한 어깨, 팔, 다리 등에서 열을 빼앗아 가기 때문이다. 한편 야식을 즐기는 사람도 추위에 약하다. 음식물 소화를 위해 혈액이 위장에 몰리면 다른 부위는 혈액 전달이 잘 되지 못해 추위를 느끼게 되는 것이다.

[해설]

① 혈액이 온몸으로 전달될 때 추위를 덜 느끼게 된다.
② 하체 근육 세포는 우리 몸속 열의 절반을 만들어 낸다.
  → 우리 몸속 열의 절반 이상은 몸 전체의 근육에서 생긴다고 했습니다.
③ 추위를 이겨내기 위해서는 체지방과 뱃살이 필요하다.
  → 추위를 느끼게 되는 가장 큰 원인은 근육 부족이라고 했습니다. 따라서 추위를 이겨내기 위해서는 근육이 필요합니다.
④ 음식을 소화시키지 못하면 열을 내는 세포 또한 생기지 않는다.
  → 음식물 소화를 위해 혈액이 위장에 몰리면 다른 부위로 혈액이 잘 전달되지 못해서 추위를 느끼게 된다고 했습니다.

35 주제/중심 내용 고르기

> 인사 관리에서 가장 중요한 부분은 평가다. 관리자라면 하루 15% 정도의 시간을 직원 평가에 써야 한다고 할 만큼 평가는 중요하다. 일주일에 하루 정도의 시간은 평가와 관련한 활동을 하는 것이다. 이때 평가만을 위한 시간을 일부러 가지는 것보다는 평소 업무 중에 구성원들에게서 느끼는 장단점과 특징 등을 기록으로 남겨 놓는 것이 좋다. 이런 기록은 평가를 공정하게 해 주고 구성원들을 위한 조언의 근거로 사용될 수 있기 때문이다.

① 인사 관리에서 평가는 늘 공정해야 한다.
② 관리자는 평가를 하기 위한 시간을 따로 구분해야 한다.
③ 관리자가 기록하는 습관은 구성원들의 발전을 위해 필요하다.
④ 관리자가 구성원들에게 조언을 할 때는 있었던 일을 근거로 해야 한다.

[해설]

필자는 인사 관리에서 중요한 것은 평가지만 관리자가 평가만을 위해 시간을 일부러 가지는 것보다 평소에 구성원들에게 느끼는 장단점과 특징 등을 기록으로 남겨 놓는 것이 더 좋다고 했습니다. 그러한 기록이 평가를 공정하게 하고 구성원들의 발전을 위한 조

언의 근거로 남겨 둘 수 있기 때문이라고 했습니다. 그렇기 때문에 이 글의 주제는 ③입니다.

36 주제/중심 내용 고르기

> 사람들은 자신의 생활 수준을 남들과 맞추려고 하는 경향이 있다. 남들이 먹고 입고 즐기는 것을 나도 해야 하고 남들이 사는 수준의 아파트에 살며 내 아이도 거기에 사는 아이들과 같은 학원에 다녀야 한다. 그러나 남의 시선을 의식하여 물질적인 것을 좇는 인생보다는 내가 바라는 것을 하고 주변에 좋은 영향력을 끼칠 수 있는 인생이 결국에는 더 긍정적인 평가를 받는다. 남들과 똑같이 사는 상투적인 삶이 아닌, 나만의 이야기로 가득한 삶이 더 재미있고 감동적이기 때문이다.

① 다른 사람과 비슷하게 살아가기 위해서 노력해야 한다.
② 항상 남을 의식하며 피해를 주지 않는 삶이 긍정적인 평가를 받는다.
③ 사람들이 힘겹게 이루어 낸 삶의 모습은 다른 사람에게 감동이 된다.
④ 남들을 따라하는 삶이 아닌 스스로가 바라는 모습으로 살아가야 한다.

[해설]

필자는 사람들이 남의 시선을 의식하며 남들과 비슷하게 맞추고 살아가며 물질적인 것을 좇는 것보다 자신이 바라는 삶을 살면서 주변에 좋은 영향을 끼치는 것이 더 긍정적인 평가를 받는다고 말하고 있습니다. 그렇기 때문에 이 글의 주제는 ④입니다.

37 주제/중심 내용 고르기

> 사람은 선한 존재가 아닐지 모른다. 갓 태어난 아기가 자기 욕구에 충실해 자기 생각만 하며 먹을 것을 욕심내고, 어딘가 조금만 불편해도 울며 짜증을 내는 것이 그 증거다. 그러나 아이들은 자라면서 경험과 교육을 통해서 다른 사람들에 대해 배려심을 키워 가게 된다. 즉 사람의 본성은 선천적인 것이지만 인격을 키우고 타인을 배려하는 마음을 갖는 것은 전적으로 그 사람에게 달려 있다.

① 배려와 인격을 갖춘 사람은 인간관계에서 성공할 수 있다.
② 본성이 선하지 않은 사람이 선하게 바뀌기란 어려운 일이다.
③ 인간으로서 성숙한 인격을 갖게 하기 위해 교육을 해야 한다.
④ 본성은 악할지라도 인간의 노력으로 배려심과 인격을 키울 수 있다.

[해설]

필자는 사람은 원래 선한 존재가 아니나 경험과 교육을 통해 다른 사람에 대한 배려심을 키우게 된다고 했습니다. 그러나 그 배려심은 전적으로 그 사람에게 달려 있다고 하였기에 이 글의 주제는

④ '본성은 악할지라도 인간의 노력으로 배려심과 인격을 키울 수 있다.'가 됩니다.

38 주제/중심 내용 고르기

> 부모들은 자녀를 교육할 때 어떤 생각과 가치관으로 하고 있는지 점검해 봐야 한다. 교육 목표가 자녀가 인간다워지고 행복해지는 것이라고 한다면, 자녀가 공부를 통해 얻어야 하는 것은 자율성, 독립성, 문제 해결력 등이다. 이것들은 자녀가 습득해야 할 능력이자 목표라 할 수 있다. 그러나 이때 주지해야 할 것은 대부분의 부모들이 보내는 학원이나 과외 등은 자녀들의 지식과 문제 풀이 능력은 키워 줄 수 있지만 자율성, 독립성, 문제 해결력은 길러 주지 않는다는 것이다.

① 자녀를 올바로 키우기 위해서는 공부를 시켜야 한다.
② 문제 풀이 공부는 자녀의 지식을 키우는 데 도움이 될 것이다.
③ 자녀가 자율성, 독립성, 문제 해결력을 키울 수 있는 교육을 해야 한다.
④ 좋은 부모가 되기 위해서 스스로를 점검하고 반성하는 자세를 가져야 한다.

해설

필자는 부모의 교육 목표가 아이가 인간다워지고 행복해지는 것이라고 한다면, 아이가 공부를 통해 얻어야 하는 것은 자율성, 독립성, 문제 해결력이라고 했습니다. 대부분의 학원 교육은 지식과 문제 풀이 능력은 키워 줄 수 있지만 자율성, 독립성, 문제 해결력을 길러 주지 못한다고 했기에 결과적으로 이 글의 주제는 ③ '자녀가 자율성, 독립성, 문제 해결력을 키울 수 있는 교육을 해야 한다.'입니다.

39 문장이 들어갈 위치 고르기

> 그래서 글쓰기 전에 필수적으로 하는 작업이 목표 독자를 상세히 정하는 것이다.

> 모두가 동의하다시피 글은 말에 비해 난이도가 높은 의사소통 수단이다. (㉠) 말은 화자가 상대의 얼굴을 보면서 반응을 살피며 이야기를 진행할 수 있다. (㉡) 이와 달리 글은 필자가 독자들의 반응을 알 수 없는 상황에서 자신의 생각을 전달하고 독자의 호응을 이끌어 내야 한다. (㉢) 목표를 생각해 놓지 않고 쓴 글이 독자의 마음을 감동시키기란 거의 불가능하기 때문이다. (㉣)

① ㉠　　② ㉡　　③ ㉢　　④ ㉣

해설

글 안의 접속 부사(그리고, 그러나, 그래서 등), 문장 마지막 표현, 반복되는 단어를 보고 전후 내용을 추측해야 하는 문제입니다. 먼

저 주어진 문장 내용의 '목표'라는 단어가 글에 등장하는 곳을 살펴보면 ㉢과 ㉣ 사이임을 알 수 있습니다. 그렇다면 주어진 문장이 ㉢이나 ㉣에 들어갈 확률이 높아집니다. 그런데 ㉢ 다음의 문장에서 '-기 때문에'를 사용하여 앞 문장의 이유를 설명하고 있으므로 목표 독자를 상세히 정하는 것에 관한 내용은 ㉢에 들어가는 것이 자연스럽습니다. 따라서 정답은 ③입니다.

40 문장이 들어갈 위치 고르기

> 그러나 식물성 식품이라고 해서 무조건 생으로 먹어야 좋은 것은 아니다.

> 샐러드는 주로 익히지 않은 채소와 과일 등으로 구성된다. 그러다 보니 식물성 식품은 생으로 섭취하는 게 가장 좋다고 생각할 수 있다. (㉠) 생채소와 생과일이 더 신선하다는 느낌이 들기 때문이다. (㉡) 익히거나 데쳐 먹는 것이 더 좋은 채소와 과일도 있다. (㉢) 따뜻한 국물이 당기는 계절에는 배추나 콩나물 등으로 샤부샤부를 해 먹으면 좋다. (㉣) 육수에 이러한 채소들을 데쳐 먹으면 맛이 좋아질 뿐만 아니라 여러 재료들과 섞여 영양도 배로 높아지는 효과가 있다.

① ㉠　　② ㉡　　③ ㉢　　④ ㉣

해설

주어진 문장에서 '그러나' 식물성 식품이라고 해서 무조건 생으로 먹어야 좋은 것은 아니라고 했기에 이 내용과 반대되는 내용인 '식물성 식품은 생으로 먹는 것이 좋다'에 해당하는 문장이 어디 있는지 찾아야 합니다. ㉡ 앞에 생으로 먹으면 좋다는 내용이 있고, ㉡ 뒤에는 익히는 것이 좋은 채소나 과일도 있다는 내용이 있습니다. 따라서 ㉡에 오는 것이 자연스럽기 때문에 정답은 ②입니다.

41 문장이 들어갈 위치 고르기

> 생강은 꿀이나 설탕에 졸여 차로 즐기는 사람들이 많다.

> 생강은 겨울에 사람들이 많이 찾는 식재료로 몸을 따뜻하게 하고 면역력을 높이는 데 효과가 있다. (㉠) 게다가 생강은 살균, 항암에도 효과가 있는 생강은 한의학적으로 따뜻한 성질을 가지고 있어 혈액 순환을 원활하게 돕는다. (㉡) 혈액 순환이 원활해지면 체내에 산소와 영양이 잘 전달될뿐더러 손발이 찬 증상이 좋아질 수 있다. (㉢) 또한 날것 그대로 썰어 밥을 짓거나 양념장을 만드는 등 다양한 음식에 적용할 수도 있다. (㉣) 겨울이 다가오기 전 생강으로 면역력도 잡고 건강한 피부와 모발을 만들 수 있기를 기대해 본다.

① ㉠　　② ㉡　　③ ㉢　　④ ㉣

해설

식재료 중 하나인 '생강'에 대한 글입니다. 이 글은 두 부분으로 나누어 생각할 수 있는데 그 첫 번째는 생강의 효능에 대한 것이고 두 번째는 생강을 음식으로 먹는 방법에 대한 것입니다. ⓒ 앞에는 생강의 효능, ⓒ 뒤에는 생강을 먹는 방법을 설명합니다. 그리고 ⓒ 뒤에 '또한'이라는 표현과 함께 날것 그대로 먹는 방법이 나옵니다. 따라서 ⓒ에 들어가는 것이 적당하므로 정답은 ③입니다.

[42-43] 글을 읽고 물음에 답하기

> 40년째 10명의 직원과 함께 식당을 운영해 왔다. 할아버지 때부터 운영해 온 식당이니 그 역사는 무려 100년이 넘었으며, 한국 전통 음식 전문점으로도 꽤 유명한 곳이었다. 개인적으로 내게는 할아버지와 아버지와의 추억이 서려 있는 곳이기도 하다. 그러나 시대가 변화하면서 사람들은 싸고 빠르게 먹을 수 있는 음식, 새롭고 신기한 음식에 눈을 돌리게 되었고, 결국 운영하기가 힘들다는 생각에 나는 식당 문을 닫기로 결심하였다. 그리고 마지막으로 직원들에게 월급과 함께 그동안 고마웠고 미안하다는 내용의 편지를 주었다.
>
> 다음 날 아침 책상 위에 적지 않은 돈이 들어 있는 하얀 봉투가 놓여 있었다. 하얀 봉투 안에는 직원들에게 줬던 월급과 편지 한 장이 들어 있었다. 자신들의 청춘을 다해 일한 곳과 이렇게 이별하는 것을 원하지 않는다며 이번 달 월급을 반납할 테니 어려운 상황을 함께 헤쳐 나가자는 직원들의 편지였다. 나는 그 하얀 봉투를 꼭 쥐고 하염없이 눈물을 흘렸다.

42 인물의 태도/심정 고르기

① 서운하다   ② 불안하다
☑ 감격스럽다   ④ 홀가분하다

해설

이 글 속의 '나'는 오랫동안 운영해 온 식당을 닫기로 결심하고 직원들에게 편지를 써서 월급과 함께 주면서 고맙고 미안한 마음을 전했습니다. 그러나 그다음 날 책상 위에 놓인 봉투 안에는 직원들에게 줬던 월급과 함께 이 어려운 상황을 같이 이겨내자는 직원들의 편지가 있었습니다. 그렇기에 '나'는 직원들의 그 마음이 매우 고맙고 감동이 되어 눈물을 흘렸을 것입니다. 따라서 정답은 ③입니다.

43 일치하는 내용 고르기

☑ 이 식당은 3대째 운영해 오고 있는 식당이다.
② 이 식당에서는 한국 전통 음식을 싼값에 먹을 수 있다.
    → 요즘 사람들은 싸고 빠르게 먹을 수 있는 음식에 눈을 돌리게 되었다고 했습니다.
③ 직원들은 나에게 받은 편지와 월급을 그대로 돌려주었다.
    → 직원들은 이번 달 월급을 반납할 테니 어려운 상황을 함께 헤쳐 나가자는 편지를 써서 주었습니다.

④ 나는 직원들에게 월급을 주지 못해 미안하다는 편지를 썼다.
    → 직원들에게 월급과 함께 그동안 고마웠고 미안하다는 내용의 편지를 주었습니다.

[44-45] 글을 읽고 물음에 답하기

> 과거 한국인들은 한국어의 언어 예절이 드러나는 표현을 많이 사용하였다. 현대 한국어에서는 더 이상 지켜지지 않는 높임법을 다양하게 사용했다든지, 때와 상황에 맞는 표현으로 예의와 품격을 드러냈다든지 하는 것이 그 예다. 언어 예절이 쓸모없어진 것이 아님에도 불구하고 이러한 언어 예절은 오늘날 잘 지켜지지 않고 있다. 시대가 바뀌고 사회의 모든 영역에서 크고 작은 변화가 생긴 것은 사실이다. 하지만 바람직한 사회를 이루어 내기 위한 필수 요건이 (　　　　　　　) 의사소통인 만큼 언어 예절은 반드시 필요하다. 과거에는 친족, 연령 등에 바탕을 둔 언어 예절을 중시했다면 현재는 직장에서의 상하 관계나 개인적인 친분 관계 등에서의 언어 예절을 중요하게 생각한다. 이러한 차이가 있음에도 변하지 않는 사실은 과거와 현재의 언어 예절 모두 상대방을 배려하는 것에 기본을 두었다는 점이다.

44 빈칸에 알맞은 말 고르기

☑ 상황과 예의를 고려한
② 긍정적이며 미래 지향적인
③ 신뢰와 존중을 바탕으로 한
④ 전통과 현재의 조화를 이룬

해설

시대가 바뀌었다고 하더라도 바람직한 사회를 이루어 내기 위해 반드시 필요한 것은 의사소통입니다. 빈칸 뒷부분에서 이어지는 내용에서 '언어 예절'이라는 표현이 반복되어 나오고 마지막 문장에서 '상대방을 배려하는 것에 기본을 두었다'라고 했습니다. 따라서 정답은 ①입니다.

45 주제/중심 내용 고르기

☑ 현대 사회에서도 상황과 상대방을 고려한 언어 예절이 필요하다.
② 잘 지켜지지 않고 있는 언어 예절을 다시 수정해서 일깨워야 한다.
③ 과거와 현재의 언어 예절을 비교하여 새로운 언어 예절을 만들어야 한다.
④ 사회가 변함에 따라 언어 예절이 사라지는 것은 당연하게 받아들여야 한다.

해설

필자는 한국어 표현에 잘 드러나 있는 언어 예절이 오늘날 잘 지켜지지 않고 있음을 안타까워하고 있습니다. 언어 예절에서 중시하는 대상은 달라졌지만 과거와 현재 모두 상대방을 배려하는 것에는 기본을 두었다는 것이 필자의 생각이니 이 글의 주제는 ①입니다.

[46-47] 글을 읽고 물음에 답하기

기상 전문가들을 포함하여 문화학, 인류학 등 여러 분야에서의 전문가들이 모여 기후 변화로 인해 '미래에 구하기 힘들어질 음식'에 관하여 논의를 하였다. 그중 커피, 초콜릿, 육류 등이 앞으로 구하기 힘들어질 음식으로 꼽혔다. '앞으로 사치품이 될 식품'을 주제로 한 심층 보도에 따르면 커피와 초콜릿은 과거 한때 사치품이었다고 한다. 커피콩과 초콜릿의 주재료인 카카오가 그때는 매우 귀한 것이었지만 대량 재배가 이루어지면서 현재는 일상에서 자주 접할 수 있는 음식이 되었다는 것이다. 그러나 전문가들은 최근의 전 세계적인 기온 상승과 불규칙한 강우량이 머지않아 현재의 모습을 다시 '과거'로 돌아가게 할 수 있음을 경고하고 있다. 2050년쯤에는 전 세계의 커피 재배지 절반이 기후 변화로 인해 없어질 수 있으며, 아울러 기온 상승으로 라틴 아메리카에서 커피 재배에 적합한 지역이 80% 정도 줄어들 것이라는 비관적인 연구가 이를 뒷받침하고 있다.

46 필자의 태도 고르기
① 전문가들과 협의한 내용을 자세히 알려 주고 있다.
② 이상 기후로 인한 재배지 변화에 대해 우려를 표하고 있다.
☑ 전문가들의 연구와 논의를 바탕으로 객관적으로 설명하고 있다.
④ 미래 먹거리가 기후 변화에 미칠 영향력에 대해 경계하고 있다.

해설
필자는 기후 변화로 인해 미래에 구하기 힘들어질 음식에 대해 설명하면서 이에 대한 근거로 연구 자료에 관한 내용을 덧붙였습니다. 자신의 생각이나 느낌을 말하지 않고, 전문가들의 논의와 연구를 제시하며 설명하고 있습니다. 따라서 정답은 ③입니다.

47 일치하는 내용 고르기
① 이상 기후는 우리 삶에 전혀 영향을 주지 않는다.
　➡ 기후 변화로 인해 전 세계의 커피 재배지 절반이 없어질 수 있다고 했습니다.
② 커피나 초콜릿은 아직까지도 사치품으로 여겨진다.
　➡ 커피와 초콜릿은 과거 한때 사치품이었다고 했습니다.
☑ 기후 변화로 커피를 재배할 수 있는 땅이 매우 적어질 것이다.
④ 커피콩과 카카오는 날씨의 영향을 받지 않아서 재배하기가 쉽다.
　➡ 기온 상승으로 라틴 아메리카에서 커피 재배에 적합한 지역이 80% 정도 줄어들 것이라고 했습니다.

[48-50] 글을 읽고 물음에 답하기

한국은 출산율이 2024년 0.72명으로 초저출산 국가이다. 이는 세계에서 가장 낮은 수치이며 서울의 경우는 0.55명으로 더 낮은 수치를 기록하고 있다. 이렇게 낮은 출산율에도 불구하고 수도권 인구가 줄어들지 않고 있는 이유는 지방에서 서울로 이동하는 인구가 많기 때문이다. 감사원은 연구를 통해 이러한 수도권 인구 집중이 저출산 현상을 더욱 심화시킨다고 발표하였다. 청년층이 교육과 일자리 기회가 많은 수도권으로 모이는 것은 당연한 선택이지만 이로 인한 인구 집중은 경쟁을 심화시켜 비혼 또는 만혼을 야기했다는 것이다. 감사원이 공무원을 대상으로 '관공서의 지방 이전이 출산에 미치는 효과'에 대해 조사한 결과에 따르면, 관공서를 지방 도시로 옮긴 후 서울에서 지방 도시로 이전한 공무원의 자녀 수가 서울에서 근무할 때보다 더 늘었다고 한다. 또한 서울에 남은 공무원들보다 지방 도시로 옮긴 공무원들이 (　　　　　　　　　)으로 조사됐다. 서울과 이전 도시인 인주시의 거리로 인해 행정상의 비효율이 늘기는 하였으나 인구 구조에는 긍정적인 영향을 끼쳤다는 결론이다. 인주시의 본을 받아 다른 지방도 저마다의 특색을 갖춘 특색 도시로 개발하여 인구를 분산시키면 지역 균형 발전도 이루어지고 출산율도 제고될 것이다.

48 필자의 의도/목적 고르기
① 저출산에 대한 심리적 원인을 지적하려고
② 낮은 출산율로 인해 생길 문제점을 경고하려고
③ 수도권으로 인구 집중이 되는 이유를 소개하려고
☑ 출산율과 지역 균형 발전과의 관계를 알려 주려고

해설
필자가 글을 쓴 목적을 고르는 문제를 풀 때에는 처음 부분과 마지막 부분에 주의를 기울여야 합니다. 첫 문장에서는 한국의 출산율이 매우 낮음을 밝혔고 마지막 문장에서는 지역의 출산율 제고와 함께 지역의 균형 발전이 이루어지기를 기대한다고 했습니다. 결과적으로 필자는 이 글에서 출산율과 지역 균형 발전과의 관계를 알려 주며 출산율과 지역 균형 발전 모두 좋아지기를 바라고 있습니다. 따라서 정답은 ④입니다.

49 빈칸에 알맞은 말 고르기
① 자녀 양육을 두려워하는 것
② 결혼을 빨리 하고자 하는 것
③ 삶에 대한 만족도가 높은 것
☑ 더 많은 수의 자녀 계획을 가진 것

해설
관공서 지방 이전이 출산에 미치는 효과에 대한 조사 결과 관공서를 지방으로 옮긴 후 공무원의 자녀 수가 더 늘었다고 했고 결론적으로 인구 구조에 긍정적인 영향을 끼쳤다고 했습니다. 그러므로 빈칸에는 인구 구조에 긍정적인 영향을 미치는 요소가 들어가야 하므로 더 많은 수의 자녀 계획이 적절하다고 할 수 있습니다. 정답은 ④입니다.

50 일치하는 내용 고르기

해설

☑ 관공서 지방 이전은 출산율 제고에 긍정적인 영향을 주었다.

② 수도권 인구 집중은 출산율이 낮기 때문에 일어난 현상이다.

→ 수도권 인구 집중이 저출산 현상을 더욱 심화시킨다고 했습니다.

③ 한국 서울의 비혼과 만혼율은 세계에서 최저치를 기록하고 있다.

→ 서울의 출산율이 세계 최저치라고 했습니다.

④ 서울시 행정의 일부가 인주시로 옮겨간 것은 행정 효율성에 긍정적인 영향을 끼쳤다.

→ 서울과 이전 도시인 인주시의 거리로 인해 행정상의 비효율이 늘었다고 했습니다.

제2회 한국어능력시험

정답 및 해설

Answer and commentary

TOPIK II

| **1교시** | 듣기, 쓰기
 (Listening, Writing) |

1	2	3	4	5	6	7	8	9	10
②	①	④	②	②	④	③	④	②	④
11	12	13	14	15	16	17	18	19	20
④	①	③	③	①	②	①	③	③	④
21	22	23	24	25	26	27	28	29	30
④	③	①	④	③	②	④	③	①	④
31	32	33	34	35	36	37	38	39	40
③	①	②	③	④	④	①	②	③	③
41	42	43	44	45	46	47	48	49	50
④	①	②	②	④	③	④	④	②	④

1 일치하는 그림 고르기

> 남자: 어떻게 오셨어요?
> 여자: 등록하러 왔는데요.
> 남자: 아, 스포츠 센터는 아래층에 있어요. 저기 계단으로
>   내려가세요.

해설

'등록하러 왔는데요.'와 관계가 있는 것은 ②, ③, ④입니다. 그런데
남자가 '저기 계단으로 내려가세요.'라고 말했습니다. 따라서 계단
을 가리키며 안내하는 ②가 정답입니다.

2 일치하는 그림 고르기

> 여자: 주문을 하고 싶은데 어떻게 하면 돼요?
> 남자: 음식을 먼저 고르세요. 그리고 카드를 넣으면
>   됩니다.
> 여자: 네, 안 기다리고 바로 주문하니까 편리하네요.

해설

여자가 주문을 어떻게 하는지 물었고, 남자는 음식을 고르고 카드
를 넣으라고 합니다. 카드를 넣고 편리하게 주문하는 상황은 식당
직원에게 직접 주문하는 것이 아니라, 기계에서 주문하는 것입니
다. 따라서 정답은 ①입니다.

3 일치하는 도표 고르기

> 남자: 스마트폰 이용 시간에 대한 조사 결과가 발표되었
>   습니다. 20대 남녀의 하루 평균 스마트폰 사용 시간
>   은 103분 7초로 가장 높게 나타났습니다. 주로 사용
>   하는 콘텐츠로는 SNS나 온라인 채팅이 33.6%로 가
>   장 많았고 뉴스가 27.2%, 쇼핑이 15%, 사진 및 동
>   영상이 13.4%로 그 뒤를 이었습니다.

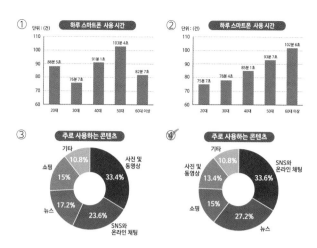

해설

①, ② 그래프는 연령별 하루 스마트폰 사용 시간을 나타낸 것입니다. 20대의 남녀의 사용량이 가장 많았으므로 둘 다 알맞지 않습니다. 주로 사용하는 콘텐츠는 SNS나 온라인 채팅, 뉴스, 쇼핑, 사진 및 동영상 순서이므로 ④가 정답입니다.

4 이어지는 말 고르기

> 여자: 어제 공연은 잘했어요? 못 가서 미안해요.
> 남자: 아니에요. 회사에 급한 일이 있었잖아요.
> 여자: _____

① 저희 공연에 오세요.
☑ 다음 공연에는 꼭 갈게요.
③ 회사 일이 제일 중요하지요.
④ 갑자기 일이 생기면 어떡해요?

해설

여자가 남자의 공연에 가지 못해서 미안하다고 사과했습니다. 그리고 남자는 여자가 회사의 급한 일로 못 온 것을 이해해 줍니다. 남자의 말에 이어지는 여자의 대답으로 ② '다음 공연에는 꼭 갈게요.'가 가장 자연스럽습니다.

5 이어지는 말 고르기

> 남자: 은행 왼쪽 길이라고 하셨죠?
> 여자: 네, 거기에서 조금만 올라오세요. 오른쪽에 보일 거예요.
> 남자: _____

① 네, 왼쪽에 있어요?
☑ 네, 금방 도착할 거예요.
③ 네, 그쪽으로 올라오세요.
④ 네, 계속 올라가는 게 좋겠어요.

해설

남자가 약속 장소를 찾아가는 대화입니다. 여자가 길을 알려 주고

남자는 약속 장소에 거의 도착하였습니다. 따라서 이어지는 남자의 대답은 ② '네, 금방 도착할 거예요.'입니다.

6 이어지는 말 고르기

> 여자: 오늘 동창 모임이 있는 거 알지?
> 남자: 물론이지. 그런데 나 조금 늦을지도 몰라.
> 여자: _____

① 모임이 오늘이면 좋겠어.
② 누구를 만나는지 알고 있어.
③ 그럼 더 늦게 오는 게 좋겠어.
☑ 그럼 약속 장소에 먼저 가 있을게.

해설

두 사람은 오늘 동창 모임에 갈 예정입니다. 그런데 남자가 조금 늦을 것이라고 말합니다. 이어지는 말로 적절한 것은 ④ '그럼 약속 장소에 먼저 가 있을게.'가 됩니다.

7 이어지는 말 고르기

> 남자: 당신 생일에 아이들하고 가까운 곳에 여행을 다녀올까요?
> 여자: 좋은 생각이네요. 어디에 가면 좋을까요?
> 남자: _____

① 아이들은 안 갈 거예요.
② 멀어서 갈 수 없을 거예요.
☑ 적당한 곳을 한번 찾아볼게요.
④ 시간을 내기 어려울 것 같아요.

해설

여행을 다녀오자는 남자의 말에 여자는 좋다며 동의합니다. 그리고 여자가 '어디에 가면 좋을까요?'라고 질문했기 때문에 남자는 장소를 말하거나 장소를 찾아보겠다고 말하는 것이 자연스럽습니다. 따라서 정답은 ③ '적당한 곳을 한번 찾아볼게요.'가 됩니다.

8 이어지는 말 고르기

> 남자: 신제품 홍보 후에 반응이 좀 있나요?
> 여자: 네, 조금씩 주문이 들어오고 있습니다.
> 남자: _____

① 아무도 관심이 없네요.
② 그럼 상품 가격을 알아보세요.
③ 제품이 어디에 있는지 모르겠어요.
☑ 그럼 판매량을 정리해서 알려 주세요.

해설

남자가 신제품 홍보에 대한 반응을 묻고 있습니다. 여자가 판매 주

문이 들어오고 있다고 했습니다. 남자가 판매량에 관하여 물어보는 것이 자연스러우므로 정답은 ④ '그럼 판매량을 정리해서 알려 주세요.'입니다.

9 알맞은 행동 고르기

> 여자: 어? 이상하다. 텔레비전 소리가 안 나네.
> 남자: 채널도 안 바뀌고 아무래도 리모컨에 건전지가 없는 것 같아요.
> 여자: 건전지가 어디 있었는데, 잠시만요.
> 남자: 네, 좀 부탁해요.

해설
남녀는 리모컨이 작동하지 않는 것이 건전지 때문이라고 생각합니다. 이어지는 여자의 행동은 건전지를 찾는 것입니다.
① 현관문을 연다.
　➔ 대화와 관계없는 행동입니다.
☑ 건전지를 찾는다.
③ 건전지를 바꾼다.
　➔ 건전지를 찾은 후 바꿀 수 있습니다.
④ 수리 센터에 전화한다.
　➔ 대화에 나오지 않은 내용입니다.

10 알맞은 행동 고르기

> 여자: 회의실 좀 사용하려고 하는데요.
> 남자: 여기 신청서를 쓰세요. 신분증도 주시고요.
> 여자: 어! 어디 있지? 제가 안 가져온 것 같아요.
> 남자: 신분증을 가지고 다시 오셔야 할 것 같습니다.

해설
여자는 회의실을 사용하려고 하는데 신분증을 가져오지 않았다고 말합니다. 그러나 남자가 신분증을 가지고 다시 오라고 대답합니다. 그러므로 여자는 신분증을 가져오는 것이 자연스럽습니다.
① 분실 신고를 한다.
　➔ 신분증을 잃어버린 것이 아닙니다.
② 신청서를 작성한다.
　➔ 신분증을 가져와야 작성할 수 있습니다.
③ 신분증을 신청한다.
　➔ 대화의 내용과 관계가 없습니다.
☑ 신분증을 가지러 간다.

11 알맞은 행동 고르기

> 남자: 시골에서 부모님이 오신다는데 집 정리를 좀 해야겠지요?

> 여자: 네, 청소도 하고 마트에 가서 먹을 것도 좀 사 둬야지요. 참, 작은방에 불이 안 들어오는데 그것도 좀 고치면 좋겠어요.
> 남자: 그럼 전등을 갈아야 할 텐데, 새것 있어요?
> 여자: 아니요. 집에 사 둔 게 없어요. 식료품도 사야 하니까 같이 다녀오는 게 좋겠어요.

해설
두 사람은 부모님이 오시기 때문에 집을 정리하려고 합니다. 새 전등도 사야 하고 식료품도 사야 합니다. 그래서 여자는 남자와 함께 마트에 가려고 합니다.
① 식료품을 산다.
　➔ 마트에 가면 식료품을 살 수 있습니다.
② 전등을 바꾼다.
　➔ 전등도 마트에 가야 살 수 있습니다.
③ 남자와 같이 청소를 한다.
　➔ '청소도' 할 것이라 했지만 대화에 바로 이어지는 행동이 아닙니다.
☑ 남자와 같이 마트에 간다

12 알맞은 행동 고르기

> 여자: 부장님, 행사 기념품 제작은 어떻게 할까요?
> 남자: 음, 작년에 우산이 반응이 좋았는데 거래처에 같은 걸로 주문하면 어떨까요?
> 여자: 그 사이에 가격이 많이 올라서 추가 비용이 들지도 모르겠어요.
> 남자: 그럼 곤란하지요. 비용이 얼마나 드는지 좀 알아보세요.

해설
남자는 여자에게 비용이 얼마나 드는지 알아보라고 부탁했으므로 여자는 거래처에 전화를 하는 것이 자연스럽습니다.
☑ 거래처에 연락한다.
② 거래처에 주문한다.
　➔ 거래처에 먼저 연락합니다.
③ 기념품을 선택한다.
　➔ 기념품을 아직 정하지 못했습니다.
④ 기념품을 제작한다.
　➔ 기념품의 종류를 정한 후 제작할 것입니다.

13 일치하는 내용 고르기

> 여자: 이번 여름휴가는 어디로 갈까요?
> 남자: 작년에는 바닷가에 사람들이 많아서 고생했잖아요. 이번 휴가에는 조용한 곳으로 가면 좋겠어요.
> 여자: 그럼 캠핑은 어때요? 숲속에서 지내면 마음도 편해지고 푹 쉴 수 있을 거예요.

남자: 그렇게 합시다.

해설

여름휴가에 대한 대화입니다. 작년 휴가와 비교하여 무엇이 다른지 비교하여 보십시오.

① 여자는 바다로 휴가를 갈 것이다.

→ 두 사람은 산으로 휴가를 갈 겁니다.

② 여자는 사람이 많은 곳을 좋아한다.

→ 여자는 사람이 많은 곳을 좋아한다고 말하지 않았습니다.

❸ 남자는 휴가 때 조용히 지내고 싶어 한다.

④ 남자는 작년에 바다에서 재미있게 놀았다.

→ 작년에 바다에서 고생했다고 했습니다.

14 일치하는 내용 고르기

여자: 우리 백화점은 이달 한 달 동안 할인 행사를 하고 있습니다. 잠시 후 본 매장 1층에서는 시계, 구두, 가방 등 유명 브랜드 제품을 10~30% 할인된 가격으로 판매할 예정입니다. 할인 제품은 상품별 50개로 제한하오니 구매를 원하시는 분들은 미리 줄을 서 주시기 바랍니다. 감사합니다.

해설

일치하는 내용을 파악하는 문제입니다. 안내를 주의 깊게 듣고 아래의 내용이 맞는지 확인해야 합니다.

① 할인 판매 기간은 일주일이다.

→ 한 달 동안 행사합니다.

② 할인 상품은 개수에 제한이 없다.

→ 품목별로 50개만 판매합니다.

❸ 할인 기간 동안 가방을 싸게 살 수 있다.

④ 전 제품을 30% 할인된 가격으로 구입할 수 있다.

→ 유명 브랜드 제품에 한해 10~30% 할인합니다.

15 일치하는 내용 고르기

남자: 오늘 오후 인주시 호수에서 낚시를 하던 남성이 물에 빠지는 사고가 있었습니다. 남성은 호수의 다리 위에서 낚시를 하다가 실수로 떨어졌으나 119에 구조되어 현재 병원에서 치료 중입니다. 경찰은 낚시철을 맞아 낚시객과 관광객이 늘고 있는데 부주의로 인한 사고가 자주 발생하고 있다며 주의를 당부하였습니다.

해설

사건 사고에 대한 뉴스를 잘 듣고 아래 정보와 맞는지 확인하여 정답을 찾으십시오.

❶ 남자는 다리에서 사고를 당했다.

② 남자는 낚시를 하려고 호수에 들어갔다.

→ 호수 위의 다리 위에서 낚시를 했습니다.

③ 남자는 치료를 마치고 집으로 돌아갔다.

→ 남자는 아직 병원에서 치료를 받고 있습니다.

④ 구조대는 다리를 다친 남자를 병원으로 옮겼다.

→ 구조대는 물에 빠진 남자를 병원으로 옮겼습니다.

16 일치하는 내용 고르기

남자: 선생님께서는 10년 전부터 어려운 가정의 아이들을 위해 봉사하고 계시는데요. 특별한 이유가 있으신가요?

여자: 네, 저는 아버지가 일찍 돌아가시고 어머니가 저를 키우셨지요. 너무 가난해서 어머니는 늦게까지 일을 하셔야 했어요. 저는 집을 지키며 혼자 공부했는데 그때 누가 조금만 가르쳐 주면 좋겠다는 생각을 참 많이 했습니다.

해설

여자의 어린 시절과 봉사 활동을 하게 된 계기를 중심으로 들어 보십시오.

① 여자는 어렸을 때 어머니를 잃었다.

→ 아버지가 돌아가셨습니다.

❷ 여자는 어렸을 때 공부에 어려움을 겪었다.

③ 여자는 돈을 조금만 받고 아이들을 지도한다.

→ 여자는 무료로 아이들을 가르쳐 줍니다.

④ 여자는 이 일을 하기 시작한 지 얼마 되지 않았다.

→ 10년 전에 시작하였습니다.

17 중심 생각 고르기

남자: 어, 저 가게는 뭐지?

여자: 무인 커피숍이라고 하던데.

남자: 그럼 사람은 없고 기계만 있는 거야? 아무리 기계로 주문하는 세상이라고는 하지만 관리하는 직원이 없으면 가게 운영이 어렵지.

❶ 가게는 사람이 관리하는 것이 좋다.

② 커피는 사람이 직접 만들어야 한다.

③ 직원이 없으면 주문을 하기 불편하다.

④ 기계가 사람의 역할을 대신해야 한다.

해설

남자는 사람이 가게를 관리하지 않으면 운영이 어려울 것이라고 걱정합니다. 따라서 정답은 ① '가게는 사람이 관리하는 것이 좋다.'입니다.

18 중심 생각 고르기

> 남자: 아까부터 뭘 찾고 있니?
> 여자: 아빠, 가위 못 봤어요?
> 남자: 사용한 물건을 제자리에 두면 그런 일이 없지. 항상 물건을 쓰고 물건이 있던 자리에 두는 습관을 키워야 해.

① 물건의 위치를 잘 알아야 한다.
② 물건 찾는 시간을 아껴 써야 한다.
☑ 사용한 물건은 있던 자리에 두어야 한다.
④ 물건을 잃어버리지 않는 습관을 가져야 한다.

해설

물건을 찾는 딸에게 남자는 물건이 있던 자리에 두는 습관을 키워야 한다고 조언합니다. ③ '사용한 물건은 있던 자리에 두어야 한다.'가 정답입니다.

19 중심 생각 고르기

> 여자: 주말에 공원에서 연을 날리는 가족들이 꽤 많더라고요.
> 남자: 전통 놀이로 가족들과 시간을 보내니 좋은데요.
> 여자: 네, 전통 놀이는 학교에서나 배울 줄 알았는데 신기하네요.
> 남자: 부모가 알려 주지 않고 학교에서 배우면 전통 놀이는 더 이상 놀이가 아니라 학습이 되어 버리지요.

① 연날리기는 가족과 함께 하는 놀이이다.
② 전통 놀이는 학교에서 꼭 학습해야 한다.
☑ 전통 놀이는 가족에게 배우는 것이 좋다.
④ 놀이는 부모가 아이에게 학습을 통해 가르쳐야 한다.

해설

남자는 학교에서 배우면 놀이가 아니라 학습이 된다고 말하며 학교가 아닌 가족을 통해 배워야 한다고 생각합니다. 따라서 ③ '전통 놀이는 가족에게 배우는 것이 좋다.'가 정답이 됩니다.

20 중심 생각 고르기

> 여자: 이번 발명품도 좋은 반응을 얻고 있는데요. 발명하실 때 어떤 부분을 가장 중요하게 생각하십니까?
> 남자: 이것은 보이는 다리미인데요. 옷을 다릴 때 옷이 잘 펴지고 있는지 확인하지 않습니까? 이런 불편을 줄이기 위해 다리미를 투명하게 만들어 보았습니다. 저는 발명품이 생활의 불편을 덜어 주려는 노력에서 출발해야 한다고 생각합니다.

① 다리미는 생활을 편리하게 해 준다.
② 발명을 위해 많은 노력을 해야 한다.
③ 다리미는 옷이 잘 펴지게 만들어졌다.
☑ 발명은 생활의 편의를 우선으로 해야 한다.

해설

남자는 발명품이 생활을 편리하게 하려는 노력에서 시작해야 한다고 말하였습니다. 따라서 남자의 중심 생각은 ④ '발명은 생활의 편의를 우선으로 해야 한다.'입니다.

[21-22] 대화 듣고 물음에 답하기

> 여자: 요즘 안전 장비를 갖추지 않고 산에 오르는 사람들이 많은 것 같아요.
> 남자: 등산을 하려면 기본적으로 필요한 장비들을 갖추고 가야지요. 험한 산에서는 바위도 타야 하는데 장갑조차 끼지 않는 등산객도 있더라고요.
> 여자: 이것저것 다 갖추고 등산을 하면 짐이 너무 많아져서 그런 거 아닐까요?
> 남자: 아무리 무거워도 안전이 우선이지요. 사고가 난다고 생각하면 산에 가볍게 오르지는 못할 거예요.

21 중심 생각 고르기

① 안전을 위해 험한 산을 피해야 한다.
② 안전 장비는 등산 짐을 무겁게 한다.
③ 안전한 등산을 위해 짐을 줄여야 한다.
☑ 안전을 위해 등산 장비를 준비해야 한다.

해설

남자는 안전이 가장 중요하다고 생각합니다. 아무리 무거워도 안전이 제일 중요하므로 장비들을 갖추고 등산을 해야 한다고 말했습니다. 따라서 정답은 ④ '안전을 위해 등산 장비를 준비해야 한다.'입니다.

22 일치하는 내용 고르기

해설

들은 내용과 일치하는 것을 찾는 문제입니다. 등산객의 안전 장비 미착용에 대한 문제점을 지적하고 있습니다. 이와 관련된 세부 내용을 확인해야 합니다.
① 낮은 산은 비교적 안전하다.
　➡ 들은 내용을 통해서는 알 수 없습니다.
② 산에서 바위에 오르면 안 된다.
　➡ 험한 산에서는 바위를 타는 경우도 있다고 말했습니다.
☑ 험한 산에 오를 때는 장갑이 필요하다.
④ 안전을 위해 등산 장비는 반드시 줄여야 한다.
　➡ 무거워도 등산 장비를 챙기는 것이 더 안전합니다.

[23-24] 문의 전화 듣고 물음에 답하기

> 남자: 거기 도자기 박물관이지요? 도자기 체험 수업을 신청하려고 하는데요.
> 여자: 네, 참여 인원은 몇 분이세요?
> 남자: 5명입니다. 아이들 세 명 하고 성인 두 명이요. 저희가 만든 도자기는 체험이 끝난 후에 바로 가지고 갈 수 있지요?
> 여자: 당일은 어렵습니다. 주소를 적어 주시면 구워서 집으로 보내 드립니다. 체험 수업은 도자기 만들기와 그리기, 그리고 색칠하기로 진행됩니다. 수업 일정은 하루 2번, 오전 10시부터 12시, 오후 2시부터 4시까지입니다.

23 대화 상황 고르기

①도자기 체험 수업을 신청하고 있다.
② 도자기 체험 수업에 참여하고 있다.
③ 도자기 체험 경험을 이야기하고 있다.
④ 도자기 만드는 방법을 설명하고 있다.

해설

남자가 전화한 곳은 도자기 박물관이며, 거기서 도자기 만들기 체험을 할 수 있습니다. 남자는 '도자기 체험 수업을 신청하려고 하는데요.'라고 말하였습니다. 따라서 정답은 ① '도자기 체험 수업을 신청하고 있다.'입니다.

24 일치하는 내용 고르기

해설

들은 내용과 일치하는 것을 찾는 문제입니다. 도자기 체험이 누구를 대상으로 하는지 언제, 몇 회 진행하는지 등의 세부 내용을 잘 들어야 합니다.

① 도자기 체험은 아이들만 할 수 있다.
→ 성인도 참여할 수 있습니다.
② 도자기 체험은 오전에 두 번 진행한다.
→ 체험은 오전에 1회, 오후에 1회 진행합니다.
③ 도자기 체험 수업에서 도자기를 직접 만들어서 굽는다.
→ 수업에서 도자기를 만들 수는 있지만 굽지는 못합니다.
④도자기 체험 수업에서 도자기에 그림을 그리고 칠할 수 있다.

[25-26] 인터뷰 듣고 물음에 답하기

> 여자: 요즘 아파트의 층간 소음 문제로 사회가 시끄럽습니다. 얼마 전에는 윗집에서 아이가 뛴다고 항의했다가 폭행으로 이어지기도 했고요.
> 남자: 공공장소에서도 뛰어다니는 아이를 방치하는 부모들이 있습니다. 뛴다고 자꾸 주의를 주면 아이들이 스트레스를 받는다고 걱정합니다. 하지만 아이에게 타인을 배려하는 마음을 가르치는 것은 부모의 의무지요. 서로에게 피해를 주지 않도록 가르치는 게 우선이지 않을까요?

25 중심 생각 고르기

① 층간 소음이 심해도 아이들을 위해 참아야 한다.
② 아이에게 주의를 줘서 스트레스를 받게 하면 안 된다.
③이웃을 위해 아이가 뛰지 못하도록 주의를 줘야 한다.
④ 아파트에 살려면 아이를 배려하는 마음을 배워야 한다.

해설

남자는 왜 아이에게 주의를 안 주는지 모르겠다고 말하였습니다. 피해를 주지 않게 아이를 가르치는 것이 중요하다고 생각합니다. 따라서 정답은 ③ '이웃을 위해 아이가 뛰지 못하도록 주의를 줘야 한다.'가 됩니다.

26 일치하는 내용 고르기

해설

들은 내용과 일치하는 것을 찾는 문제입니다. 층간 소음으로 인해 어떤 문제가 발생했는지, 그리고 층간 소음에 대해 남자가 어떤 생각을 하고 있는지 잘 들어 봐야 합니다.

① 아파트의 층간 소음은 별로 심각하지 않다.
→ 층간 소음이 사회 문제가 되고 있습니다.
②층간 소음으로 사람을 때리는 사건이 생겼다.
③ 사람이 많은 곳에서 아이들은 행동을 조심한다.
→ 공공장소에서 뛰어노는 아이들이 있습니다.
④ 아이에게 주의를 주면 부모가 스트레스를 받게 된다.
→ 아이들이 스트레스를 받게 될까 봐 걱정하는 부모도 있습니다.

[27-28] 의논하는 대화 듣고 물음에 답하기

> 남자: 민수 반 친구가 강아지를 입양했는데 아주 귀엽더라고요. 반려동물을 키우면 아이들 정서에도 좋다는데 우리도 한 마리 키울까요?
> 여자: 강아지를 입양하고 조금 키워 보다가 후회해서 다시 돌려보내는 경우도 많대요.
> 남자: 설마 우리가 그러겠어요? 애들이 잘 돌봐 줄 거예요.
> 여자: 충동적으로 결정하기보다는 시간을 두고 고민해 보면 좋겠어요.
> 남자: 알겠어요. 강아지 양육에 드는 시간과 돈은 다 현실적인 문제니까요.

27 화자의 의도/목적 고르기

① 반려동물의 입양을 반대하려고
② 반려동물 양육 비용을 결정하려고

③ 반려동물 양육의 어려움을 알리려고
✔️ 반려동물의 입양에 대해 의논하려고

해설

남자는 반려동물을 키우고 싶다고 말하며 여자에게 의견을 묻고 있습니다. 따라서 ④ '반려동물의 입양에 대해 의논하기 위해서'가 정답이 됩니다.

28 일치하는 내용 고르기

해설

들은 내용과 일치하는 것을 찾는 문제입니다. 남녀의 대화에서 반려동물의 입양과 관련한 정보와 두 사람의 의견을 잘 듣고 이해해야 합니다.

① 남자의 친구는 강아지를 키우고 있다.
→ 남자의 아들의 친구가 강아지를 입양했습니다.

② 강아지를 키우면 생활에 도움을 준다.
→ 아이들의 정서 안정에 도움을 줍니다.

✔️ 강아지를 키우다 포기하는 사람들이 있다.

④ 강아지를 키울 때 비용은 별로 중요하지 않다.
→ 강아지를 키우는 것은 시간과 비용이 필요한 현실적인 문제입니다.

[29-30] 직업 인터뷰 듣고 물음에 답하기

> 여자: 세계적으로 잘 알려지지 않은 작품을 맡아 일을 하셨는데요. 한국에서는 베스트셀러가 되었습니다. 기분이 어떠세요?
>
> 남자: 네, 무척 보람을 느낍니다. 처음엔 이 작품을 한국인의 정서에 맞게 표현할 수 있을까 고민했습니다. 무엇보다 원작의 감동을 전할 수 있을지 걱정되었고요.
>
> 여자: 이렇게 한국에서 인기를 얻는 것을 보면 그 감동이 잘 전달되었다고 봐야겠지요?
>
> 남자: 네, 시대적 고난에 직면한 주인공이 느꼈던 아픔을 독자분들도 이해하신 결과라고 생각합니다. 앞으로도 좋은 해외 도서를 발굴하여 소개하는 작업을 계속하겠습니다.

29 대화 참여자 고르기

✔️ 외국어를 번역하는 사람
② 소설을 쓰고 출판하는 사람
③ 책의 내용을 평가하는 사람
④ 외국어를 한국어로 통역하는 사람

해설

원작을 '한국인의 정서에 맞게 표현하다.'와 '원작의 감동을 전하다'는 표현을 통해 ① '외국어를 번역하는 사람'임을 알 수 있습니다.

30 일치하는 내용 고르기

해설

들은 내용과 일치하는 것을 찾는 문제입니다. 인터뷰하는 남자의 생각을 중심으로 세부 내용을 잘 파악해야 합니다.

① 이 책은 다른 나라에서도 인기가 좋았다.
→ 이 책은 세계적으로 잘 알려지지 않았습니다.

② 남자는 책이 팔리지 않을까 봐 걱정되었다.
→ 원작의 감동을 잘 전할 수 있을지 걱정하였습니다.

③ 남자는 처음에 원작이 잘 이해되지 않았다.
→ 들은 내용을 통해서는 알 수 없습니다.

✔️ 이 책의 주인공은 역사적으로 힘든 시기를 겪었다.

[31-32] 토론 듣고 물음에 답하기

> 여자: 인주시는 터널 공사를 계획하고 있는데요. 환경 단체와의 합의 없이는 공사 진행이 어려울 것 같습니다.
>
> 남자: 네, 환경 단체를 설득하는 것이 먼저겠지요. 그러나 터널 공사로 산의 생태계가 파괴된다는 환경 단체의 주장은 받아들이기 어렵습니다.
>
> 여자: 동식물이 죽을 수도 있지 않습니까?
>
> 남자: 공사가 시작되기 전에 그 지역에 살고 있던 동물을 이주시키고, 식물은 채취하여 다른 환경에 뿌리내리게 도와줄 겁니다. 생태계의 피해를 최소화하기 위해 충분히 노력할 수 있다는 말이지요.

31 중심 생각 고르기

① 터널 공사는 장기적으로 지역 발전에 도움을 준다.
② 터널 공사로 생태계가 파괴되는 것은 막을 수 없다.
✔️ 공사 준비 과정에서 피해를 상당 부분 줄일 수 있다.
④ 터널 개발은 환경 단체와의 협의가 없어도 가능하다.

해설

남자는 터널 공사 전에 동식물을 이주시키면 생태계 파괴를 줄일 수 있다고 주장합니다. 정답은 ③ '공사 준비 과정에서 피해를 상당 부분 줄일 수 있다.'입니다.

32 화자의 태도/말하는 방식 고르기

✔️ 여자의 의견에 일부 동의하고 있다.
② 환경 단체의 입장을 대변하고 있다.
③ 환경 단체의 주장을 지지하고 있다.
④ 여자의 의견을 강하게 반대하고 있다.

해설

남자는 여자의 말에 '환경 단체를 설득하는 것이 먼저'라고 답하였습니다. 터널 공사 전에 환경 단체와 합의해야 한다는 여자의 의견에 일부 동의하고 있습니다. 정답은 ① '여자의 의견에 일부 동의하고 있다.'입니다.

[33-34] 강연 듣고 물음에 답하기

> 여자: 여러분은 가끔 멍하게 있어 본 적이 있습니까? 이때 우리 뇌는 불필요한 정보를 삭제하고 기억을 축적하는 등 뇌 공간을 정리합니다. 여러분, 피곤할 때 뭔가를 깜빡깜빡한 경험이 있으실 거예요. 그것은 뇌가 쉬지 못하고 피로해져서 불필요한 정보를 정리하지 못해서 생기는 현상입니다. 그래서 가끔은 멍하게 시간을 보내는 것도 필요합니다. 하지만 너무 자주 이 상태를 지속하면 오히려 뇌세포의 노화가 빨라지고 우울증이 생길 수도 있습니다. 따라서 뇌에 피로감이 쌓일 때, 가끔씩 휴식을 주는 것이 좋습니다.

33 화제 고르기

① 뇌의 노화 원인
②̌ 뇌 휴식의 필요성
③ 뇌 기능 향상 방법
④ 뇌와 우울증의 연관성

해설

뇌가 휴식을 취할 때 어떤 작동을 하는지, 뇌가 휴식을 취하지 못할 때 어떤 현상이 생기는지 등을 말하고 있습니다. 즉, 뇌의 휴식이 왜 필요한지에 대해서 설명하고 있습니다. 따라서 주제는 ② '뇌 휴식의 필요성'입니다.

34 일치하는 내용 고르기

해설

들은 내용과 일치하는 것을 찾는 문제입니다. 뇌가 피로할 때 어떤 증상이 나타나는지와 반대로 뇌가 오래 쉬었을 때 어떤 일이 생기는지를 중심으로 세부 내용을 파악해야 합니다.

① 뇌를 적극적으로 사용하면 뇌 기능에 좋다.
　→ 들은 내용을 통해서는 알 수 없습니다.
② 뇌의 기능을 향상하려면 많이 쉬어야 한다.
　→ 장시간 쉬는 것을 자주 하면 오히려 뇌가 노화됩니다.
③̌ 자주 잊어버리는 것은 뇌가 피곤하기 때문이다.
④ 뇌가 피로하면 우울증이 생기고 노화가 진행된다.
　→ 뇌가 멍하게 하는 시간을 자주 가지면 우울증과 노화가 생깁니다.

[35-36] 연설 듣고 물음에 답하기

> 남자: 새로운 가족이 된 신입생 여러분, 여러분은 큰 기대와 높은 꿈을 품고 우리 대학에 입학하셨을 겁니다. 저는 여러분의 인생 선배로서 이 한 가지를 당부드리고자 합니다. 생각하는 힘을 키우십시오. 생각의 힘이야말로 인류 사회를 발전시킨 원동력입니다. 대학은 생각하는 사람을 키우고 생각하는 법을 가르치는 공동체입니다. 젊은 여러분이 가지고 있는 최고의 자질은 순수한 호기심입니다. 대학에서는 호기심과 즐거움으로 지식을 탐구해야 합니다. 호기심에 이끌려 생각하는 법을 키우는 시간이 되기를 진심으로 바랍니다.

35 대화 상황 고르기

① 대학의 역할에 대해 설명하고 있다.
② 대인 관계의 중요성을 주장하고 있다.
③ 학문의 즐거움에 대해 강조하고 있다.
④̌ 대학에서 키워야 할 능력을 알려 주고 있다.

해설

대학 신입생에게 '생각하는 힘을 키우십시오.'라고 말하였습니다. 따라서 정답은 ④ '대학에서 키워야 할 능력을 알려 주고 있다.'입니다.

36 일치하는 내용 고르기

해설

들은 내용과 일치하는 것을 고르는 문제입니다. 연설을 하는 남자가 누구이고 어떤 목적으로 말하는지, 연설의 세부 내용을 파악하는 것이 중요합니다.

① 남자는 대학의 선배로서 졸업생에게 말하고 있다.
　→ 남자는 인생의 선배로서 신입생에게 말하고 있습니다.
② 남자는 대학이 호기심을 키우는 곳이라 생각한다.
　→ 대학은 호기심으로 생각하는 힘을 키우는 곳입니다.
③ 남자는 생각이 대학을 발전시켜 왔다고 생각한다.
　→ 남자는 생각이 인류의 발전을 이끌어 왔다고 생각합니다.
④̌ 남자는 호기심으로 지식을 배워야 한다고 생각한다.

[37-38] 교양 프로그램 듣고 답하기

> 남자: 정부의 복지 정책에서 소외되는 청소년 문제에 대해 어떻게 보십니까?
> 여자: 네, 조사에 따르면 학교와 가정을 떠나 보호가 필요한 청소년의 수는 40만 명에 이릅니다. 문제는 우리 사회가 청소년의 학교 이탈 문제를 청소년 개인의 문제로 인식하고 있다는 점입니다. 그러나 학생이 학교에 적응하지 못하는 것은 학교 교육이 실패했기 때문이 아닐까요? 대학 입시만을 위한 학교 교육이 청소년의 이탈 문제를 심화시키고 있습니다. 따라서 학교에서 소외되는 청소년을 위한 정부의 정책 마련이 시급한 실정입니다.

37 중심 생각 고르기

①̌ 청소년 문제를 해결할 방안이 필요하다.
② 학생이 학교를 떠나는 것은 개인 문제다.

③ 청소년을 학교 교육에서 벗어나게 해야 한다.
④ 청소년의 복지를 위해 학교가 노력해야 한다.

해설

여자는 마지막에 '정부의 정책 마련이 시급한 실정입니다.'라고 말하였습니다. 청소년의 이탈은 개인적 차원의 문제가 아니므로 정부가 적극 개입해야 한다고 말했습니다. 그러므로 정답은 ① '청소년 문제를 해결할 방안이 필요하다.'입니다.

38 일치하는 내용 고르기

해설

들은 내용과 일치하는 것을 고르는 문제입니다. 소외되는 청소년 문제의 원인을 중심으로 세부 내용을 듣고 일치하는 것을 찾아야 합니다.

① 청소년은 복지 혜택을 잘 받고 있다.
  ➡ 소외되는 청소년도 있습니다.
☑ 가정을 떠나 보호가 필요한 청소년이 있다.
③ 학교는 청소년의 성장에 중점을 두고 교육을 한다.
  ➡ 입시 위주의 교육을 하기 때문에 청소년 이탈이 심해집니다.
④ 청소년이 학교에 적응하지 못하는 것은 성적 때문이다.
  ➡ 학교 교육이 실패했기 때문입니다.

[39-40] 공적 대화 듣고 답하기

> 여자: 앞으로 쓰레기 처리 시설 설치에 반대하는 지역은 그 지역에서 배출되는 쓰레기를 다른 도시로 보내는 것이 금지된다고 합니다. 그러나 앞서 말씀하신 바와 같이 이 법안에 반대하는 목소리가 높습니다. 어떻게 보십니까?
> 남자: 쓰레기 처리 시설의 필요성을 인정하면서도 자기 지역은 안 된다고 주장하는 지역 이기주의에 정부가 법적인 규제를 가하겠다는 것이지요. 지금까지 여러 지역에서 쓰레기 처리 시설 설치를 반대하는 바람에 경제적인 손실도 크게 발생하였습니다. 쓰레기 배출 금지법은 이러한 문제를 해결하기 위한 대안이라고 생각합니다.

39 대화 전/후의 내용 고르기

① 쓰레기 처리 시설은 반드시 필요하다.
② 쓰레기 배출 문제가 점점 심각해지고 있다.
☑ 새로운 정책에 반대하는 단체의 시위가 있었다.
④ 새로운 정책으로 인해 쓰레기 문제가 해소될 것이다.

해설

'앞서 말씀하신 바와 같이 이 법안에 반대하는 목소리가 높습니다.'를 통해 반대하는 사람들이 있었다는 것을 알 수 있습니다. 따라서 ③ '새로운 정책에 반대하는 단체의 시위가 있었다.'가 정답입니다.

40 일치하는 내용 고르기

해설

들은 내용과 일치하는 것을 고르는 문제입니다. 쓰레기 처리 시설에 대한 법안이 왜 생겼는지 원인을 찾고 쓰레기 처리 시설에 대한 세부 내용을 파악해야 합니다.

① 쓰레기 처리 시설을 원하는 사람들이 많지 않다.
  ➡ 사람들은 그 필요성을 인정하고 있습니다.
② 지금까지는 쓰레기 처리 시설의 설치가 어렵지 않았다.
  ➡ 주민들의 반대로 설치가 어려웠습니다.
☑ 정부는 쓰레기 처리 시설 거부를 막고자 법을 만들었다.
④ 쓰레기 처리 시설에 동의해도 쓰레기를 배출할 수 없다.
  ➡ 쓰레기 처리 시설 설치에 동의하면 쓰레기 배출이 가능합니다.

[41-42] 강연 듣고 답하기

> 남자: 젊은이들은 좋은 기업에 취업하기를 희망하지만 정작 기업이 요구하는 인재에 대해서는 잘 모르는 것 같습니다. 기업이 원하는 '일을 잘하는 사람'이 되기 위해서는 다음의 세 가지 요건이 필요합니다. 첫째, 주어진 업무 분야에 대한 전문성이 있어야 합니다. 물론 신입 사원 때는 업무에 대한 전문 지식이 없기에 회사는 일을 잘 배울 수 있는 사람을 요구합니다. 둘째, 문제 해결 능력을 갖추어야 합니다. 기업은 조직에서 발생하는 문제를 해결하여 조직에 이득이 될 수 있는 사람을 필요로 합니다. 셋째, 진심과 열정을 갖추어야 합니다. 기업은 자신이 하는 일을 사랑하고 열정적인 인재를 원합니다.

41 중심 내용 고르기

① 취업을 위한 준비 과정이 필요하다.
② 신입 사원 때는 일을 열심히 배워야 한다.
③ 일을 열심히 하면 좋은 회사에 취업할 수 있다.
☑ 취업을 위해 회사가 원하는 인재가 되어야 한다.

해설

중심 내용을 묻는 문제입니다. 강연자는 기업이 요구하는 인재가 되기 위해 세 가지 요건을 갖추어야 한다고 말합니다. 따라서 정답은 ④ '취업을 위해 회사가 원하는 인재가 되어야 한다.'입니다.

42 일치하는 내용 고르기

해설

들은 내용과 일치하는 것을 고르는 문제입니다. 강연자는 기업이 원하는 인재에 대해 강의하고 있습니다. 남자가 말한 세 가지 요건을 중심으로 세부 내용을 파악해야 합니다.

☑ 전문성은 일을 잘 배우는 것부터 시작한다.
② 열정이 있으면 일을 못해도 문제가 되지 않는다.
  ➡ 세 가지 조건을 모두 필요로 합니다.

③ 인재는 신입 사원 때부터 자신의 업무를 잘 파악한다.
　→ 신입 사원은 일을 잘 배우려는 마음가짐이 필요합니다.
④ 요즘 젊은이들은 기업이 원하는 조건을 잘 갖추고 있다.
　→ 젊은이들은 기업이 원하는 인재의 요건을 잘 모르고 있습니다.

[43-44] 다큐멘터리 듣고 답하기

> 남자: 과거에는 한 지역에서 가치가 있다고 여겨진 것을 화폐로 사용하였습니다. 대표적인 것이 곡물과 가축입니다. 그런데 곡물이나 가축은 일정한 시간이 지나면 그 수가 줄어들어 더 이상 화폐로 사용하기 어렵게 되었습니다. 반면 금속이나 종이는 그것의 양에 영향을 받지 않았습니다. 여기 동물 얼굴이 새겨진 동전은 금과 은을 혼합한 '호박금'으로 만든 금속 화폐입니다. 저쪽에 보이는 것은 11세기 북송에서 사용된 '교자'입니다. 교자는 중국 송나라 시기에 유통된 세계 최초의 지폐로 알려져 있습니다. 송나라에서 교자를 사용하기 전에는 철로 동전을 만들어 사용했는데 무게가 무거워서 상용화되지 못했습니다.

43 화제 고르기
① 시대별 화폐의 다양한 용도
☑ 시대별 화폐의 재료와 변천
③ 국가별 화폐의 재료와 제작 방법
④ 금속 화폐의 제작 시기와 문제점

해설

다큐멘터리의 내용은 화폐의 변천에 대한 것입니다. 특히 시대에 따라 화폐의 재료가 다르게 사용되었다고 설명하고 있습니다. 정답은 ② '시대별 화폐의 재료와 변천'입니다.

44 일치하는 내용 고르기

해설

들은 내용과 일치하는 것을 고르는 문제입니다. '곡물이나 가축을 화폐로 사용하기 어려운 이유'를 찾아야 합니다.
① 무게가 무겁기 때문에
　→ 철로 만든 동전에 해당되는 이유입니다.
☑ 수나 양이 계속 줄어들기 때문에
③ 전통적인 가치가 없어졌기 때문에
　→ 전통적인 가치에 대해서는 말하지 않았습니다.
④ 너무 오랫동안 사용되었기 때문에
　→ 오래 사용되었기 때문이 아니라 그 수가 줄어들기 때문입니다.

[45-46] 강연 듣고 답하기

> 여자: 여러분, 이것은 나팔고둥이라고 하는데 우리나라의 멸종 위기 생물 중 하나입니다. 나팔고둥은 국내에

서 가장 큰 종이며 불가사리의 유일한 천적이기도 합니다. 그러나 안타깝게도 나팔고둥은 사람들의 무분별한 채취로 현재는 그 수가 줄어들어 2012년부터는 멸종 위기 생물 1급으로 지정되어 보호를 받고 있습니다. 멸종 위기종은 일단 훼손되면 회복하는 데에 오랜 시간이 걸립니다. 아름다운 생태계를 살리기 위해서는 관계 기관뿐만이 아니라 시민 여러분의 노력이 필요합니다.

45 일치하는 내용 고르기

해설

들은 내용과 일치하는 것을 고르는 문제입니다. 나팔고둥이 무엇인지에 대한 설명과 나팔고둥 보호의 필요성을 중심으로 세부 내용을 파악해야 합니다.
① 불가사리는 나팔고둥의 천적이다.
　→ 나팔고둥은 불가사리의 천적입니다.
② 나팔고둥의 수는 점점 늘어나고 있다.
　→ 나팔고둥의 수가 점점 줄어들었습니다.
③ 나팔고둥은 천적이 늘면서 멸종의 위기에 처했다.
　→ 사람들의 채취로 멸종에 이르렀습니다.
☑ 나팔고둥이 훼손되어 회복하는 데에 오랜 시간이 필요하다.

46 화자의 태도/말하는 방식 고르기
① 불가사리의 채취에 대해 반대하고 있다.
② 해양 생태계가 회복되는 것을 기대하고 있다.
☑ 멸종 위기종 보호를 위한 노력을 촉구하고 있다.
④ 멸종 위기 생물을 훼손한 사람들을 비난하고 있다.

해설

강연자는 멸종 위기종인 나팔고둥을 소개하고 멸종된 이유와 보호의 필요성을 강조하고 있습니다. 마지막에 '노력이 필요합니다.'라고 말하고 있는 것을 통해서도 알 수 있습니다. 따라서 정답은 ③ '멸종 위기종 보호를 위한 노력을 촉구하고 있다.'입니다.

[47-48] 공적 대화 듣고 답하기

> 여자: 우리 시에서는 국공립 어린이집과 사립 어린이집이 공동으로 인력, 공간, 프로그램 등을 공유하여 운영하는 '모아 어린이집' 제도를 실시 중인데요. 모아 어린이집의 이점은 무엇인가요?
>
> 남자: 네, 모아 어린이집은 어린이집들이 서로의 자원을 공유하고 협력하기 때문에 육아 서비스의 질을 개선할 수 있는 제도입니다. 우선 국공립 어린이집의 입소 대기 문제를 해소할 수 있고요. 보육 서비스 수준을 높일 수도 있습니다. 또한 앞으로 우리 사회가 저출산으로 인해 원아가 점점 감소하는 상황이 왔

을 때, 어린이집 운영의 어려움을 해소하는 데에 큰
도움을 줄 것으로 기대하고 있습니다.

47 일치하는 내용 고르기

해설

들은 내용과 일치하는 것을 고르는 문제입니다. 공유 어린이집의
특징을 중심으로 세부 내용을 파악해야 합니다.

① 출산율의 증가로 모아 어린이집이 더 늘어날 것이다.
→ 출산율이 감소했을 때 모아 어린이집은 어려움을 해소해 줄 것으
로 기대하고 있습니다.
② 모아 어린이집은 개인이 운영하는 사립 어린이집이다.
→ 국공립 어린이집과 사립 어린이집이 인력, 공간, 프로그램 등을
공유하여 운영하는 어린이집의 형태입니다.
③ 아이가 모아 어린이집에 들어가려면 오래 기다려야 한다.
→ 공립 어린이집에 들어갈 때 오래 기다려야 합니다.
☑ 모아 어린이집 운영으로 보육 서비스 질이 개선될 것이다.

48 화자의 태도/말하는 방식 고르기

① 제도 시행의 문제점을 주장하고 있다.
② 제도 시행의 추진 방법을 설명하고 있다.
③ 제도 시행 방법의 타당성을 증명하고 있다.
☑ 제도 시행에 기대되는 효과를 나열하고 있다.

해설

'입소 대기 문제 해소', '보육 서비스 수준을 높일 수 있다' 등의 모
아 어린이집의 이점과 사회적 효과에 대해 말하였습니다. 즉, 강연
자는 모아 어린이집 제도를 시행하게 되었을 때 보육의 질이 향상
되는 등 기대되는 결과를 나열하며 설명하고 있습니다. 정답은 ④
'제도 시행에 기대되는 효과를 나열하고 있다.'입니다.

[49-50] 강연 듣고 답하기

남자: 여러분, 여기 곤충 모양의 화석이 보이시지요? 네,
삼엽충입니다. 삼엽충은 몸이 세 개의 부분으로 나
뉘진 벌레라는 의미인데요. 지금으로부터 2억 5000
만 년 전에 처음으로 나타난 절지동물입니다. 삼엽
충이 멸종한 정확한 원인은 분명하지 않습니다. 당
시 해수면이 급격히 낮아지는 사건 때문에 멸종한
것이 아닐까 추정하고 있습니다. 삼엽충 화석은 고
생물학이나 지질학에서도 중요한 의미를 가집니다.
삼엽충 화석은 전 세계에 골고루 분포하기 때문에
고생대의 표준 화석으로 알려져 있습니다. 특히 지
구의 초기 지질 시대의 시간을 구분하고 지층을 국
제적으로 비교하는 데 유용하게 사용되지요. 삼엽
충 덕분에 우리나라 지층의 나이도 더 정확히 알게
되었습니다.

49 일치하는 내용 고르기

해설

들은 내용과 일치하는 것을 고르는 문제입니다. 남자는 삼엽충에
대해 강의를 하고 있습니다. 삼엽충의 등장 시기, 삼엽충 발굴의
중요성 등을 중심으로 세부 내용을 파악해야 합니다.

① 삼엽충은 다리가 세 개라서 붙은 이름이다.
→ 삼엽은 몸이 세 부분으로 나뉘어져 붙은 이름입니다.
☑ 삼엽충은 지층의 나이를 판단하는 데 쓰인다.
③ 삼엽충은 우리나라에만 존재한 절지동물이다.
→ 전 세계적으로 분포합니다.
④ 삼엽충은 거주 지역에 먹이가 사라져 멸종했다.
→ 해수면이 낮아져 멸종된 것으로 추정됩니다.

50 화자의 태도/말하는 방식 고르기

① 삼엽충 멸종의 원인을 규명하고 있다.
② 삼엽충 화석 발굴에 대해 비판하고 있다.
③ 삼엽충의 생김새를 상세히 묘사하고 있다.
☑ 삼엽충 화석 발굴의 의의를 강조하고 있다.

해설

강연자는 삼엽충에 대해 소개하고 삼엽충의 발굴이 어떤 의의가
있는지 그 중요성을 설명하고 있습니다. 특히 '중요한 의미를 가집
니다', '비교하는 데 유용하게 사용되지요.' 등을 통해서 알 수 있습
니다. 따라서 정답은 ④ '삼엽충 화석 발굴의 의의를 강조하고 있
다.'입니다.

1교시 쓰기 (51번 ~ 54번)

주관식 답안은 정해진 답란을 벗어나거나 답란을 바꿔서 쓸 경우 점수를 받을 수 없습니다.
(Answers written outside the box or in the wrong box will not be graded.)

51	㉠	신청하려고 합니다
	㉡	알려 주시면 좋겠습니다
52	㉠	더 오래 기억할 수 있다
	㉡	다시 읽어 보지 않으면

53 아래 빈칸에 200자에서 300자 이내로 작문하십시오 (띄어쓰기 포함).
(Please write your answer below; your answer must be between 200 and 300 letters including spaces.)

고	용	노	동	부	에	서		재	택	근	무		현	황	과		만	족	도	에		대	한
설	문		조	사	를		실	시	하	였	다	.	조	사		결	과	,		재	택	근	무	를
하	는		사	람	은		20	23	년		53	만		명	에	서		20	23	년		96	만
명	으	로		증	가	한		것	으	로		나	타	났	다	.		응	답	자	의		82	.9	%
는		재	택	근	무	에		만	족	한	다	고		응	답	하	였	으	며		14	%	는
불	만	족	한	다	고		응	답	하	였	다	.		조	사		결	과	를		통	해		출	퇴
근		이	동		시	간	이		절	감	되	어		가	사	와		육	아	에		도	움	이
되	었	으	며	,		불	필	요	한		회	식		감	소	로		개	인	의		여	유		시
간	이		증	대	되	었	다	는		것	을		알		수		있	다	.		따	라	서		앞
으	로		재	택	근	무	를		실	시	하	는		기	업	이		지	속	적	으	로		증
가	하	고		유	연		근	무		제	도	가		더	욱		확	산	될		것	으	로
전	망	된	다	.																				

50 / 100 / 150 / 200 / 250 / 300

※ 54번은 뒷면에 작성하십시오. (Please write your answer for question number 54 at the back.)

주 관 식 답 란 (Answer sheet for composition)

아래 빈칸에 600자에서 700자 이내로 작문하십시오 (띄어쓰기 포함).
(Please write your answer below; your answer mus be between 600amd 700 letters including spaces.)

　　최근 남녀노소를 불문하고 소셜 미디어를 사용하는 사람들이 증가하고 있다. 소셜 미디어는 우리의 삶에 긍정적인 영향도 주지만 부정적인 영향도 끼친다.

　　소셜 미디어는 대중이 필요로 하는 유용한 정보를 제공한다. 대표적인 소셜 미디어인 유튜브만 해도 교육, 사회, 경제 등 다양한 분야와 성인, 아동 등 여러 세대를 대상으로 한 정보를 제공하고 있다. 또한 소셜 미디어는 접근성이 높고 사용이 편리하다. 언제 어디에서나 인터넷이 가능한 환경에서 쉽게 접속해 사용할 수 있다. 그러나 소셜 미디어는 틀리거나 거짓된 정보가 쉽게 퍼진다는 부정적인 측면도 있다. 자신의 이익을 위해 거짓 정보나 유언비어를 퍼뜨릴 수도 있으며, 남을 비방하거나 타인의 노력을 폄하하는 글도 쉽게 볼 수 있다. 이처럼 소셜 미디어는 긍정적인 면과 부정적인 면이 공존하므로 어떻게 이용하는지가 중요하다.

　　소셜 미디어를 효과적으로 사용하기 위해서는 우선 정보의 진위를 잘 따져 보아야 한다. 올바른 정보인지를 판단하기 위해서는 사람들의 다양한 의견을 듣고 스스로 판단할 수 있는 힘을 키워야 한다. 다음으로 소셜 미디어에서 만나는 다른 사용자도 나와 같은 인격체임을 인식하여 함부로 비방하거나 폄하하지는 말아야 한다. 소셜 미디어 내 정보가 올바른지 스스로 판단하고 타인에 대한 기본적인 예절을 지킨다면 소셜 미디어를 더욱 유용하게 활용할 수 있을 것이다.

50 / 100 / 150 / 200 / 250 / 300 / 350 / 400 / 450 / 500 / 550 / 600 / 650 / 700

※ 주어진 답란의 방향을 바꿔서 답안을 쓰면 '0'점 처리됩니다.
　　(Please do not turn the answer sheet horizontally. No points will be given.)

※ **[51~52]** 다음 글의 ㉠과 ㉡에 알맞은 말을 각각 쓰시오. (각 10점)

51

✉ 새로운 메시지	

보내기　예약　임시저장　미리보기　템플릿▾　⇄ 내게쓰기　　　　　　　　↓　⚙

사무실 선생님께

안녕하세요?

어제 학과에서 장학금 신청에 대한 이메일을 받았습니다.

저는 이번 학기에 장학금을 (　　㉠　　).

이메일로 신청서 파일은 받았습니다. 그런데 신청서 이외에 어떤 서류가 필요합니까?

신청서를 내는 날짜와 접수 방법도 (　　㉡　　).

그럼 답장 기다리겠습니다.

제이슨 드림

모범 답안　㉠ 신청하려고 합니다 / 신청하고자 합니다 /
　　　　　　　　신청할까 합니다 / 신청할 생각입니다

㉡ 알려 주시면 좋겠습니다.

채점 기준

내용 요소
'신청할 것이다'를 의미하는 표현을 사용해야 합니다.

형식 요소
무엇을 할 계획이나 의지를 표현하는 문법은 아주 다양합니다. '-(으)려고 하다', '-고자 하다', '-(으)ㄹ까 하다', '-(으)ㄹ 계획이다' 등을 사용하면 됩니다.

내용 요소
'알려 주다'를 의미하는 표현을 사용해야 합니다.

형식 요소
다른 사람에게 부탁을 하는 표현을 사용해야 합니다. 직접적인 표현보다 부드럽게 돌려서 표현하면 더 좋으므로 '-(으)면 좋겠다'를 사용하면 됩니다.

52

　　메모는 우리의 뇌 기능 향상에 도움을 준다. 그래서 메모하는 습관을 가지면 정보를 (　　㉠　　). 그런데 필요한 정보를 메모하기만 하고 (　　㉡　　) 기억을 오래 유지하기 어렵다. 단순히 한번 쓴다고 해서 정보가 장기 기억되는 것은 아니기 때문이다. 따라서 하루에 한 번이라도 메모를 다시 읽어 보는 것이 정보를 오래 기억하는 데 도움을 준다.

모범 답안　㉠ 더 오래 기억할 수 있다

㉡ 다시 읽어 보지 않으면

채점 기준

내용 요소
'오래 기억하다'를 의미하는 표현을 사용해야 합니다.

형식 요소
문법 '-(으)면'은 '-(으)ㄹ 수 있다', '-(으)ㄹ 거예요' 등과 같이 사용합니다. 메모하는 습관을 가지면 더 오래 기억하는 것이 가능하다, 쉽다는 의미를 써야 하므로 '-(으)ㄹ 수 있다'를 사용하면 좋습니다.

내용 요소
'안 읽다'를 의미하는 표현을 사용해야 합니다.

형식 요소
메모를 했으나 기억을 유지하기 어려운 상황을 가정하려고 합니다. 따라서 '-(으)면'을 사용해야 합니다. 마지막 문장 속 '메모를 다시 읽어 보는 것'에서 정답에 대한 도움을 받을 수 있습니다.

53 다음은 '재택근무 현황과 만족도'에 대한 자료이다. 이 내용을 200~300자의 글로 쓰시오 단, 글의 제목을 쓰지 마시오. (30점)

〈재택근무 현황과 만족도〉

조사 기관: 고용노동부

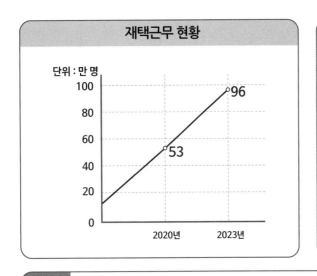

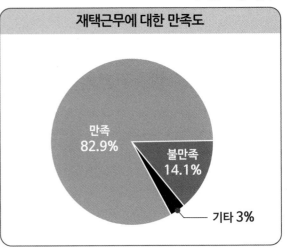

변화 원인	• 출퇴근 이동 시간 절감 ➡ 가사와 육아에 도움 • 불필요한 회식 감소 ➡ 개인 여유 시간 증대

전망	• 재택근무 실시 기업 지속 증가 • 유연 근무 제도의 확산

모범 답안

　　고용노동부에서 재택근무 현황과 만족도에 대한 설문 조사를 실시하였다. 조사 결과, 재택근무를 하는 사람은 2020년 53만 명에서 2023년 96만 명으로 증가한 것으로 나타났다. 응답자의 82.9%는 재택근무에 만족한다고 응답하였으며 14%는 불만족한다고 응답하였다. 조사 결과를 통해서 출퇴근 이동 시간이 절감되어 가사와 육아에 도움이 되었으며, 불필요한 회식 감소로 개인의 여유 시간이 증대되었다는 것을 알 수 있다. 따라서 앞으로 재택근무를 실시하는 기업이 지속적으로 증가하고 유연 근무 제도가 더욱 확산될 것으로 전망된다.

채점 기준

과제 (1)
• 재택근무자 현황 조사 결과
– 조사 기관 제시하기
– 제시된 정보(예 2020년 53만 명, 2023년 96만 명, 증가……) 모두 제시하기

과제 (2)
• 재택근무에 대한 만족도 조사 결과
– 제시된 정보(예 만족 82.9%, 불만족 14%……) 모두 제시하기

과제 (3)
• 조사 결과의 원인
– 제시된 두 개의 원인 모두 제시하기
– 첫 번째 이유와 두 번째 이유는 '와/과', '-고' 등의 문법 사용하기
– 제시된 내용에 화살표(➡)가 있으면 '(으)로 인해', '-아/어서' 등의 문법 사용하기
– 간단한 명사형으로 제시된 경우 완벽한 서술형(예 절감 → 절감되다, 증대 → 증대되다……)으로 제시하기

과제 (4)
• 향후 전망
– 제시된 전망 모두 제시하기
– 첫 번째 전망과 두 번째 전망을 이을 때는 '와/과', '-고' 등의 문법 사용하기
– 제시된 내용에 화살표(➡)가 있으면 '(으)로 인해', '-아/어서' 등의 문법 사용하기
– 간단한 명사형으로 제시된 경우 완벽한 서술형(예 지속 → 지속적으로, 발전 → 발전하다……)으로 제시하기
– '-(으)ㄹ 것으로 전망되다'와 같이 전망을 나타내는 표현 사용하기

54 다음을 참고하여 600~700자로 글을 쓰시오. 단, 문제를 그대로 옮겨 쓰지 마시오. (50점)

> 최근 블로그, 유튜브, SNS 등의 소셜 미디어 사용이 증가하고 있다. 소셜 미디어는 대중에게 다양한 정보를 제공한다는 점에서 매우 유용하다. 그러나 소셜 미디어가 가져오는 부작용도 무시할 수 없다. '소셜 미디어의 영향'에 대해 아래의 내용을 중심으로 자신의 생각을 쓰라.
>
> ● 소셜 미디어의 긍정적인 영향은 무엇인가?
> ● 소셜 미디어의 부정적인 영향은 무엇인가?
> ● 소셜 미디어를 효과적으로 사용하는 방법은 무엇인가?

모범 답안

　　최근 남녀노소를 불문하고 소셜 미디어를 사용하는 사람들이 증가하고 있다. 소셜 미디어는 우리의 삶에 긍정적인 영향도 주지만 부정적인 영향도 끼친다.

　　소셜 미디어는 대중이 필요로 하는 유용한 정보를 제공한다. 대표적인 소셜 미디어인 유튜브만 해도 교육, 사회, 경제 등 다양한 분야와 성인, 아동 등 여러 세대를 대상으로 한 정보를 제공하고 있다. 또한 소셜 미디어는 접근성이 높고 사용이 편리하다. 언제 어디에서나 인터넷이 가능한 환경에서 쉽게 접속해 사용할 수 있다. 그러나 소셜 미디어는 틀리거나 거짓된 정보가 쉽게 퍼진다는 부정적인 측면도 있다. 자신의 이익을 위해 거짓 정보나 유언비어를 퍼뜨릴 수도 있으며, 남을 비방하거나 타인의 노력을 폄하하는 글도 쉽게 볼 수 있다. 이처럼 소셜 미디어는 긍정적인 면과 부정적인 면이 공존하므로 어떻게 이용하는지가 중요하다.

　　소셜 미디어를 효과적으로 사용하기 위해서는 우선 정보의 진위를 잘 따져 보아야 한다. 올바른 정보인지를 판단하기 위해서는 사람들의 다양한 의견을 듣고 스스로 판단할 수 있는 힘을 키워야 한다. 다음으로 소셜 미디어에서 만나는 다른 사용자도 나와 같은 인격체임을 인식하여 함부로 비방하거나 폄하하지는 말아야 한다. 소셜 미디어 내 정보가 올바른지 스스로 판단하고 타인에 대한 기본적인 예절을 지킨다면 소셜 미디어를 더욱 유용하게 활용할 수 있을 것이다.

채점 기준　**과제 (1)**
　● 소셜 미디어의 긍정적인 영향
　– 대중에게 필요한 유용한 정보 제공
　– 편리한 접근성과 쉬운 사용

　과제 (2)
　● 소셜 미디어의 부정적인 영향
　– 잘못된 정보가 쉽게 퍼짐
　– 다수의 의견으로 인한 사회 불이익 사례

　과제 (3)
　● 소셜 미디어를 효과적으로 사용하는 방법
　– 정보의 진위를 판단할 수 있는 능력 키우기
　– 타인에 대한 기본적인 예절 지키기

제2회 한국어능력시험

정답 및 해설
Answer and commentary

TOPIK II

2교시 | **읽기**
(Reading)

1	2	3	4	5	6	7	8	9	10
②	②	④	①	③	④	③	②	③	③

11	12	13	14	15	16	17	18	19	20
④	②	②	③	④	①	②	①	④	③

21	22	23	24	25	26	27	28	29	30
②	②	①	④	③	③	②	②	②	④

31	32	33	34	35	36	37	38	39	40
③	①	②	③	②	④	④	①	④	④

41	42	43	44	45	46	47	48	49	50
③	①	②	②	④	①	②	①	③	①

1 빈칸에 알맞은 말 고르기

> 어제 창문을 열고 (   ) 감기에 걸리고 말았다.

① 자는데　　　　　　　☑ 잤다가
③ 잤지만　　　　　　　④ 자면서도

해설

빈칸 앞의 내용이 감기에 걸린 이유가 되도록 연결해야 합니다. '-다가'는 앞의 내용이 뒤의 내용의 원인이나 근거가 됨을 나타낼 때 씁니다. 따라서 정답은 감기에 걸린 원인을 나타내는 ②입니다. '-는데'는 뒤에 이어지는 내용에 대한 상황, 배경을 나타내거나 대립되는 두 가지 사실을 연결할 때 쓰고, '-지만' 또한 대립되는 두 가지의 사실을 연결할 때 씁니다. '-면서(도)'는 앞과 뒤의 행위나 상태가 동시에 나타남을 뜻하거나 둘 이상의 행위가 서로 상반되는 관계가 있음을 나타낼 때 씁니다.

2 빈칸에 알맞은 말 고르기

> 문학 작품은 독자가 읽고 (   ) 감상하는 것이 중요하다.

① 느끼도록　　　　　　☑ 느끼는 대로
③ 느끼는 대신　　　　　④ 느끼기 보다는

해설

독자가 문학 작품을 읽고 어떻게 감상해야 하는지 설명하는 문장입니다. '-도록'은 앞의 내용이 뒤에 오는 내용에 대한 목적이나, 결과 등을 나타내는 표현이고 '-는 대로'는 '어떤 상태 또는 상황과 같이'라는 뜻을 나타냅니다. '-는 대신'은 앞에 오는 내용이 나타내는 행동이나 상태를 비슷한 다른 행동이나 상태로 바꾸는 것을 나타내는 표현이고 '-보다'는 서로 차이가 있어 비교할 때, 비교의 대상이 됨을 나타내는 것입니다. 여기서는 독자가 읽은 상태, 상황처럼 감상하는 것이 중요하다고 해석하는 것이 자연스러우므로 정답은 ②입니다.

3 의미가 비슷한 말 고르기

> 급하게 서두르면 누구나 실수하게 마련이다.

① 실수할 수 있다　　　② 실수할지 모른다
③ 실수하는 편이다　　　☑ 실수하는 법이다.

해설

'-게 마련이다'는 어떤 일이 일어나거나 어떤 상태가 되는 것이 당연함을 나타내는 표현입니다. '-는 법이다'는 앞의 내용이 나타내는 동작이나 상태가 이미 그렇게 정해져 있거나 그런 것이 당연하다는 뜻을 나타내는 표현입니다. 따라서 정답은 ④입니다. '-(으)ㄹ 수 있다'는 어떤 일을 할 수 있는 능력 또는 어떤 행동이나 상태가 가능함을 나타내는 표현이고 '-(으)ㄹ지 모르다'는 확실하지 않은 내용을 추측하거나 짐작하여 말할 때 쓰는 표현입니다. '-는 편이다'는 단정적으로 말하기 보다는 대체로 어떤 쪽에 가깝다거나 속한다고 말할 때 쓰는 표현입니다.

4 의미가 비슷한 말 고르기

> 옷을 버리느니 필요한 사람이 가져가게 하면 더 좋을 것 같다.

① 버릴 바에야　　　　② 버리기는커녕
③ 버리려다가도　　　　④ 버리는 반면에

해설

'-느니'는 앞에 오는 말보다는 뒤에 오는 말이 더 나음을 나타내는 표현입니다. '-(으)ㄹ 바에야'는 앞에서 나타내는 내용이 뒤에 오는 내용보다 마음에 차지 않기 때문에 뒤의 내용을 선택 함을 강조하여 나타내는 표현이기 때문에 ①이 정답이 됩니다. '-는커녕'은 앞의 말을 강조하여 부정하는 표현이며 '-(으)려다가(도)'는 어떤 행동을 할 의도를 가지고 있다가 그 행동을 멈추거나 다른 행동을 하게 됨을 나타내는 표현이고 '-는 반면에'는 앞에 오는 내용과 뒤에 오는 내용이 서로 반대되는 사실임을 나타내는 표현입니다.

5 화제 고르기

> 찰칵!
> 지금 이 시간을 기억합니다.

① 시계　　　　② 전화기
③ 카메라　　　　④ 텔레비전

해설

'찰칵'은 사진을 찍을 때 나는 소리입니다. 사진을 찍어서 그 시간을 기억한다는 것으로 카메라 광고 글임을 알 수 있습니다. 따라서 정답은 ③입니다.

6 화제 고르기

> 두꺼운 이불, 많은 옷들 힘들었지요?
> 이제 혼자서도 한 번에 깨끗하게 할 수 있습니다.

① 이불집　　　　② 옷 가게
③ 세탁소　　　　④ 빨래방

해설

두꺼운 이불, 많은 옷들, 깨끗하게 할 수 있다는 표현은 빨래, 즉 세탁과 관련된 것입니다. 빨래방은 세탁소와 달리 혼자 기계에서 현금이나 카드로 결제하고 이용합니다. 따라서 정답은 ④입니다.

7 화제 고르기

> 333 규칙!
> 하루에 3번, 식후 3분 전, 3분 동안 닦으세요!

① 생활 예절　　　　② 피부 보호
③ 치아 관리　　　　④ 학교 질서

해설

식사하고 나서 3분 전, 3분 동안 '닦아야 한다'는 표현으로 이 글이 치아 관리에 대한 것임을 알 수 있습니다. 따라서 정답은 ③입니다.

8 화제 고르기

> 자기 자리에서 음식을 선택하시면 됩니다.
> 현금 계산은 말씀해 주세요.

① 교환 안내　　　　② 주문 방법
③ 이용 순서　　　　④ 사용 문의

해설

자기 자리에서 음식을 주문하고 현금 계산은 말해 달라고 했으니 기계로 음식을 주문하는 방법에 대한 안내임을 알 수 있습니다. 따라서 정답은 ②입니다.

9 일치하는 내용 고르기

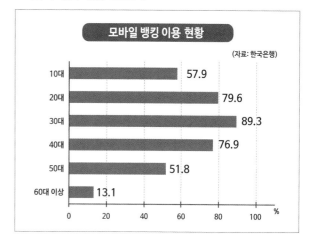

해설

① 모바일 뱅킹을 이용하는 비율은 20대가 가장 많다.
→ 모바일 뱅킹을 이용하는 비율은 30대가 가장 많습니다.

② 모바일 뱅킹을 이용하는 50대는 절반을 넘지 않는다.
→ 51.8%이므로 절반을 넘었습니다.

③ 모바일 뱅킹 이용이 가장 적은 연령대는 60대 이상이다.

④ 30대보다 40대가 모바일을 이용해 은행 업무를 많이 본다.
→ 40대(76.9%)보다 30대(89.3%)가 모바일 이용이 더 많습니다.

10 일치하는 내용 고르기

> 제24회 일자리 박람회
> 10월 2일(수) 14:00 ~ 17:00
> • 참가 대상: 구인·구직을 희망하는 기업 및 구직자,
> 　　　　　 일반 시민 누구나
> • 참가 방법: 구인 기업 – 9월 20일(금)까지 방문/팩스/
> 　　　　　 이메일 접수(구인 신청서, 기업 참가 신청서
> 　　　　　 제출)
> 　　　　　 구직자 – 당일 현장 접수 및 면접
> 　　　　　 (이력서, 자기소개서 준비)

해설

① 일자리 박람회는 수요일과 금요일 이틀 동안 열린다.

→ 박람회는 수요일 하루 열립니다. 금요일은 접수 마감일입니다.

② 일자리를 찾는 사람들은 9월 20일까지 서류를 내야 한다.

→ 일자리를 찾는 사람(구직자)은 당일 현장에서 서류를 냅니다.

☑ 취직을 원하는 사람은 10월 2일에 기업 면접을 볼 수 있다.

④ 일할 사람을 찾는 회사들은 박람회 당일 참가 신청이 가능하다.

→ 일할 사람을 찾는 회사(구인 기업)는 9월 20일까지 접수해야 합니다.

11 일치하는 내용 고르기

> 국립박물관은 10일 박물관 2층 전시실에서 '인사동 유물 공개전'을 연다. 인사동 유적에서 나온 '한글 금속활자'와 '해시계' 등 유물 1,755점은 발굴된 지 5개월 만에 일반인에게 처음으로 공개된다. 전시장에서 직접 보게 될 활자들은 그 크기가 매우 작아서 눈으로 확인하기 어려우므로 전시장에 준비된 확대 안경을 이용하면 활자를 자세히 관람할 수 있다.

해설

① 인사동 유물 전시회는 10일 동안 볼 수 있다.

→ 10일에 인사동 유물 전시회가 열립니다.

② 여러 유물들은 인사동에 있는 전시관에 전시된다.

→ 국립박물관에 전시됩니다.

③ 이 유물들은 발굴되자마자 일반인에게 공개되는 것이다.

→ 이 유물들은 발굴된 지 5개월 만에 공개됩니다.

☑ 전시된 유물들을 잘 보기 위해 준비된 안경을 사용하면 된다.

12 일치하는 내용 고르기

> 약물 치료에서 약의 종류만큼 중요한 것이 약을 먹는 시간이다. 두통 환자들이 말하기를 일단 머리가 아프기 시작하면 속도 함께 안 좋아져서 심한 경우 구토하게 된다고 한다. 이런 경우에는 약을 먹어도 위의 운동 기능이 떨어져 약이 잘 흡수되지 않는다. 따라서 두통이 시작된다고 느끼면 그 즉시 약을 먹는 것이 좋다. 대부분의 약은 복용 후 약 30분에서 60분 사이에 효과가 나타나므로 두통이 가라앉으려면 아무리 빨라도 복용 후 30분은 있어야 한다.

해설

① 두통약의 효과는 두통의 증상에 따라 달라진다.

→ 대부분의 약은 복용 후 30분에서 60분 사이에 효과가 나타난다고만 했습니다.

☑ 두통이 올 것 같으면 바로 약을 먹는 것이 좋다.

③ 약으로 치료를 할 때 가장 중요한 것은 약의 종류이다.

→ 약물의 종류만큼 중요한 것이 약 복용 시간이라고 했습니다.

④ 두통 환자는 속이 안 좋기 때문에 구토 후에 약을 먹어야 한다.

→ 두통이 시작된다고 느끼면 그 즉시 약을 먹는 것이 좋다고 했습니다.

13 알맞은 순서로 배열한 것 고르기

> (가) 어디에서든 적응을 잘하는 것은 좋은 것이다.
> (나) 에디슨은 학교 교육에 적응하지 못하고 포기하며 자퇴를 하였다.
> (다) 만약 에디슨이 무조건적으로 적응하는 아이였다면 오늘날의 에디슨이 존재할 수 있을까?
> (라) 그러나 자신과 맞지 않는 곳에 적응을 하려다가는 자신의 개성과 능력을 잃어버리기 십상이다.

① (가)-(나)-(라)-(다)　　☑ (가)-(라)-(나)-(다)

③ (나)-(다)-(가)-(라)　　④ (나)-(다)-(라)-(가)

해설

글의 첫 문장으로는 전체적으로 문제를 제기하는 등 주제를 제시하는 내용이 올 수 있으므로 (가)가 오는 것이 자연스럽습니다. 그다음으로는 '그러나'로 시작하면서 (가)에서 나온 '적응'에 관한 내용에 반론을 제시하고 있는 (라)가 이어지는 것이 자연스럽습니다. (라)에 대한 예로 에디슨을 예로 든 (나), 그리고 (나)의 내용을 구체적으로 부연 설명하고 있는 (다)로 이어져야 합니다. 따라서 정답은 ②입니다.

14 알맞은 순서로 배열한 것 고르기

> (가) 논증을 구성하는 기본 요소에는 주장, 이유, 근거가 있다.
> (나) 주장은 자신의 의견이나 신념을 굳게 내세우는 것을 말한다.
> (다) 이러한 주장을 뒷받침하기 위해서는 이유와 근거가 필요하다.
> (라) 논증이란 논리적인 이유를 들어 자신의 주장을 증명하는 것을 말한다.

① (가)-(다)-(나)-(라)　　② (가)-(라)-(나)-(다)

☑ (라)-(가)-(나)-(다)　　④ (라)-(다)-(가)-(나)

해설

첫 문장은 전체 글의 문제를 제기하는 내용인 (라)가 되는 것이 자연스럽습니다. 논증에 대한 정의로 시작했으므로 이어서 논증의 각 요소를 설명하는 (가)가 오면 자연스럽습니다. 각각의 요소인 주장, 이유, 근거에 대해 설명하는 내용이 이어져야 하므로 첫 번째 요소인 '주장'을 설명하는 (나)가 그다음에 오는 것이 적절합니다. 그리고 '이러한 주장'이라는 말로 시작해 부연 설명을 하고, 나머지 요소인 '이유'와 '근거'에 대해서 설명하는 (다)로 이어져야 합니다. 따라서 정답은 ③입니다.

15 알맞은 순서로 배열한 것 고르기

> (가) 그래서 조금의 주저함도 없이 그렇게 대답한다.
> (나) 이 대답은 내가 연구한 과학적 근거에 의한 것이다.
> (다) 누군가 내게 기후 변화의 심각성에 대해 물으면 이런 대답을 해 주곤 한다.
> (라) "지난해 여름이 당신의 인생에서 가장 시원한 여름으로 기억될지 모릅니다."

① (나)-(다)-(라)-(가)   ② (나)-(다)-(가)-(라)
③ (다)-(나)-(라)-(가)   ✔ (다)-(라)-(나)-(가)

> 해설

글의 첫 문장으로는 전체적으로 문제를 제기하는 내용의 ㈐가 오는 것이 자연스럽습니다. ㈐ 다음에는 큰따옴표를 사용한 직접 인용 문장인 ㈑가 이어지며 '이런 대답'이 무엇인지 보여 줍니다. 그리고 ㈏의 첫 단어인 '이 대답'은 바로 ㈑입니다. ㈎의 '그래서'는 ㈏ 문장의 원인, 이유가 되므로 마지막 문장은 ㈎가 됩니다. 따라서 정답은 ④입니다.

16 빈칸에 알맞은 말 고르기

> 모든 역사는 승자들의 역사라는 말을 종종 한다. 전쟁 역사에서 절대다수의 기록은 (　　　　　). 이는 맞는 말이라고 할 수 있지만 다른 한편으로는 틀렸다고도 할 수 있다. 승리를 하더라도 기록을 하지 않았다면 승리자로 기억되지는 않았을 것이다. 결국에는 기록을 남긴 자가 역사의 승리자가 된다고 말할 수 있다.

✔ 승리자의 기록이기 때문이다
② 실패한 기록을 없애기 때문이다
③ 살아남은 이들의 이야기인 것이다
④ 사실 그대로 쓰기는 어려운 것이다

> 해설

빈칸에 모든 역사는 승리자들의 역사라는 말이 나온 것에 대한 이유가 나와야 합니다. 따라서 '승리자의 기록이기 때문'이라고 하는 것이 자연스러우므로 정답은 ①입니다. ③ '살아남은 이들의 이야기인 것이다'가 답이 되기 위해서는 살아남은 이들이 곧 승자라는 추가 설명이 좀 더 필요합니다.

17 빈칸에 알맞은 말 고르기

> 한여름에는 저녁 7시가 넘어서도 해가 떠 있는데 비해 한겨울에는 저녁 5시만 되어도 해가 져서 어두워진다. 이처럼 해지는 시간이 빨라지면 사람의 감정에도 변화가 생긴다. 겨울이 되면 '계절성 우울증'을 겪는 사람들이 증가하는 것도 이러한 이유 때문이다. 그렇다면 이것을 예방

하는 방법이 없을까? 중요한 것은 (　　　　　). 겨울철에는 햇볕을 받는 시간이 급격히 적어져서 아침에 일어나고 밤에 잠을 자는 등 생활에서도 변화가 생긴다. 그리고 이는 감정을 조절하는 호르몬에도 영향을 준다.

① 매일 잘 자는 것이다
✔ 햇볕을 잘 받는 것이다
③ 감정 변화와 호르몬의 관계이다
④ 자는 시간과 일어나는 시간이다

> 해설

해지는 시간이 앞당겨지면 사람의 감정에도 변화가 있다고 했으며, 이는 겨울철 햇볕을 받는 시간이 급격히 적어져서라고도 했습니다. 계절성 우울증을 예방하는 핵심은 ② '햇볕을 잘 받는 것'입니다.

18 빈칸에 알맞은 말 고르기

> 최근 자신이 좋아하는 동물이나 물건에 '반려'라는 말을 붙이는 사람들이 늘기 시작했다. 남편이나 아내에게 붙이던 단어인 '반려'를 '식물'이나 '가구' 앞에도 붙인다. (　　　　　)에 붙여 사용하는 것이기 때문에 가족이나 친구처럼 소중하다고 느끼게 된다. 물건이 친구가 된 경우로 영화의 한 장면이 떠오른다. 무인도에 갇힌 주인공이 버려진 배구공을 친구로 생각하며 살았는데, 어느 날 배구공이 바닷물에 떠내려가는 것을 보면서 "미안해 친구!" 하며 슬프게 울었던 장면이다.

✔ 생활을 함께하는 것
② 없으면 아쉬워 찾게 되는 것
③ 평생에 기억이 될 만한 누구
④ 외로울 때 친구가 되어 주는 누구

> 해설

남편이나 아내에게 붙이던 단어인 '반려'를 요즘에는 자신이 키우는 식물, 아끼는 물건 등에 붙여 사용합니다. 영화 속 배구공처럼 오랜 시간을 함께 보내어 대상에 대한 소중한 마음이 커졌을 때 사용할 수 있으므로 정답은 ①입니다.

[19-20] 글을 읽고 물음에 답하기

> 우리는 자신과 남들을 비교하며 감사보다는 불평을 하는 경우가 많다. 부동산 가격이 올라 몇 배의 이익을 보았다는 주변의 이야기를 듣고 상대적 박탈감을 느끼는 어른들, 줄 세우기식 교육으로 인해 갈수록 자존감을 잃어 가는 자녀들의 삶이 그 예이다. (　　　) 우리에게는 돌아갈 집과 따뜻한 가족이 있고 성적보다 더 중요한 친구들이

있다는 것을 기억했으면 한다. 그리고 상대방이 소유한 것에 대해 부러워하기보다는 자신이 갖고 있는 것에 만족할 때 감사하는 삶을 살 수 있음을 잊지 말아야 한다.

19 빈칸에 알맞은 말 고르기

① 그러면   ② 그리고
③ 오히려   ✓ 그러나

해설

빈칸 앞에는 비교로 인해 상대적 박탈감을 느끼는 어른들과 친구와의 성적 비교로 자존감을 잃어 가는 자녀에 대한 예가 있고 빈칸 뒤에는 돌아갈 집과 따뜻한 가족, 친구들이 있다는 것을 기억했으면 한다는 내용이 있습니다. 빈칸을 전후로 상반되는 내용이 있으니 빈칸에는 대조를 나타내는 접속 부사인 '그러나'가 필요합니다. 따라서 정답은 ④입니다.

20 주제/중심 내용 고르기

① 우리는 자존감을 가지고 살아야 한다.
② 자존감은 상대적 박탈감을 느끼게 한다.
✓ 만족함을 알 때 감사하는 삶을 살 수 있다.
④ 가족과 친구로 인해 불편을 이겨 낼 수 있다.

해설

우리에게 따뜻한 가족과 친구가 있고 상대방이 소유한 것을 부러워하기보다는 자신이 갖고 있는 것에 만족할 때 감사하는 삶을 살 수 있음을 잊지 말라고 했습니다. 따라서 정답은 ③입니다.

[21-22] 글을 읽고 물음에 답하기

노화는 질병이나 사고와 관계없이 시간의 흐름에 따라 신체 구조와 기능이 약해지는 것을 말한다. 이런 노화의 진행은 몸으로 느끼게 되는 것보다 일찍 시작되는데 30대쯤에는 근육의 양이 소실되기 시작하고 40세 전후로는 뇌의 부피가 10년마다 5% 정도씩 줄어든다. 하지만 신체 기관들 중에는 재생 능력이 뛰어나 젊음을 오래 유지하는 장기도 있다. 그중 (   ) 간은 스스로 기능을 되살리고 재생하는 능력이 뛰어나다. 수술로 부득이하게 간을 떼어 낸 경우에도 보통 반년 이내에 부피와 기능이 회복된다.

21 빈칸에 알맞은 말 고르기

① 손에 잡히는
✓ 손에 꼽히는
③ 눈에 걸리는
④ 눈에 밟히는

해설

빈칸 앞에 신체 기관들 중 재생 능력이 뛰어난 장기가 있다고 하였고 빈칸 뒤에는 그들 중 '간'의 능력이 뛰어나다고 하였습니다. 그

러므로 빈칸에는 능력이 뛰어난 순위 안에 든다는 '손에 꼽히다'가 들어가야 해서 정답은 ②입니다. '손에 잡히다'는 일할 마음이 생긴다는 것을 뜻하고 '눈에 걸리다'는 보기에 좋지 않아 마음이 쓰인다는 뜻입니다. '눈에 밟히다'는 잊히지 않고 자꾸 눈에 떠오른다는 뜻이므로 정답으로 알맞지 않습니다.

22 일치하는 내용 고르기

해설

① 뇌는 30대부터 작아진다.
  ➜ 뇌는 40세 전후로 부피가 줄어든다고 했습니다.
✓ 간은 떼어 내도 다시 커진다.
③ 신체 노화는 40대 이후 시작된다.
  ➜ 30대쯤에 근육량이 소실되기 시작한다고 했습니다.
④ 노화는 병으로 건강을 잃는 것을 뜻한다.
  ➜ 노화는 질병과 관계없이 시간의 흐름에 따라 신체 구조와 기능이 약해지는 것을 말합니다.

[23-24] 글을 읽고 물음에 답하기

아버지의 사업 실패 때문에 도시에서 시골 학교로 전학을 간 나는 모든 것이 불만스러웠다. 학교에 가기 싫어 아프다고 거짓말을 하기 일쑤였고, 학교에 가도 그 누구와 한마디도 하지 않았다. 반 친구들은 항상 나를 보며 인사했지만 나는 쳐다보지도 않고 무시했다. 학교 소풍날이었다. 소풍인지도 몰랐던 나는 선생님의 손에 이끌려 작은 개울이 흐르는 동산을 올라갔다. 점심시간이 되자 친구들은 모두 도시락이며 간식을 꺼내기 시작했으나 나는 아무것도 꺼낼 것이 없었다. 작은 돌을 개울물에 던지며 혼자 앉아 있던 내게 한 친구가 빵을 하나 주었다. 그리고 잠시 후에 다른 친구가 우유를 슬며시 내려놓았다. 반 친구들이 모두 돌아가면서 내게 와서 먹을거리를 하나씩 주더니 잠시 후에 내 옆으로 한두 명씩 앉기 시작했다. 그러고는 아무 말 없이 김밥이며 과자를 먹는 거였다. 친구들이 준 것들을 주섬주섬 꺼내 먹었는데 여느 때보다도 더 맛있었다. 그렇게 내게는 그 무엇과도 바꿀 수 없는 친구들이 생기게 되었다.

23 인물의 태도/심정 고르기

✓ 고맙다   ② 미안하다
③ 초조하다   ④ 편안하다

해설

아버지의 사업 실패로 시골 학교로 전학 온 나는 학교생활에 적응하지 못하며 친구들과도 친하게 지내지 못했습니다. 선생님의 손에 이끌려 억지로 가게 된 소풍날, 아무런 음식도 준비하지 못한 '나'에게 친구들은 자기들이 싸 온 것들을 나누어 주고 곁에 앉아 함께해 주었습니다. 외로웠던 '나'에게 친구들의 따뜻한 마음이 힘이 되고 위로가 되었을 것입니다. 따라서 정답은 ①입니다.

24 일치하는 내용 고르기

해설

① 나는 소풍 간 곳에서 아무것도 먹지 않았다.
　➡ 친구들이 간식을 나누어 주어 먹었다고 했습니다.

② 나는 전학 간 학교에서 친구들을 쉽게 사귈 수 있었다.
　➡ 학교에 가도 그 누구와 한마디도 하지 않았다고 했습니다.

③ 나는 도시 학교에서 문제가 생겨 시골 학교로 가게 되었다.
　➡ 아버지의 사업 실패로 도시에서 시골로 전학을 가게 되었다고 했습니다.

☑ 나는 소풍을 가고 싶지 않았지만 선생님 때문에 가게 되었다.

25 중심 내용 고르기

> '파 송송 계란 탁'은 사치? 라면만 먹기도 비싸다 …
> 전 세계 밥상 물가 난리

① 즉석식품의 가격 상승은 물가에도 영향을 미쳤다.
② 식료품 물가가 오르면서 식당에서 파는 음식의 값도 올랐다.
☑ 식료품 물가가 전 세계적으로 올라 가정 경제에도 영향을 주고 있다.
④ 전 세계적으로 영양가 있는 즉석식품을 개발하기 위해 노력하고 있다.

해설

전 세계적으로 식료품 물가가 올라서 밥상 물가, 즉 가정 경제에도 영향을 주고 있다는 것입니다. '파 송송'은 파를 잘게 써는 모양, '계란 탁'은 계란을 깰 때 나는 소리입니다. 비싼 물가로 인해 라면을 끓일 때 파나 계란을 넣는 것을 망설이게 되는 상황임을 말해 주고 있습니다. 따라서 정답은 ③입니다.

26 중심 내용 고르기

> 서울도 때 이른 한파 … 난방 공백에 '오들오들'

① 서울의 아침 기온이 내려가서 추위를 겪는 시민들이 많았다.
② 서울의 기온이 갑자기 떨어져서 난방 업체를 찾는 시민들이 많아졌다.
☑ 기온이 예년보다 빨리 떨어진 탓에 난방 준비를 못 한 시민들이 추위에 떨었다.
④ 서울에 이른 추위가 시작되었으므로 서울시는 난방 시설을 빨리 점검해야 한다.

해설

'한파'는 겨울철 기온이 갑자기 내려가는 현상을, '공백'은 아무것도 없는 빈 곳, 사이를 의미하며 '오들오들'은 심하게 떠는 모습을 표현한 것입니다. ③에서 '예년'은 보통의 해, 보통의 때를 의미하므로 주어진 문장을 뜻을 가장 잘 담고 있는 것은 ③입니다.

27 중심 내용 고르기

> 편의점에서 장 보는 시대 …
> 조미료 매출도 27% '껑충'

① 조미료를 시장이 아닌 편의점에서 사는 사람들이 많아질 것으로 전망한다.
☑ 시장 대신 편의점을 이용하는 사람이 많아지면서 조미료 판매액도 늘었다.
③ 편의점에서 고추장, 된장 등을 사는 사람들이 많아져 조미료 판매율이 올랐다.
④ 조미료를 파는 편의점이 많아지면서 편의점이 시장의 역할을 대신하게 되었다.

해설

시장에서 살 것들을 편의점에서 사는 사람이 많아지면서 조미료가 판매율도 올랐음을 나타내고 있습니다. '껑충'은 위로 올라 뛰는 모양을 나타냅니다. 따라서 정답은 ②입니다.

28 빈칸에 알맞은 말 고르기

> (　　　　　　　　　　　　　) 주요인
> 이라는 연구 결과가 나왔다. 연구 팀이 수많은 사람들을 감염시킨 가장 큰 규모의 전염병과 적은 수의 사람에게만 전파된 전염병의 원인을 찾기 위해 연구한 결과, 큰 규모의 전염병이 발생된 가장 직접적인 원인은 수질 오염임이 밝혀졌다. 수질 오염 외에도 하수 관리 부족, 이상 기후 또한 발생 원인인 것으로 드러났다. 반면에 소규모 전염병은 식품 오염, 사람과 동물의 접촉 등과 관련이 있었다.

① 과학의 발전이 다양한 전염병이 생기게 된
☑ 오염된 물이 대규모의 전염병을 발생시키는
③ 이상 기후 등이 전염병의 확산에 영향을 주는
④ 인구 증가가 수질 오염을 더욱 심각해지게 한

해설

연구팀은 수질 오염이 큰 규모의 전염병 발생을 일으킨 직접적인 원인임을 밝혀냈다고 했습니다. 따라서 정답은 ②입니다.

29 빈칸에 알맞은 말 고르기

> 자동차 세상에는 '흑백', 무채색이 인기를 끈다. 흰색, 검은색, 회색 등이 인기를 끄는 이유는 '무난한 매력' 때문이라고 분석한다. 자동차는 구입하면 보통 오래 타기 때문에 개성이 느껴지는 화려한 색보다 쉽게 싫증이 안 나는 무채색을 선택하는 경향이 있다. 중고로 팔려고 할 때도 무채색이 인기가 좋다. 그러나 (
>) 차들도 있다. 그것은 바로 경차다. 작고 귀여운 느낌을 더욱 강조하기 위해 무채색이 아닌 유채색을 선택하는

소비자들이 많다. 중고차 시장에서도 경차는 색상에 열려 있는 편이다.

① 디자인에 영향을 받는
✓ 색상에 제한을 안 받는
③ 가격에 영향을 주지 않는
④ 개성에 민감하게 반응하는

해설

자동차는 보통 무난한 무채색이 인기가 있으나 경차는 작고 귀여운 느낌을 강조하기 위해 무채색이 아닌 유채색을 선택하는 소비자들이 많으며 중고차를 구입할 때도 경차를 구입하는 사람들은 색상에 열려 있다고 했습니다. 결국 경차는 색에 대한 제한을 받지 않는다는 의미입니다. 따라서 정답은 ②입니다.

30 빈칸에 알맞은 말 고르기

겨울철 영양 간식 중 하나인 귤은 관리하기가 쉽지 않은 과일로 주의가 필요하다. 귤을 신선하게 보관하려면 어떻게 해야 할까? 먼저 귤은 실온에 보관하는 것이 좋다. 냉장고는 공기가 통하지 않아서 신맛이 날 수 있기 때문이다. 저장 온도는 3~4도를 유지해야 하는데 이때 1도 이하에서는 냉해를 입기 쉬우니 주의해야 한다. 귤끼리 서로 붙어 있으면 그때 부딪쳐 생기는 수분으로 인해 쉽게 상하므로 상자에 (   ) 안 된다. 귤이 서로 붙지 않게 종이로 낱개 포장을 해서 쌓아 놓는 것이 좋다.

① 넣고 따뜻한 곳에 보관하는 것도
② 넣은 후 냉장고에 보관하는 것도
③ 넣고 공기가 통하지 않게 보관하는 것도
✓ 여러 개의 귤을 한꺼번에 담아 놓는 것도

해설

귤은 서로 붙어 있으면 그때 생기는 수분으로 인해 쉽게 상한다고 하였고 귤이 서로 붙지 않게 종이로 낱개 포장을 해 놓는 것이 좋다고 했습니다. 따라서 '여러 개의 귤을 한꺼번에 담아 놓는 것이 안 된다'는 내용이 되어야 하므로 답은 ④입니다.

31 빈칸에 알맞은 말 고르기

자전거 타기는 건강에 매우 좋은 운동이다. 유산소 운동과 근력 운동이 될 뿐 아니라 햇볕을 쬐며 자연 경관을 보다 보면 정신 건강에도 도움이 된다. 특히 자전거를 탈 때 전신 근육을 모두 사용할 수 있어서 근력 운동에 효과적이다. 그러나 전신 근육에 영향을 줄 수 있다는 것은 다

시 말하면 (   ) 는 뜻이기도 하다. 그러므로 운동 효과를 높이기 위해서 올바른 자세로 안전하게 자전거를 타는 방법을 알아 두어야 한다.

① 무릎 관절에 큰 무리를 주지 않는다
② 제대로 된 자세로 운동한다면 부작용이 적다
✓ 잘못된 자세일 때 여러 근육에 무리를 줄 수 있다
④ 전신 근육을 모두 사용할 정도로 근력 운동에 도움이 된다

해설

빈칸이 속한 문장의 앞에는 자전거가 전신 운동이기에 근력 운동에 좋다는 등의 장점이 설명되어 있습니다. 그런데 빈칸이 속한 문장의 첫 번째 단어가 바로 '그러나'입니다. 장점 뒤에 '그러나'가 나오면 앞에서 언급한 자전거 타기의 좋은 점에 반대되는 내용이 나올 것임을 알 수 있습니다. 또한 빈칸이 속한 문장의 다음 문장에서는 올바른 자세로 자전거를 타라고 조언하고 있습니다. 결국 빈칸에는 자세가 올바르지 않을 때 무언가 부정적인 결과가 뒤따를 수 있다는 내용이 들어가야 하므로 정답은 ③입니다.

32 일치하는 내용 고르기

부모와 아이가 따로 시간을 보냈던 가정 내 여가 문화가 가족 모두가 같이 즐기는 가족 중심의 놀이 문화로 변화하고 있다. 이에 따라 일을 많이 하기보다 가정에서 즐거움과 여유를 찾으려는 추세가 두드러지고 있다. 이러한 변화를 이끈 것은 주 52시간 근무제 시행과 기업 문화의 변화이다. 회사에서 오랜 시간을 보내는 것이 중요했던 과거의 조직 문화가 개인의 생활을 중시하는 모습으로 탈바꿈하면서 가정에서의 시간과 가족 관계가 중요해진 것이다.

해설

✓ 회사 내 조직 문화의 변화가 개인의 생활에도 영향을 주었다.
② 자녀들과 취미 생활을 공유하는 부모가 점점 증가하고 있다.
　➡ 자녀가 있는 가정의 여가 문화가 가족 중심으로 바뀌고 있다고 했습니다.
③ 가족 중심이던 가치관이 개인 중심으로 조금씩 변화하고 있다.
　➡ 가족이 따로 시간을 보냈던 여가 문화가 같이 즐기는 가족 중심으로 변하고 있다고 했습니다.
④ 부모와 아이가 함께 즐기기 위한 놀이를 찾는 사람들이 많지 않다.
　➡ 가족 모두가 같이 즐기는 가족 중심의 놀이 문화로 변하고 가정에서 여유를 찾으려는 추세가 두드러지고 있다고 했습니다.

33 일치하는 내용 고르기

> 점심 식사 후 습관적으로 하는 행동 중 주의해야 하는 것이 몇 가지 있다. 직장인들은 식후 잠시 책상에 엎드려 낮잠을 자는 경우가 많은데 이 자세는 목뼈를 포함한 척추에 좋지 않고 소화에 방해가 되기도 한다. 누워서 잘 수 없다면 똑바로 앉아 의자에 기대어 자는 것이 좋다. 또한 식사 후 흡연도 좋지 않은 습관이다. 담배 속 니코틴 성분은 소화에 필요한 위액의 균형을 깨뜨리기 때문에 소화 불량을 유발할 수 있다. 그리고 커피에 들어간 **카페인은 철분 흡수를 방해하므로** 식사 후에 커피를 마시는 것은 피하는 것이 좋다.

해설

① 식사 후 졸릴 때는 잠깐 엎드려 자는 것이 좋다.
  ➡ 책상에 엎드려 자는 자세는 목과 척추에 좋지 않고 소화를 방해하기도 한다고 했습니다.

☑ 카페인 성분은 철분 흡수에 도움이 되지 않는다.

③ 담배 속 니코틴은 소화를 방해하는 위액을 만든다.
  ➡ 담배 속 니코틴 성분은 소화에 필요한 위액의 균형을 깨뜨리기 때문에 소화 불량을 유발할 수 있다고 했습니다.

④ 식후에 마시는 커피는 위액을 생산해 소화를 돕는다.
  ➡ 커피에 함유된 카페인은 철분 흡수를 방해하므로 식사 직후에 커피를 마시는 것은 피하는 것이 좋다고 했습니다.

34 일치하는 내용 고르기

> 경찰이 각종 **경찰차의 번호판** 앞 숫자에 '998'과 '999'를 적용한 **긴급 자동차 전용 특수번호판을 도입할 계획**이다. 이에 112 경찰차, 교통 경찰차 등 6천여 대의 번호판이 교체될 예정이다. 지금까지는 주차장이나 아파트에서 기계 차단기에 경찰 차량이 인식되지 않아 출동 시간이 지연되는 경우가 많았다. 그러나 전용 번호판 도입으로 사고 현장에 보다 빨리 출동할 수 있을 것을 기대하고 있다. 또한 법 개정으로 특수 번호판을 달고 있으면 무인 주차장에서 주차비를 내야 할 필요도 없어진다. 정부는 경찰차에 이어 소방차, 구급차 등 긴급 자동차에도 전용 번호판을 적용해 나갈 계획이다.

해설

① 정부는 일반 차에도 전용 특수 번호판을 도입할 예정이다.
  ➡ 각종 경찰차에 긴급 자동차 전용 특수 번호판을 도입할 계획이라고 했습니다.

② 경찰차의 주차비는 일반 차와 동일한 기준으로 내게 될 것이다.
  ➡ 특수 번호판을 달고 있으면 무인 주차장에서 주차비를 내야 할 필요도 없어진다고 했습니다.

☑ 긴급한 사건에 쓰이는 경찰차들의 번호판에 전용 번호를 넣을 예정이다.

④ 소방차, 구급차에는 일반 차와 구분할 수 있는 전용 번호판을 사용하고 있다.
  ➡ 소방차, 구급차 등 소방청에서 운영되고 있는 긴급 자동차에도 전용 번호판을 적용해 나갈 '계획'이라고 했으므로 아직 사용 전입니다.

35 주제/중심 내용 고르기

> 돈이 없어서 힘들었던 경험을 해 보지 않고서는 **돈의 가치를 깨닫기 어렵다.** 따라서 자녀를 양육할 때 돈을 넉넉하게 주면 자녀가 돈의 가치를 깨달을 기회를 놓칠 수 있다. 제한된 돈을 잘 쓰게 하기 위해서는 **필요와 욕구의 차이를 이해시켜야 한다.** 필요가 '반드시 있어야 하는 것'이라면 욕구는 '있었으면 하는 것'으로, 이 차이를 이해하게 되면 합리적인 지출을 하게 된다. **검소하게 살 줄 아는 것**이 언젠가 겪게 될 인생의 고난기에 도움이 되는 '**돈 쓰기 기술**'이다

① 부모는 자녀에게 저축하는 법을 가르쳐야 한다.

☑ 부모는 자녀가 돈을 마음대로 쓰게 해서는 안 된다.

③ 자녀는 스스로 검소하게 살아갈 방법을 깨달아야 한다.

④ 자녀가 원하는 것이라면 무엇이든 주는 것이 부모이다.

해설

필자는 자녀를 양육할 때 돈을 넉넉하게 주면 자녀가 돈의 가치를 깨달을 기회를 놓칠 수 있다고 하였고, 검소하게 살 줄 아는 것이 언젠가 겪게 될 인생의 고난기에 도움이 되는 '돈 쓰기 기술'이라고 했습니다. 그렇기 때문에 이 글의 주제는 ②입니다.

36 주제/중심 내용 고르기

> 최근 한국어에 관심이 높아지고 있어 해외에 한글 학교나 한국어를 가르치는 초·중등학교도 점점 늘고 있다. 한국어 수요가 많아지고 있는 이때, 한류에만 의존하는 것이 아니라 **정부 차원에서 한국어 교육을 적극적으로 지원해야 한다**는 지적이 나오고 있다. 많은 사람이 쉽게 한국어를 학습할 수 있도록 시스템을 개발하고 한국어 교육을 전체적으로 이끌어 갈 책임 부서도 필요하다는 것이다. 한류와 함께 세계로 나가고 있는 한국어, 당장의 대책이 아닌 장기적인 **안목으로 계획을 세워야** 할 때이다.

① 한국어를 배우고자 하는 외국인은 아직 성인에만 한정되어 있다.

② 한류에만 의존하던 한국어 교육은 앞으로 사라질 것으로 전망된다.

③ 한국어 수요를 늘리기 위해 해외에 한국어 교육 기관을 늘려야 한다.

☑ 한국어 교육의 발전을 위한 정부의 장기적이고 구체적인 전략이 필요하다.

글의 주제는 보통 첫 문장이나 마지막 문장에 나타날 때가 많습니다. 마지막 문장에서 필자는 한국어가 한류와 함께 세계로 뻗어 나가고 있으며, 당장의 대책이 아닌 장기적인 안목으로 찬찬히 계획을 세워야 할 때라고 했습니다. 따라서 이 글의 주제는 ④입니다.

37 주제/중심 내용 고르기

> 요사이 국적을 알 수 없는 외국어 이름의 아파트가 많아졌다. 영어는 기본이고 프랑스어에 심지어 라틴어까지 붙이며 외국인조차 이해 불가한 이름이 쏟아져 나온다. 이런 현상은 아파트 이름이 한글로만 된 것보다 외국어가 섞인 것이 고급스럽고 아파트값도 더 비싸다는 인식 때문에 생긴 것이다. 아파트의 가치와 경쟁력을 높이기 위해서 부르기도 힘든 외국어를 사용하기보다는 아파트에 사는 사람들의 행복을 기원하는 의미가 담긴, 그리고 부르기도 좋은 우리말로 아파트의 이름을 지으면 어떨까? 장미, 무지개 등의 순우리말 아파트 이름이 더 많이 생겨나길 기대해 본다.

① 아파트 이름을 어렵게 만들어 집값을 올려야 한다.
② 고급 아파트의 이름은 외국어로 지어야 그 가치가 인정된다.
③ 국제화에 맞춰 아파트 이름도 다양한 외국어로 지을 필요가 있다.
④ 아파트 이름에 외국어를 사용하면 무조건 좋다는 생각을 지양해야 한다.

필자는 외국어 이름의 아파트가 많은 것은 한글로 지은 아파트 이름보다 외국어가 섞인 이름이 더 고급스럽고 그런 아파트값이 더 비싸다는 인식 때문이라고 했습니다. 아파트의 가치와 경쟁력을 높이기 위해서 부르기도 힘든 외국어를 사용하기보다는 아파트에 사는 사람들의 행복을 기원하는 의미가 담긴, 그리고 부르기도 좋은 우리말로 아파트의 이름을 지으면 어떻겠냐고 말합니다. 따라서 이 글의 주제는 ④입니다.

38 주제/중심 내용 고르기

> 아이들에게 놀이는 삶 그 자체다. 아이들이 잘 놀지 못한다는 것은 몸과 마음이 병들어 있음을 나타낸다. 이렇게 아이들에게 중요한 '놀 권리'는 아동 협약에도 나타나 있다. 전문가의 말에 의하면 놀이의 반대말은 '일'이 아닌 '우울'이라고 한다. 잘 놀지 못한 채 자란 아이들은 우울한 어른이 되고, 그들은 커서 우울한 사회를 만들 수 있다. 그러니 더 늦기 전에 아이들의 여러 가지 놀이를 복원하고 아이들이 잘 놀 수 있도록 기운을 북돋아 줘야 한다. 어디에서든 아이들이 놀 수 있는 공간을 마련해 주어야 한다.

① 아이들이 놀 수 있는 공간을 보장해 주어야 한다.
② 아동 협약에 아이들의 놀 권리에 대한 법을 추가해야 한다.
③ 잘 놀지 못해서 몸과 마음이 아픈 아이들을 치료해 줘야 한다.
④ 아이들이 우울한 사회를 만들고 있으므로 이에 대한 해결책을 모색해야 한다.

필자는 아이들에게 있어 놀이가 가지는 중요성을 '놀 권리'나 '놀이의 반대말' 등을 사례로 들어 설명하고 있습니다. 글의 마지막에서 아이들이 놀 수 있는 공간을 마련해 주어야 한다고 했습니다. '보장'은 어떠한 조건을 마련한다는 의미이므로 답은 ①입니다.

39 문장이 들어갈 위치 고르기

> 구체적으로 말하면 컴퓨터에 저장되어 있는 파일이라고 할 수 있다.

> '소 잃고 외양간 고친다'고 사람들은 무엇인가를 잃고 난 후에야 비로소 그 소중함을 깨닫는다. (㉠) 그리고 미리 대비하지 않은 것을 후회한다. (㉡) 그 무엇을 잃어버렸을 때 큰 문제라고 여기는 것은 시대에 따라 다르다. (㉢) 고대 사회에서는 노동력이나 식량, 산업 사회에서는 기계, 지식 정보화 사회에서는 바로 정보일 것이다. (㉣)

① ㉠   ② ㉡   ③ ㉢   ④ ㉣

글 안의 접속 부사(그리고, 그러나, 그래서 등)나 종결 표현, 반복되는 단어를 보고 전후 내용을 추측하는 문제입니다. 먼저 주어진 문장의 내용에서 '구체적으로 말하면 컴퓨터 저장 파일'이라고 했으니 이것과 연결될 수 있는 것을 찾아야 합니다. '컴퓨터에 저장되어 있는 파일'은 이 글에서 '지식 정보화 사회의 정보'를 가리키는 것입니다. 따라서 '지식, 정보화 사회'를 포함한 문장과 연결되면 자연스럽습니다. 따라서 정답은 ④입니다.

40 문장이 들어갈 위치 고르기

> 이와 같이 우리 인류의 역사는 인류가 도구를 개발하면, 이 도구가 다시 인류를 변화시켜 놓는 사건의 반복이라고 해도 지나친 말은 아닐 것이다.

> 20세기 초반에 일어난 자동차 혁명은 사람들의 생활을 이전과는 완벽히 차별화되도록 바꾸어 놓았다. (㉠) 사람들이 자동차를 소유하게 되면서 장거리 출퇴근이 가능해지게 되었고 이로 인해 많은 사람들이 공기 좋고 쾌적한 교외로 이사하기 시작했다. (㉡) 사람이 자동차를

개발했지만 자동차가 다시 사람들의 생활을 변화시켜 놓은 것이다. (ⓒ) 20세기 후반, 인터넷이 야기한 디지털 혁명도 우리가 만든 디지털 도구들이 우리의 생활을 바꿔 놓은 대표적인 예이다. (ⓔ)

① ⓐ   ② ⓑ   ☑ⓒ   ④ ⓔ

해설

주어진 문장의 '이와 같이'에 주의를 기울여야 합니다. 주어진 문장에서 '이와 같이 인류 역사가 도구를 개발하면 그 도구가 인류를 변화시켜 놓는다'라고 했습니다. 무엇인가가 개발이 되고, 개발된 것이 우리 삶을 변화시킨다는 내용을 찾으면 됩니다. ⓒ 앞의 문장에서 사람이 자동차를 개발하고 자동차가 사람들의 생활을 바꾸었다고 했는데, 주어진 문장과 구조가 비슷합니다. 또 ⓒ 뒤의 문장에서는 '디지털 혁명도'라고 추가 사례를 말하고 있으므로 주어진 문장은 그 앞에 오는 것이 자연스럽기에 정답은 ③입니다.

41 문장이 들어갈 위치 고르기

그러나 그리 말하기는 쉽지만 실제로 그러한 상황에 직면했을 때 사익을 버리고 과감히 조직을 위한 선택을 할 수 있는 사람은 많지 않다.

조직이나 단체를 이끌어 가는 지도자, 리더에게 요구하는 조건에는 무엇이 있을까? 우선 리더가 갖추어야 할 가장 기본적인 조건은 '자신만의 철학'이라고 생각한다. (ⓐ) 그중에서도 조직의 공적인 이익과 개인의 사사로운 이익이 서로 대치될 때 개인의 이익을 접고 조직의 이익을 우선시할 수 있는 사람이 한 조직의 리더가 될 자격이 있다. (ⓑ) 이러한 리더의 자격은 조직의 규모가 작든 크든 마찬가지다. (ⓒ) 진정한 리더가, 지도자가 돋보이는 것도 그러한 이유 때문일 것이다. (ⓔ)

① ⓐ   ② ⓑ   ☑ⓒ   ④ ⓔ

해설

조직의 리더에 대한 자격 요건을 쓴 글입니다. 주어진 문장에서 '그러나 사익을 버리고 조직을 위한 선택을 하는 사람은 많지 않다.'고 했습니다. 그러므로 주어진 문장 앞에는 사익을 버리고 조직을 위한 선택을 하는 리더에 대한 내용이 나와야 하므로 ⓑ과 ⓒ이 답이 될 수 있습니다. 그런데 ⓑ의 앞과 뒤의 문장에는 모두 '리더의 자격'이 언급되므로 이 두 문장은 바로 이어지는 것이 자연스럽습니다. 따라서 주어진 문장은 ⓒ에 들어가는 것이 적절하므로 정답은 ③입니다.

[42-43] 글을 읽고 물음에 답하기

강남역 한복판에서 항상 한 자리를 지키며 껌을 파는 할머니 한 분이 계신다. 매일 출퇴근길에 그 앞을 지나갈 때면 "껌 하나 사 가!"라는 할머니의 목소리가 들리지만 나는 마음속으로 '지금은 바쁘니까'라거나, '지금 현금이 없으니까'라는 여러 핑곗거리를 대면서 할머니 말을 무시하고 지나쳤다.

오늘 그곳을 지나칠 때였다. 할머니 옆에 쭈그리고 앉아 웃으며 이야기하는 한 여학생이 보였다. 그 여학생은 가방에서 음료수를 하나 꺼내 할머니께 드렸고, 할머니의 다리며 팔을 주물러 드리기도 했다. 할머니의 손녀딸인가 잠시 생각했으나 "할머니, 너무 추우면 나오지 마세요."라는 여학생의 말을 듣고 가족이 아니라는 걸 알 수 있었다. 할머니는 "집에 혼자 있으면 더 추워. 나는 이렇게 사람 구경하는 게 제일 재미있어."라고 말씀하셨다. 추운 겨울이라서 그런가? 그 대화를 듣는 순간 주머니에 찔러 넣은 내 손이 유독 차갑게 느껴졌고, 손끝에 걸리적거리는 지폐 몇 장은 또 얼마나 날카로웠는지 모른다.

42 인물의 태도/심정 고르기

☑부끄럽다   ② 서운하다
③ 안타깝다   ④ 지루하다

해설

이 글 속의 '나'는 길에서 껌을 파는 할머니를 보고 늘 무시하며 지나쳤습니다. 그러던 어느 날, 한 여학생이 할머니께 따뜻함과 친절함을 베푸는 것을 보고 그 장면을 자세하게 묘사하고 있습니다. 이어지는 내용에서 주머니에 넣은 손이 '유독 차갑게 느껴졌다'고 했으며 '지폐 몇 장이 날카롭게 느껴졌다'고 한 것을 보니 할머니를 무시하고 껌을 사지 않았던 자신의 행동에 대해 부끄러움을 느끼고 있음을 추측할 수 있습니다. 따라서 정답은 ①입니다.

43 일치하는 내용 고르기

① 할머니와 여학생은 가족 관계이다.
→ 여학생의 말을 듣고 가족이 아니라는 걸 알 수 있었다고 했습니다.

☑할머니는 길에서 사람들에게 껌을 팔고 있다.

③ 여학생은 껌을 사고 돈 대신 음료수를 드렸다.
→ 여학생은 가방에서 음료수를 하나 꺼내 할머니께 드리고 팔을 주물러 드리기도 했다고 했습니다. 껌을 샀다는 내용은 없습니다.

④ 나는 항상 현금이 없어서 할머니를 도와드리지 못했다.
→ 현금이 없다는 핑곗거리를 만들었다는 것은 도와줄 마음이 없었다는 뜻입니다.

[44-45] 글을 읽고 물음에 답하기

인류는 오랫동안 물질적 풍요와 생활의 편리를 끊임없이 좇으며 살아왔다. 특히 20세기의 과학 기술은 보편적이고 절대적인 인류의 욕구를 충족시키기 위한 물질문명의 발달에만 초점을 맞추고 발전해 왔다. 그러므로 과학 기술자는 물질문명의 발달에 공헌한 바도 크지만 그에 못지않게 (   )고 할 수 있다. 그러나 탄소 배출의 심각성, 지구 온난화 문제 등 환경 오염의 구체적인 실상들을 찾아낸 사람도, 이에 대한 합리적인 해결 방안을 제시할 수 있는 사람도 과학 기술자다. 만약 현대 과학이 그동안 이룩해 놓은 연구 개발 능력을 쾌적한 환경을 만드는 것에 집중한다면 환경 문제의 해결은 결코 불가능하지 않을 것이다.

44 빈칸에 알맞은 말 고르기

① 인류 생존의 문제를 악화시키고 있다
☑ 환경 오염 문제를 일으킨 책임도 있다
③ 과학 선진국으로서의 자리를 잡게 하였다
④ 전 세계적으로 추구해야 할 목표를 만들었다

해설

'과학 기술자가 물질문명의 발달에 공헌한 바도 크지만' 뒤에 올 문장을 찾아야 합니다. '–지만'이라고 하였으니 앞의 내용인 '공헌한 바'에 반대되는 과학 기술의 문제점이 나와야 합니다. 문제점과 관련된 것은 ①과 ②가 있습니다. 본문에서 인류의 생존에 대한 내용은 나오지 않았으므로 ①은 정답이 될 수 없습니다. 환경 오염의 실상에 대한 합리적인 해결 방안을 제시할 수 있는 사람이 과학 기술자라고 했으므로 빈칸에는 환경 오염을 해결할 책임이 있다는 내용이 나오는 것이 자연스럽습니다. 따라서 정답은 ②입니다.

45 주제/중심 내용 고르기

① 과학 기술의 발달은 풍요와 파괴를 동시에 가져다주었다.
② 이제 인류는 욕구 충족에서 문제 해결의 단계로 나아가야 한다.
③ 과학 기술자는 환경 문제의 실상을 밝혀내는 데 집중해야 한다.
☑ 물질문명을 이루어 낸 과학은 환경 문제에 대한 해결책도 내놓을 수 있다.

해설

필자는 환경 오염의 구체적인 실상들을 찾아낸 사람도, 이에 대한 합리적인 해결 방안을 제시할 수 있는 사람도 과학 기술자라고 했습니다. 그리고 연구 개발 능력을 쾌적한 환경을 만드는 것에 집중한다면 환경 문제의 해결은 결코 불가능하지 않을 것이라고 말하고 있습니다. 따라서 과학이 많은 것을 이루었고, 환경 문제도 야기했으며 이를 해결하는 것도 과학이 해야 한다는 내용의 ④가 정답입니다.

[46-47] 글을 읽고 물음에 답하기

향원정은 경복궁 북쪽의 연못인 향원지 안에 있는 작은 섬 위에 지어진 육각형의 정자다. 이 정자의 이름은 어느 학자의 시에서 '향기가 멀리 간다'는 의미로 사용한 '향원'이라는 단어에서 따 왔다고 한다. 향원정의 건립 연도는 정확하게 알 수 없으나 1887년 기록에 '향원정'이라는 명칭이 처음 등장한 것으로 미루어 그 이전에 건립되었을 것으로 추정된다. 이렇게 건립된 향원정은 왕과 왕비의 휴식처로 사용되었는데, 한국 전쟁 때 그 향원정으로 향하는 다리인 취향교가 파괴되었다가 전쟁 후에 관람자들의 편의를 위해 본래 위치인 향원정 북쪽이 아닌 남쪽에 세워졌던 것이다. 이후 2018년부터 3년 간의 복원을 거쳐 68년 만에 제자리를 되찾았고 이전에 평평한 형태로 복원했던 다리 모양을 본래 모습인 아치형으로 복구했다. 또한 복원 공사중 향원정 내부 바닥 아래에 설치된 원형의 온돌을 발견했는데, 남아 있는 모습을 살려 연기가 빠져나가는 길도 복원했다.

46 필자의 태도 고르기

☑ 향원정 복원까지의 역사를 담담하게 설명하고 있다.
② 향원정이 시민들에게 공개된 것에 매우 감격해하고 있다.
③ 향원정 건립의 중요성을 강조하며 개선된 사항을 강조하고 있다.
④ 향원정이 본래 모습을 잃은 것에 대해 안타까움을 드러내고 있다.

해설

이 글은 향원정 복원에 관한 글입니다. 향원정이 무엇인지, 그 이름의 유래부터 설명합니다. 그리고 전쟁으로 인한 파괴와 복원, 그리고 취향교의 원래 형태와 위치를 살린 최근의 복원까지 향원정 복원 역사를 감정이나 느낌 등의 표현을 쓰지 않으며 설명하고 있습니다. 따라서 정답은 ①입니다.

47 일치하는 내용 고르기

① 향원정은 1887년에 지어졌다고 기록돼 있다.
→ 1887년 기록에 '향원정'이라는 명칭이 처음 등장한 것으로 미루어 그 이전에 건립되었을 것으로 추정된다고 했습니다.
☑ 취향교는 현재 향원정의 북쪽에 위치해 있다.
③ 향원정 바닥에 온돌을 깔고 굴뚝도 새롭게 만들었다.
→ 향원정 내부 바닥은 원형의 온돌을 설치해 바닥을 따뜻하게 했고 남아 있는 모습을 살려 '연기가 빠져나가는 길'도 복원했다고 했습니다.
④ 취향교는 이번에 복원되기 전까지 아치형으로 세워져 있었다.
→ 이전에는 평평한 형태였던 다리 모양을 아치형으로 만들어 본래 모습을 찾았다고 했습니다.

[48-50] 글을 읽고 물음에 답하기

> 갈등이 없는 사회를 '무균실에서 사는 삶과 같다'고 표현한 작가가 있다. 갈등이 없다는 것은 소통이 없다는 말과도 일맥상통하는 것으로 결코 행복한 생활도, 건강한 사회도 아니라는 것이다. 근력을 키우기 위해서는 근육 세포에 스트레스를 주어야 하듯 우리 사회가 성장해 나가기 위해서는 갈등이라는 스트레스 요인을 피할 것이 아니라 적극적으로 대면해야 한다. 결국, 갈등을 관리하는 방법을 탐색하고 그것을 해결해 나가는 경험들의 총합이 곧 사회 발전의 밑바탕이 된다.
>
> 우리가 숙고해야 할 사실은 '(   )'는 것이다. 갈등은 반목과 그로 인한 폭력의 시작일 수도 있고 통합과 화해, 발전의 초석일 수도 있다. 그러므로 '합의의 기술'이 절실히 요구된다. 갈등으로 인해 소요되는 경비를 줄이고 여러 가닥으로 찢기고 상처 입은 사회를 합의의 기술로 잘 봉합해야 우리 사회도 건강하게 유지될 수 있다. 그러나 합의라는 결과만을 강조한 나머지 그 절차를 외면한다면 또 다른 갈등을 야기하게 됨은 불 보듯 뻔하다.
>
> 이제 우리는 기존에 우리가 갖고 있던 합의의 개념을 재정립해야 한다. 갈등을 관리하고 합의를 이루어 내는 일련의 과정들은 모든 이해 당사자들이 공정하고 공평하게 자기 권리를 내세우는 것에서부터 출발해야 한다.

48 필자의 의도/목적 고르기

☑ 올바른 합의와 갈등 관리법을 제안하기 위하여
② 합의를 할 때 중시해야 하는 사항을 알리기 위하여
③ 행복하고 건강한 사회를 위한 필요조건을 논하기 위하여
④ 갈등 요인으로 사회 성장을 이끌어 내는 방법을 설명하기 위하여

해설

글의 목적을 고르는 문제를 풀 때는 글의 처음 부분과 마지막 부분에 주의를 기울여야 합니다. 필자는 첫 문단에서 갈등을 관리하는 방법을 탐색하고 해결해 나가는 것이 사회 발전의 밑바탕이 된다고 하였고, 두 번째 문단에서는 이때 합의의 기술이 요구된다고 했습니다. 그리고 마지막 문단에서는 기존의 합의 개념을 재정립하여 갈등을 관리하고 합의를 잘 이루어 내야 한다고도 했습니다. 결과적으로 이 글의 목적은 올바른 합의와 갈등 관리법을 제안하고자 한 것임을 알 수 있습니다. 따라서 정답은 ①입니다.

49 빈칸에 알맞은 말 고르기

① 진정한 합의가 갈등 자체를 없앨 수 있다
② 갈등을 찬반의 문제로 생각해서는 안 된다
☑ 갈등은 선과 악의 양면을 모두 가지고 있다
④ 갈등 해결을 경제 발전의 도구로 삼아서는 안 된다

해설

빈칸 뒤는 부연 설명에 해당하는 것으로 갈등은 반목과 그로 인한

폭력의 시작일 수도 있고 통합과 화해, 발전의 초석일 수도 있다고 했습니다. 나쁜 점과 좋은 점을 모두 가지고 있다는 내용을 골라야 하므로 정답은 ③입니다.

50 일치하는 내용 고르기

해설

☑ 갈등이 없는 사회가 행복한 사회인 것은 아니다.
② 우리 사회의 성장을 위해서 갈등을 외면해야 한다.
　→ 우리 사회가 성장해 나가기 위해서는 갈등을 적극적으로 대면해야 한다고 했습니다.
③ 합의를 이루기 위해서는 상대를 위한 포기가 필요하다.
　→ 합의를 이루어 내는 과정들은 모든 이해 당사자들이 공평하게 자기 권리를 내세우는 것에서부터 출발해야 한다고 했습니다.
④ 합의라는 선한 결과를 위해 절차가 다소 무시될 수 있다.
　→ 합의라는 결과만을 강조한 나머지 그 절차를 외면한다면 또 다른 갈등을 야기하게 됨은 불 보듯 뻔하다고 했습니다.

제3회 한국어능력시험

정답 및 해설

Answer and commentary

TOPIK Ⅱ

1교시 | **듣기, 쓰기**
(Listening, Writing)

1	2	3	4	5	6	7	8	9	10
④	②	②	③	③	①	④	①	③	②
11	**12**	**13**	**14**	**15**	**16**	**17**	**18**	**19**	**20**
①	①	③	③	④	②	①	②	③	④
21	**22**	**23**	**24**	**25**	**26**	**27**	**28**	**29**	**30**
①	①	③	①	①	④	①	③	④	④
31	**32**	**33**	**34**	**35**	**36**	**37**	**38**	**39**	**40**
③	②	①	③	③	④	②	④	②	④
41	**42**	**43**	**44**	**45**	**46**	**47**	**48**	**49**	**50**
①	①	④	②	②	④	④	①	①	②

1 일치하는 그림 고르기

남자: 오늘 자전거로 출근하는 거예요?
여자: 네, 회사에 가면서 오랜만에 운동을 하려고요.
남자: 저도 다음에 자전거로 출근해야겠어요.

①  ②

③  ④

해설

"오늘 자전거로 출근해요?"라는 질문에 "네"라는 대답과 함께 운동을 하려고 한다고 했습니다. 남자도 다음에 자전거로 출근을 해야겠다고 합니다. 여자만 자전거로 출근하려고 하는 상황의 그림을 찾으면 되므로 ④가 정답입니다.

2 일치하는 그림 고르기

여자: 한번 드셔 보세요. 뜨거우니까 조심하시고요.
남자: 네, 이 차는 맛이 더 진한 것 같네요.
여자: 신제품인데 손님들이 아주 좋아하세요.

①  ②

③  ④

해설

여자가 손님에게 차를 주며 뜨거우니까 조심하라고 했으며 남자는 맛이 진하다고 말했습니다. 신제품으로 손님들이 많이 찾는다고 한 말을 통해 차를 파는 매장이 그려진 ②와 ④를 대화의 장소로 고를 수 있습니다. 그런데 ④는 포장된 박스를 건네고 있는 모습이므로 ②가 정답입니다.

3 일치하는 도표 고르기

남자: 대부분의 직장인들이 직장 생활을 하면서 스트레스를 받고 있다고 합니다. 스트레스 원인으로는 상사·동료와의 인간관계가 45%, 많은 업무량이 35%, 낮은 연봉이 20%였습니다. 스트레스 해소법으로는 '잠자기'가 가장 많았으며 '술 마시기', '운동하기'가 뒤를 이었습니다.

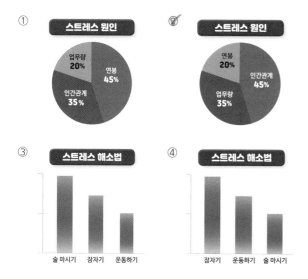

① 스트레스 원인 — 연봉 45%, 인간관계 35%, 업무량 20%
② 스트레스 원인 — 인간관계 45%, 업무량 35%, 연봉 20%
③ 스트레스 해소법 — 술 마시기, 잠자기, 운동하기
④ 스트레스 해소법 — 잠자기, 운동하기, 술 마시기

해설

스트레스의 원인과 해소법에 대한 내용입니다. 스트레스의 원인을 나타낸 그래프는 ①과 ②인데 그 원인으로 인간관계 45%, 업무량 35%, 연봉 20%을 꼽았으므로 이에 해당하는 그래프는 ②입니다. 스트레스 해소법에 해당하는 그래프는 ③과 ④인데 해소법으로 가장 많았던 응답은 잠자기, 술 마시기, 운동하기 순서라고 했으므로 ③과 ④ 모두 아닙니다. 따라서 ②가 정답입니다.

4 이어지는 말 고르기

여자: 지금 표를 살 수 있어요?
남자: 제일 앞자리만 있어요.
여자: _____

① 영화가 재미없나 봐요.
② 표가 왜 그렇게 비싸요?
✓③ 거기는 좀 불편할 것 같아요.
④ 제가 어제 미리 표를 예매했어요.

해설

여자는 극장에서 표가 있는지 물었는데 제일 앞자리만 있다고 합니다. 남자의 말에 대한 대답으로 여자가 그 '자리'가 마음에 든다거나 싫다고 대답하는 내용이 오는 것이 자연스럽습니다. 따라서 ③ '거기는 좀 불편할 것 같아요.' 가 정답입니다.

5 이어지는 말 고르기

남자: 실례합니다. 무슨 일로 오셨어요?
여자: 오늘 영업팀 김 과장님과 회의가 있어서요.
남자: _____

① 그럼 내일 다시 방문해 주십시오.
② 김 과장님과 회의 시간을 잡았습니다.
✓③ 회의실은 3층으로 올라가시면 됩니다.
④ 신분증이 없으면 들어가실 수 없습니다.

해설

여자가 회의가 있어서 어떤 회사에 찾아온 상황입니다. 남자의 가장 자연스러운 대답은 ③ '회의실은 3층으로 올라가시면 됩니다.' 입니다. 오늘 회의하러 온 사람에게 ①처럼 '그럼 내일 다시 오라'고 말하려면, 그 전에 오늘 회의가 불가능한 이유가 나오는 것이 자연스럽습니다. 그리고 ②는 무슨 일로 오셨냐는 남자의 질문에 여자가 답해야 하는 내용입니다. ④은 출입구로 들어가려고 하는데 들어갈 수가 없다는 말을 들은 후에 답할 수 있는 내용입니다.

6 이어지는 말 고르기

여자: 오늘 점심은 어디에서 먹을까요?
남자: 지난번에 갔던 식당은 마음에 들지 않아요.
여자: _____

✓① 네, 서비스가 진짜 별로였어요.
② 그러면 그 식당에 가서 먹어요.
③ 네, 사장님이 친절하고 좋았어요.
④ 배가 아파서 점심을 못 먹겠어요.

해설

여자가 어디에서 점심을 먹을지 물었고 남자는 지난번에 같이 갔던 식당이 마음에 들지 않는다고 답했습니다. 따라서 여자는 그때 식당에서 안 좋았던 기억에 대해서 말하거나 다른 식당에 가자는 말을 해야 자연스럽습니다. 따라서 ① '네, 서비스가 진짜 별로였어요.'가 정답입니다.

7 이어지는 말 고르기

여자: 수미가 발음이 좋고 목소리도 크니까 수미가 발표하면 좋을 것 같아.
남자: 하지만 진호는 이 주제를 더 잘 이해하고 있어.
여자: _____

① 아니야, 발표가 취소되었다고 했어.
② 응, 두 사람이 발표에 신경을 써야 해.
③ 맞아, 발표 내용이 흥미로워서 기대돼.
✓④ 그래, 잘 아는 사람이 발표하는 게 더 좋겠지.

해설

누가 발표를 할지에 대해 남자와 여자가 이야기하고 있는 상황입니다. 여자는 수미의 발음이 좋고 목소리가 커서 수미가 하기를 원합니다. 하지만 남자는 주제를 잘 알고 있는 진호가 하기를 바랍니다. 남자의 말을 들은 다음 여자는 근거를 들어 남자의 의견에 반박하거나 자신의 생각을 바꿔 남자의 의견에 찬성하는 것이 자연스럽습니다. 따라서 ④ '그래, 잘 아는 사람이 발표하는 게 더 좋겠지.'가 정답입니다.

8 이어지는 말 고르기

> 남자: 김 대리, 우리 점심 먹지 말고 일부터 끝내는 건 어때요?
>
> 여자: 죄송합니다. 전 배가 고프면 일에 집중할 수가 없어요.
>
> 남자: _____

☑ 그러면 식사하고 와서 다시 합시다.
② 그렇게까지 오래 걸릴 줄은 몰랐네요.
③ 밥도 안 먹으면서 일하는 건 반대예요.
④ 간단하게 김밥과 음료수를 준비했어요.

해설

남자는 일부터 끝내고 점심을 먹자고 제안합니다. 하지만 여자는 배가 고프면 일에 집중할 수가 없다고 거절했습니다. 이어서 남자가 여자의 의견을 받아들이는 표현이 나오는 게 자연스럽습니다. 따라서 정답은 ① '그러면 식사하고 와서 다시 합시다.'입니다.

9 알맞은 행동 고르기

> 여자: 제주도에 있는 동안 어디에서 묵을지 정했어?
>
> 남자: 인터넷 검색 중인데 어디가 좋을지 잘 모르겠어.
>
> 여자: 내가 아는 게스트 하우스에 방이 있는지 한번 전화해 볼까?
>
> 남자: 그래 줄래? 그럼 인터넷 검색은 그만해야겠다.

해설

인터넷으로 제주도 여행 때 묵을 숙소를 찾고 있는 남자를 위해 여자는 본인이 알고 있는 게스트 하우스에 방이 있는지 전화를 해 보겠다고 했습니다.
① 컴퓨터를 끈다.
　→ 남자는 인터넷 검색을 그만하겠다고 했습니다.
② 인터넷 검색을 마친다.
　→ 남자가 이어서 할 행동입니다.
☑ 게스트 하우스에 전화한다.
④ 제주도에 관한 정보를 찾는다.
　→ 남자는 인터넷으로 제주도 숙소를 검색하고 있었습니다.

10 알맞은 행동 고르기

> 남자: 오늘 퇴근 후에 방을 좀 보고 싶은데 가능할까요?
>
> 여자: 오늘은 안 되고요, 다른 날은 어떠세요?
>
> 남자: 그럼 잠시 일정표를 확인하고 바로 말씀드릴게요.
>
> 여자: 알겠습니다. 연락 주십시오.

해설

남자는 방을 구하고 있어 퇴근 후 방을 보러 갈 수 있느냐 물었고

여자는 다른 날로 잡아 달라고 한 상황입니다. 이에 남자는 일정표를 확인해 보고 바로 이야기를 하겠다고 했습니다.
① 방을 보러 간다.
　→ 여자가 오늘은 안 된다고 했습니다.
☑ 연락을 기다린다.
③ 방문 시간을 알린다.
　→ 약속 날짜가 아직 정해지지 않았습니다.
④ 자기 일정을 확인한다.
　→ 남자가 할 행동입니다.

11 알맞은 행동 고르기

> 여자: 오빠, 간장이 다 떨어졌네. 사 놓은 거 있어?
>
> 남자: 아니, 없는데. 그럼 간장 대신에 소금을 조금 넣는 건 어때?
>
> 여자: 소금이 어디 있더라. 아~ 식탁에 있었지.
>
> 남자: 일단 가져와서 써, 밥 먹고 내가 사러 갈 테니까.

해설

여자가 음식을 만들다가 간장이 없음을 알렸고 남자는 간장 대신에 소금을 넣으라고 합니다. 그리고 여자는 소금이 식탁에 있다고 말하고, 남자는 여자에게 가져와서 쓰라고 합니다.
☑ 소금을 가져온다.
② 요리를 기다린다.
　→ 지금 요리를 하고 있는 상황입니다.
③ 소금을 조금 넣는다.
　→ 아직 소금을 가져오지 않았습니다.
④ 간장을 사러 나간다.
　→ 여자는 간장 대신 소금을 넣으려고 합니다.

12 알맞은 행동 고르기

> 여자: 부장님, 내일 워크숍 준비는 거의 마무리되었습니다.
>
> 남자: 지난번처럼 에어컨에 문제가 생긴다거나 해서는 안 됩니다.
>
> 여자: 네, 그래서 시설물을 모두 꼼꼼히 확인하라고 했습니다. 제가 조금 후에 최종 점검을 하러 갈 예정입니다.
>
> 남자: 네, 알겠어요. 초대한 강사분께도 확인 메일을 보내도록 하세요.

해설

남자는 지난번 워크숍 때 에어컨 문제가 발생했음을 언급하면서 내일 워크숍 준비를 잘하라고 했고 여자는 이에 남자와의 대화가 끝난 후 최종 점검을 하러 갈 것이라고 했습니다.
☑ 워크숍 장소로 간다.
② 시설물 확인을 지시한다.
　→ 시설물 확인은 이미 지시가 끝났습니다.

③ 냉방 시설 수리를 맡긴다.
→ 에어컨 문제는 지난 워크숍 때의 일입니다.
④ 강사한테 이메일을 보낸다.
→ 최종 점검 후 이메일을 보낼 겁니다.

13 일치하는 내용 고르기

> 여자: 오늘 퇴근할 때 차 좀 태워 주세요. 제 차가 아직 수
> 리 중이거든요.
> 남자: 어떡하죠? 오늘 거래처에 들러야 해서 4시에 나가
> 야 해요.
> 여자: 아, 그럼 괜찮아요. 대중교통을 이용하면 돼요.
> 남자: 대신 내일은 제 차로 같이 출퇴근해요. 근처에 사는
> 데, 그 정도는 돕고 살아야죠.

해설
남자는 일 때문에 여자의 부탁을 거절하면서 내일은 같이 출퇴근
하자고 말했습니다.
① 여자는 차를 고쳐야 한다.
→ 이미 수리를 맡긴 상태입니다.
② 남자는 다른 날보다 일찍 출근한다.
→ 남자는 일찍 퇴근합니다.
☑ 여자와 남자는 서로 가까운 곳에 산다.
④ 남자는 대중교통을 자주 이용하고 있다.
→ 남자가 대중교통을 자주 이용하는지 알 수 없습니다.

14 일치하는 내용 고르기

> 여자: 관리 사무소에서 안내 말씀을 드리겠습니다. 아파
> 트 단지 내 주차선이 없는 곳에 차를 주차하는 경우
> 가 많아서 아침 출근 시간에 어려움이 많습니다. 이
> 를 해결하기 위해 오늘 밤 10시부터는 주차선이 없
> 는 곳에 주차 금지판을 세워 놓을 예정이니 주민 여
> 러분들의 협조를 바랍니다.

해설
아파트 관리 사무소에서 주차 금지판을 세워 놓을 예정이라는 안
내 방송을 하고 있습니다.
① 주차선을 그려서 주차 문제를 해결할 것이다.
→ 주차 금지판을 세워서 주차 문제를 해결하겠다고 했습니다.
② 내일 오전부터 아파트 주차장에 주차할 수 없다.
→ 오늘 밤 10시부터 주차선이 없는 곳에 주차 금지판을 세워 놓을
예정이라고 했습니다.
☑ 주차선이 없는 곳에 주차 금지판을 세울 계획이다.
④ 주차장 근처에 차가 많아서 출근 시간에 불편을 겪고 있다.
→ 주차선이 없는 곳에 주차를 해서 출근 시간에 어려움이 많다고
했습니다.

15 일치하는 내용 고르기

> 남자: 오늘 산책하기 좋은 날씨였지요? 그러나 며칠간은
> 밝은 해를 못 볼 것 같습니다. 내일 아침부터 기온이
> 떨어지면서 강한 바람과 함께 눈이 내릴 것으로 보
> 입니다. 출근길 안전 운전하셔야겠습니다. 다가오
> 는 주말 토요일에는 날씨가 갤 것으로 예상됩니다.
> 바깥 활동에 참고하시기 바랍니다.

해설
남자는 일기 예보를 전하고 있습니다. 오늘, 내일, 주말이라는 단
어 뒤에 따라오는 정보에 주의를 기울여야 합니다.
① 앞으로 며칠 동안 날씨가 맑을 것이다.
→ 앞으로 며칠간 밝은 해를 못 볼 것 같다고 했습니다.
② 오늘 바람이 많이 불어 산책하기 힘들었다.
→ 오늘은 산책하기 좋은 날씨였고 내일부터 눈이 내린다고 했습
니다.
③ 주말에 날씨가 안 좋아서 외출하기 좋지 않다.
→ 주말 토요일에 날씨가 갤 것으로 예상된다고 했습니다.
☑ 내일 오전부터 눈이 올 것으로 예상하고 있다.

16 일치하는 내용 고르기

> 남자: 저희 매장을 자주 찾아 주셔서 감사합니다. 서비스
> 개선을 위한 설문 조사를 하고 있는데 부탁 좀 드려
> 도 될까요? 설문에 응해 주시면 상품권을 받으실 수
> 있습니다.
> 여자: 네, 그럴게요. 그런데 지금은 급히 내려가야 해서
> 요. 혹시 온라인으로도 가능할까요? 이따 꼭 하겠습
> 니다.

해설
남자는 회원을 대상으로 서비스 설문 조사를 부탁하였고 여자는
이따가 온라인으로 꼭 하겠다는 대답을 합니다.
① 여자는 이 매장에서 처음 물건을 샀다.
→ 남자가 여자에게 자주 찾아 주셔서 감사하다고 했습니다.
☑ 여자는 온라인으로 설문 조사에 응답하고 싶어 한다.
③ 설문 조사에 답을 하면 제품을 할인받아서 살 수 있다.
→ 설문 조사에 답을 하면 상품권을 받을 수 있습니다.
④ 설문 조사의 목적은 제품에 문제가 있나 확인하려는 데
있다.
→ 설문 조사의 목적은 서비스 개선을 위한 것이라고 했습니다.

17 중심 생각 고르기

> 남자: 주말인데도 회사에서 계속 연락이 오는 거예요?
> 여자: 어제 마무리하지 못한 게 있었거든요. 담당자가 걱
> 정이 되는 모양이에요.

남자: 회사 일은 회사에서 끝내고 주말에는 개인 생활을 존중해야 하지 않을까요?

✓ 주말에는 회사 업무를 하지 않기를 바란다.
② 끝내지 않은 일은 반드시 마무리를 지어야 한다.
③ 개인의 자유를 보장해 주어야 일을 더 잘할 수 있다.
④ 상대방이 어려움을 겪을 때는 도움의 손길을 내밀어야 한다.

해설

남자는 주말인데도 회사 일로 계속 연락을 하고 있는 여자에게 회사 일은 회사에서 끝내고 주말에는 개인 생활을 존중해야 한다고 했습니다. 따라서 중심 생각은 ① '주말에는 회사 업무를 하지 않기를 바란다.'가 정답입니다.

18 중심 생각 고르기

남자: 길고양이에게 먹이를 주면 수가 점점 늘어날 거야.
여자: 그래도 그냥 내버려둘 수는 없잖아.
남자: 길고양이가 늘어나면 그로 인한 문제도 많아질 거라고 생각해. 근본적인 해결 방법이 필요하지 않을까?

① 길고양이들도 보호를 받아야 한다.
✓ 길고양이 수가 증가하는 것은 큰 문제다.
③ 길고양이에게 먹이를 주는 사람이 필요하다.
④ 길고양이에게 먹이를 주는 것은 근본적인 해결 방법이라 할 수 있다.

해설

남자는 길고양이에게 계속 먹이를 주면 점점 그 수가 늘 것이고 그렇게 되면 문제도 많아질 것이라고 걱정하고 있습니다. 따라서 중심 생각은 ② '길고양이 수가 증가하는 것은 큰 문제다.'가 정답입니다.

19 중심 생각 고르기

여자: 무엇을 도와드릴까요?
남자: 주문한 태블릿 PC가 취소되었다는 문자를 받았습니다.
여자: 고객님께 메일로 확인 부탁을 드렸는데 답을 주지 않으셔서 그런 것 같습니다.
남자: 아니, 취소된 것은 문자로 보내시면서 확인 요청은 왜 메일로만 하시는 거예요?

① 잘못 주문한 것은 주문한 사람이 책임을 져야 한다.
② 제품 거래를 할 때는 확인 메일이나 문자에 답을 해야 한다.
✓ 주문 관련 요청 사항이 있으면 문자 메시지로도 보내 줘야 한다.

④ 주문한 제품을 취소할 때는 판매자에게 메일이나 문자로 알려야 한다.

해설

남자는 주문한 물건을 확인 요청하는 내용을 메일로 받았지만 이를 확인하지 못해서 주문한 물건이 취소되었다는 문자를 받았습니다. 그래서 판매자에게 주문 요청 확인은 문자를 주지 않고 메일로만 하는 것은 문제가 있다고 말합니다. 따라서 중심 생각은 ③ '주문 관련 요청 사항이 있으면 문자 메시지로도 보내 줘야 한다.'가 정답입니다.

20 중심 생각 고르기

여자: 아이가 집안일을 도왔을 때 용돈을 주시지 않는다고 들었습니다.
남자: 네, 아이가 당연히 해야 할 일을 한 것이니까요. 성인의 경우 집안일을 한다고 해서 돈을 받지는 않지요. 아이에게 일을 맡기면서 집안일은 어른이 해야 하는 일이 아니라, 우리 가족 모두가 책임을 져야 하는 일이라고 아이에게 알려 줘야 해요. 그렇게 하면 아이는 용돈보다 더 큰 책임감을 갖게 될 거예요.

① 부모가 해야 할 일과 아이가 해야 할 일을 나누어야 한다.
② 아이에게 보상을 해 줌으로써 그 행동을 강화시킬 수 있다.
③ 부모는 아이가 혼자서 일을 처리할 수 있도록 가르쳐야 한다.
✓ 아이 또한 집안의 구성원으로 집안일 중 한 부분을 맡아서 해야 한다.

해설

남자는 아이가 집안일을 돕는 것은 당연히 해야 하는 일이며 아이 또한 가족 구성원으로서 집안일에 대한 책임을 져야 한다고 생각합니다. 따라서 중심 생각은 ④ '아이 또한 집안의 구성원으로 집안일 중 한 부분을 맡아서 해야 한다.'가 정답입니다.

[21-22] 대화 듣고 물음에 답하기

여자: 아까 식당에 CCTV가 있는 걸 봤는데 밥 먹는 것까지 보다니 기분이 별로였어요.
남자: 범죄에 대비하는 것이니 이해해야 하지 않을까요?
여자: 제가 본 신문 기사에서는 CCTV와 범죄율 감소는 관계가 적다고 했어요. CCTV가 많다고 범죄율이 떨어지는 건 아니라는 거죠.
남자: 그렇지만 효과가 있기는 한 거잖아요? CCTV 덕분에 누군가 한 명이라도 안전해질 수 있다면 의미가 있다고 생각해요.

21 중심 생각 고르기

☑ CCTV 설치는 사람들의 안전을 위해 필요한 것이다.
② CCTV 설치가 범죄 예방에 효과가 있는 것은 아니다.
③ 개인의 사생활 보호를 위해서 CCTV 설치는 제한되어야 한다.
④ 개인의 사생활은 여러 사람의 이익을 위해서라면 포기해야 한다.

해설

남자의 중심 생각을 찾는 문제입니다. 여자는 CCTV 설치에 대해 부정적으로 생각하고 있고 신문 기사를 인용해 CCTV가 범죄율 감소에 큰 영향이 없다고 말했습니다. 반면에 남자는 CCTV 덕분에 누군가 한 명이라도 안전해질 수 있다면 설치에 의미가 있다고 말했습니다. 따라서 남자의 중심 생각은 ① 'CCTV 설치는 사람들의 안전을 위해 필요한 것이다.'가 정답입니다.

22 일치하는 내용 고르기

해설

들은 내용과 일치하는 것을 고르는 문제입니다. CCTV 설치에 대한 여자와 남자의 의견을 파악해야 합니다.

☑ 여자는 CCTV 설치에 대해 다소 부정적이다.
② CCTV가 많이 설치된 곳은 범죄율이 크게 감소했다.
  → 신문 기사에 따르면 CCTV와 범죄율 감소는 관계가 적다고 했습니다.
③ CCTV는 고객들의 여러 모습을 담아내기 위한 것이다.
  → CCTV는 혹시 모를 범죄에 대비하는 것입니다.
④ 남자는 CCTV가 있어서 안전에 도움을 받은 적이 있다.
  → CCTV 덕에 누군가 한 명이라도 안전하길 바란다고 했습니다.

[23-24] 문의 전화 듣고 물음에 답하기

> 남자: 거기 인주동 행정복지센터지요? 공유 냉장고를 이용해 음식을 나눌 수 있다고 들었는데요. 어떻게 하면 되나요?
> 여자: 인주동 주민이시면 가능하고요. 나눌 음식을 가져오셔서 소비 기한을 적어서 공유 냉장고에 넣어 주시면 됩니다. 그럼 필요한 분들이 가져가실 거예요.
> 남자: 아, 정말 잘됐네요. 혼자 못 먹어서 버리는 음식이 많거든요.
> 여자: 이 사업의 목적 중 하나가 바로 버리는 음식이 없도록 하자는 데 있어요.

23 대화 상황 고르기

① 공유 냉장고 사업 목적을 물어보고 있다.
② 공유 냉장고 이용 대상을 확인하고 있다.
☑ 공유 냉장고 사용 방법을 알아보고 있다.
④ 공유 냉장고 활용 여부를 문의하고 있다.

해설

대화 상황을 파악하는 문제입니다. 남자는 공유 냉장고를 사용해 본인이 많이 가지고 있는 음식물을 나누고자 지역 행정복지센터에 그 사용법을 문의하고 있습니다. 따라서 ③ '공유 냉장고 사용 방법을 알아보고 있다.'가 정답입니다.

24 일치하는 내용 고르기

해설

들은 내용과 일치하는 것을 고르는 문제입니다. 공유 냉장고 이용에 대한 세부적인 정보가 정확한지 확인합니다.

☑ 공유 냉장고는 해당 지역 사람만 이용할 수 있다.
② 공유 냉장고는 버리기 전 음식을 모아 놓는 곳이다.
  → 공유 냉장고는 지역 주민과 나누고 싶은 음식을 공유하는 곳입니다.
③ 공유 냉장고 안의 음식은 아주 저렴하게 사 먹을 수 있다.
  → 사고파는 것이 아니므로 그냥 가져가면 됩니다.
④ 공유 냉장고에 음식을 넣으면 다른 음식을 하나 꺼내야 한다.
  → 필요한 사람이 가져가면 됩니다.

[25-26] 인터뷰 듣고 물음에 답하기

> 여자: 어려운 의학 용어를 우리말로 바꾸시는 작업을 계속하신다고 들었습니다.
> 남자: 네, 의학 용어에는 어려운 한자어, 영어, 라틴어가 많습니다. 그렇다 보니 환자를 이해시키기거나 설득하는 데에도 어려움이 많았어요. 이때 기존에 사용하던 용어들을 갑자기 무시할 수는 없는 일이니 천천히 바꾸어 나가는 게 필요합니다. 우리 의사들이 먼저 이렇게 한글화를 시작하면 법률과 같은 다른 분야에도 영향을 줄 것이라 기대합니다.

25 중심 생각 고르기

☑ 어려운 전문 용어는 우리말로 쉽게 바꾸는 것이 필요하다.
② 의학과 법학이 사회의 어려움을 풀어 나가는 데 앞장서야 한다.
③ 비전문가들을 설득하는 데에는 우리말을 잘하는 것이 중요하다.
④ 이미 사용하고 있는 전문 용어들은 빨리 바꾸는 작업이 요구된다.

해설

남자는 어려운 의학 용어를 한글화하는 작업이 필요하다고 말하고 있습니다. 의학 용어에는 어려운 말이 많아서 환자를 이해시키거나 설득하는 데에 어려움이 많다고 했습니다. 그래서 천천히 바꿔나가는 게 필요하다고 했으므로 ① '어려운 전문 용어는 우리말로 쉽게 바꾸는 것이 필요하다.'가 정답입니다.

26 일치하는 내용 고르기

해설

남자의 인터뷰를 듣고 일치하는 내용을 고르는 문제입니다. 의학 용어를 우리말로 바꾸게 되면 어떤 장점이 있는지 세부 내용을 파악해야 합니다.

① 의학 용어에는 오래된 언어가 사용되어 배우기 어렵다.
→ 의학 용어에는 여러 종류의 외국어가 사용됩니다.

② 의학 용어를 우리말로 바꾸는 것은 빠를수록 좋을 것이다.
→ 기존에 사용하던 용어들이 있으니 천천히 바꾸어 나가는 게 필요합니다.

③ 법률 용어는 한글화 작업이 이미 되어 있어서 참고하기에 좋다.
→ 의사들이 먼저 한글화를 시작하면 법률 쪽에도 영향을 줄 것이라 기대합니다.

☑ 전문 용어를 사용하면 환자가 자신의 병을 정확하게 이해하기 어렵다.

[27-28] 의논하는 대화 듣고 물음에 답하기

> 남자: 여보, '어촌 한 달 살기' 프로그램 어땠어요? 우리 부부한테는 정말 최고였던 것 같은데요.
>
> 여자: 그렇긴 한데 자세한 생활을 알기에는 좀 짧았던 것 같아요.
>
> 남자: 우리처럼 이사를 계획하는 사람들 중에 직접 가서 살다 와 본 사람이 얼마나 있겠어요? 짧기는 했지만 물가며 사람들 정서도 어느 정도 알 수 있어서 좋았어요.
>
> 여자: 자연환경은 정말 마음에 드는데 아이들 교육 환경이 어떨까 걱정이 돼요.
>
> 남자: 아, 거기까지는 신경을 쓰지 못했네요.

27 화자의 의도/목적 고르기

☑ '어촌 한 달 살기' 프로그램의 의의를 말하려고
② '어촌 한 달 살기' 프로그램의 참여를 제안하려고
③ '어촌 한 달 살기' 프로그램의 특징을 설명하려고
④ '어촌 한 달 살기' 프로그램의 문제점을 지적하려고

해설

남자는 여자에게 '어촌 한 달 살기 프로그램'이 정말 최고였다고 이야기합니다. 어촌에서 한 달 살아 보면서 물가라든지 사람들의 정서를 느낄 수 있어서 좋았다고도 합니다. 남자는 여자에게 '어촌 한 달 살기' 프로그램의 의의를 말하고 있으므로 ①이 정답입니다.

28 일치하는 내용 고르기

해설

들은 내용과 일치하는 것을 고르는 문제입니다. '어촌 한 달 살기' 프로그램을 통해 남자와 여자가 느낀 것들을 이야기하고 있습니다.

① 남자는 어릴 때 어촌에서 살아 본 적이 있다.
→ 아내와 '어촌 한 달 살기' 프로그램에 참여하였습니다.

② 여자는 어촌에 대해 많은 것을 알 수 있었다.
→ 자세한 생활을 알기에는 짧았던 것 같다고 했습니다.

☑ 남자는 어촌 체험에 대해 긍정적으로 생각한다.

④ 여자는 '어촌 한 달 살기'를 통해 교육 환경을 체험하였다.
→ 어촌 체험을 했지만 교육 환경까지는 알아보지 못했습니다.

[29-30] 직업 인터뷰 물음에 답하기

> 여자: 호텔의 '첫인상'이라고들 합니다. 문 앞에서 매일 웃으며 인사하시는 것 힘드시죠?
>
> 남자: 아닙니다. 고객에게 최상의 서비스를 해 드리고 싶은 게 저의 진심이거든요. 그래서 자주 오시는 고객님들의 차량 종류와 번호, 직함을 외우고 있어요.
>
> 여자: 대단하시네요. 그럼 아주 까다롭고 상대하기 힘든 '문제 고객'을 만나시면 어떻게 하십니까?
>
> 남자: 저희 호텔에 애정이 없다면 문제 제기도 안 해 주실 것입니다. 저는 그런 분들을 '문제 고객'이 아닌 '애정 고객'으로 모십니다.

29 대화 참여자 고르기

① 호텔 직원을 교육하는 사람
② 호텔 이용 고객의 문의를 담당하는 사람
③ 호텔 내 일어나는 문제를 처리하는 사람
☑ 호텔 문을 열어 주며 고객을 맞이하는 사람

해설

남자는 호텔 문 앞에서 매일 웃으며 인사하는 일을 하고 있고 이 일을 위해 고객의 차량 번호까지 외운다고 했습니다. 따라서 ④ '호텔 문을 열어 주며 고객을 맞이하는 사람'이 정답입니다.

30 일치하는 내용 고르기

해설

들은 내용과 일치하는 것을 고르는 문제입니다. 호텔 문을 열어 주며 고객을 맞이하는 남자가 본인의 일에 대해 어떤 자세로 일하고 있는지 잘 들어야 합니다.

① 남자는 자주 이용하는 손님의 생년월일을 알고 있다.
→ 차량 번호와 직함 등을 알고 있다고 말합니다.

② 호텔을 찾는 손님들은 반드시 이 남자를 만나고 가야 한다.
→ 호텔에 들어오는 사람들이 문을 지나면서 만나게 되는 사람입니다.

③ 남자는 매일 웃어야 하는 일이 정말 힘들다고 말하고 있다.
→ 고객에게 최상의 서비스를 제공하고 싶다고 말합니다.

☑ 상대하기 어려운 손님을 오히려 애정 고객이라고 생각한다.

[31-32] 토론 듣고 물음에 답하기

> 남자: 고령 운전자의 교통사고가 늘었다고 합니다. 하지만 이는 고령 인구가 많아졌기 때문이지 고령 운전자가 사고를 더 많이 내는 것은 아닙니다.
>
> 여자: 그럼 교수님은 고령 운전자에 대한 운전 적합성 검사는 필요 없다는 말씀이신가요?
>
> 남자: 저는 이것이 '노인 차별'이 될 수도 있음을 말씀드리고 싶습니다. 검사 의무화보다는 자발적으로 검사를 받게 한다거나 스스로 적당한 시기에 운전면허를 반납하는 분위기를 조성하는 것이 바람직하다고 생각합니다.

31 중심 생각 고르기

① 고령 운전자의 사고율 증가는 심각한 수준이다.
② 고령 운전자에 대한 운전 적합성 검사를 반드시 해야 한다.
③ 노인에 대한 운전 적합성 검사 의무화는 차별이 될 수 있다.
④ 노인들의 운전 적합성 검사보다는 운전면허 반납을 하도록 해야 한다.

[해설]

고령 운전자의 '운전 적합성 검사 의무화'에 대한 화자의 생각을 파악하는 문제입니다. 남자는 고령 운전자만을 대상으로 한 운전자 적합 검사는 '노인 차별'이 될 수도 있다고 말하고 있으므로 정답은 ③입니다.

32 화자의 태도/말하는 방식 고르기

① 제기되는 문제에 공감하고 있다.
② 기존의 문제 접근 방식에 반대하고 있다.
③ 앞으로 예상되는 문제들을 걱정하고 있다.
④ 상황을 분석하면서 긍정적인 결과를 기대하고 있다.

[해설]

고령 운전자의 '운전 적합성 검사 의무화'를 주제로 토론하는 남자의 태도를 묻는 문제입니다. 고령 운전자의 교통사고가 늘어난 이유는 고령 인구의 증가 때문이라고 하면서 나이를 기준으로 운전 적합성 검사를 의무적으로 실시하는 것에 반대하고 있습니다. 따라서 ② '기존의 문제 접근 방식에 반대하고 있다.'가 정답입니다.

[33-34] 강연 듣고 물음에 답하기

> 여자: 지구 물의 97% 정도가 바닷물로, 마실 수 있는 물은 겨우 3%에 불과합니다. 환경 오염, 기후 변화 등으로 인해 전 세계 인구의 70% 정도가 물 부족 현상을 겪고 있고요. 그런데 여기 햇빛을 이용해 바닷물을 식수로 바꾸는 데 성공한 연구 팀이 있습니다. 이 연구 팀은 자연 소재인 '한천'을 이용해 친환경적인 식수를 만들어 내는 데 성공하였습니다. 연구 팀이 개발한 이 방법은 제작이 간단하고 저렴하여 특히 저개발 국가나 작은 섬의 식수 문제를 해결하는 데 큰 도움이 될 것으로 기대하고 있습니다.

33 화제 고르기

① 식수 개발의 성과
② 식수 부족의 문제점
③ 환경 오염의 심각성
④ 자연 소재 한천의 장점

[해설]

글의 주제를 파악하는 문제입니다. 이 내용은 바닷물을 식수로 바꾸는 데에 성공한 연구 팀의 성과(연구 개발에 쓰인 소재가 환경 문제에 자유롭고 또한 간단한 제작이 가능하며 저렴하다)에 대한 것입니다. 따라서 ① '식수 개발의 성과'가 정답입니다.

34 일치하는 내용 고르기

[해설]

들은 내용과 일치하는 것을 고르는 문제입니다. 세계 물 부족 현상과 이를 극복하려는 연구 성과에 대해 이해하고 세부 내용을 파악해야 합니다.

① 세계 인구의 97%가 물 부족 문제를 겪고 있다.
→ 지구 물의 97% 정도가 바닷물이라고 했습니다. 물 부족을 겪고 있는 것은 세계 인구의 70%입니다.
② 기후 변화와 환경 오염으로 바닷물을 마실 수 없게 됐다.
→ 지구 물의 97%가 바닷물이라 마실 수 없는 물이 대부분이라고 했습니다.
③ 자연 소재인 한천을 이용하면 환경 오염 없이 식수를 만들 수 있다.
④ 이 연구 팀은 전 세계 인구가 바닷물에서 식수를 얻게 되기를 기대한다.
→ 물 부족 문제를 해결하기 위해 바닷물을 식수로 바꾸는 개발을 했다고 했습니다.

[35-36] 연설 듣고 물음에 답하기

> 남자: 지금까지 우리 식당의 채소들은 대형 마트에서 들여오고 있었지만 앞으로는 지역 농장과 직접 거래를 하는 게 어떨까 싶어요. 물론 시행착오가 있겠지만 보다 신선한 채소를 공급하면 손님들이 더 만족해 하실 겁니다. 그리고 처음에는 주어진 농작물만 우리가 쓰겠지만 농장 주인과 신뢰 관계가 쌓이면 나중에는 우리가 필요한 것들을 요청할 수도 있을 것 같아요. 우리가 직접 농장에 방문해서 더 다양한 식재료들을 찾아 볼 수 있을 것 같습니다. 물론 지역 경제에도 도움을 줄 수 있을 거라고 기대합니다.

35 대화 상황 고르기

① 지역 농장과 거래하는 방법에 대해 묻고 있다.
② 지역 경제를 살릴 수 있는 방안을 발표하고 있다.
③ 식재료 구입처를 바꾸는 것에 대해 설명하고 있다.
④ 식당의 수익을 높이기 위한 대책을 마련하고 있다.

해설

남자는 지금까지 대형 마트에서 들여온 식재료를 지역 농장으로 바꾸고자 한다고 하면서 이로 인해 예상되는 긍정적인 요소들을 설명하고 있습니다. 따라서 정답은 ③ '식재료 구입처를 바꾸는 것에 대해 설명하고 있다.'입니다.

36 일치하는 내용 고르기

해설

들은 내용과 일치하는 것을 고르는 문제입니다. 지역 농장으로 식재료 거래처를 바꿈으로 인해 생기는 효과에 대해 잘 들어야 합니다.

① 대형 마트에서 사 온 식재료의 신선함이 문제가 되었다.
　→ 지역 농장으로 거래처를 바꾸면 식재료가 더 신선할 것이라고 말합니다.
② 지역 경제를 살리는 방안으로 이 프로젝트가 계획되었다.
　→ 지역 농장으로 거래처를 바꿈으로 지역 경제에도 도움이 될 거라고 생각하고 있습니다.
③ 지역 농장과의 거래를 통해 식재료 비용을 줄일 수 있을 것이다.
　→ 식재료 비용에 관하여는 말하지 않았습니다.
☑ 앞으로는 농장 주인에게 필요한 식재료를 요구할 수 있을 것이다.

[37-38] 교양 프로그램 듣고 답하기

> 남자: 지방이 필수 영양소임에도 지방이 들어간 음식을 피하는 사람들이 많습니다.
> 여자: 네, 올리브 오일, 견과류 등의 건강한 지방과 가공식품에 들어간 트랜스 지방을 구분해야 할 필요가 있어요. 건강한 지방 섭취가 부족하면 체내 비타민도 부족해져 우울증, 근육통 등을 겪게 됩니다. 요즘 탈모 환자가 많지 않습니까? 이 역시 지방이 부족한 식단에서 그 원인을 찾을 수 있습니다. 상처 회복이 빨리 안 되는 분들, 감기 등의 잔병에 자주 걸리는 분들 또한 지방 섭취에 문제가 없나 확인을 해 봐야 합니다.

37 중심 생각 고르기

① 잘못된 건강 상식을 깨야 한다.
☑ 건강한 지방 섭취에 신경을 써야 한다.
③ 영양소가 골고루 들어간 식단 관리가 중요하다.
④ 지방이 들어간 음식은 그 종류를 구분해야 한다.

해설

여자는 건강한 지방과 트랜스 지방의 구분이 필요하고 건강한 지방을 잘 먹어야 건강해질 수 있다고 했습니다. 건강한 지방의 섭취가 부족할 시 건강상의 여러 문제가 발생할 수 있다고 예를 들어 설명하였습니다. 따라서 중심 생각은 ② '건강한 지방 섭취에 신경

을 써야 한다.'가 정답입니다.

38 일치하는 내용 고르기

해설

들은 내용과 일치하는 것을 고르는 문제입니다. 지방 섭취가 잘 이루어지지 않으면 어떤 부작용이 있는지 설명하고 있습니다. 지방 섭취가 부족할 때의 신체 증상을 중심으로 세부 내용을 파악해야 합니다.

① 상처가 잘 낫지 않는 사람들은 비타민 부족을 의심해야 한다.
　→ 상처 회복이 빨리 되지 않는 사람들은 지방 섭취에 문제가 없나 확인을 해야 한다고 했습니다.
② 올리브 오일, 견과류 등에 들어간 트랜스 지방은 건강에 좋지 않다.
　→ 올리브 오일, 견과류 등에 들어간 지방은 건강한 지방입니다.
③ 가공식품에 들어간 지방을 과다 섭취 시 우울증 등을 겪을 수 있다.
　→ 체내 비타민이 부족해지면 우울증 등을 겪을 수 있다고 했습니다.
☑ 머리카락이 많이 빠지는 사람들은 충분한 지방 섭취 여부를 확인해야 한다.

[39-40] 공적 대화 듣고 답하기

> 여자: 아까 영상에서 보신 것과 같이 우리 시에 복합 쇼핑몰이 건립되면 이점이 상당히 많은데, 왜 그동안 사업 추진을 안 했을까요?
> 남자: 시도는 했었지요. 대기업에서 우리 시와 관련 협약을 맺었습니다. 그러나 상인들과 소통 없이 일방적으로 일이 진행되어서, 상인들은 단식 투쟁을 하며 강력하게 반대했고요. 결국 해당 기업은 협약을 포기하고 쇼핑몰 사업을 접었다고 합니다. 중요한 것은 기업과 자영업자들과의 소통, 그리고 그들의 이익을 보장해 준다는 확실한 약속입니다.

39 대화 전/후의 내용 고르기

① 복합 쇼핑몰로 인해 지역 상권에 큰 피해가 있었다.
☑ 복합 쇼핑몰이 건립될 시 여러 가지 혜택이 예상된다.
③ 우리 시가 추진하는 대표 사업이 복합 쇼핑몰 건립이다.
④ 자영업자와 대기업 간의 협약이 이루어지기까지 이견이 많았다.

해설

들려준 대화 앞에 나온 내용을 고르는 문제입니다. '아까 영상에서 보신 것과 같이', '이점이 상당히 많다'라는 표현을 통해서 이 문단 앞에는 복합 쇼핑몰 건립 시 예상되는 여러 가지 혜택에 대한 내용이 있었음을 알 수 있습니다. 따라서 ② '복합 쇼핑몰이 건립될 시 여러 가지 혜택이 예상된다.'가 정답입니다.

40 일치하는 내용 고르기

해설

들은 내용과 일치하는 것을 고르는 문제입니다. 복합 쇼핑몰 사업이 실패한 이유를 중심으로 세부 내용을 파악합니다.

① 우리 시와 협약을 맺은 대기업은 복합 쇼핑몰 사업에 성공했다.
   → 해당 기업은 협약을 포기하고 복합 쇼핑몰 사업을 접었다고 했습니다.
② 복합 쇼핑몰 건립 문제로 대기업 직원들이 단식 투쟁에 들어갔다.
   → 자영업자들이 단식 투쟁을 진행했다고 했습니다.
③ 자영업자들의 이익을 보장해 주기 위한 협약 조건을 만들고 있다.
   → 자영업자들과의 소통, 그들의 이익을 보장해 준다는 확실한 약속이 필요합니다.
☑ 복합 쇼핑몰 사업 집행 전, 중소 상인들과의 소통이 먼저 있어야 했다.

[41-42] 강연 듣고 답하기

> 여자: 한반도의 고대인들은 아주 오래전부터 하늘의 별들에 관심을 가졌습니다. 고인돌이나 고분 벽화에 그려진 별자리 그림을 통해서도 이를 확인할 수 있는데요. 고구려의 별자리 그림 벽화는 상상이 아닌 관측을 근거로 제작되어 더욱 놀랍습니다. 고구려와 백제는 각각 '일자' 혹은 '일관'라 불리는 관리를 두어 하늘을 관측했다는 기록도 있습니다. 고려 시대 때는 천문 관측을 더욱 제도화하고 전문 기구를 설치하여 관측하였고, 국가 표준 시계인 물시계를 관리하여 시간을 알리는 등 천문학 관련 업무를 강화하였습니다.

41 중심 내용 고르기

☑ 고대인들은 천문학에 많은 관심을 가졌다.
② 천문학은 일상생활에 편리함을 가져다줬다.
③ 천문학의 발달은 과학 기술의 발달을 의미한다.
④ 그림과 기록은 그 시대를 보여 주는 증거가 된다.

해설

강연자는 한반도의 고대인들이 아주 오래전부터 하늘의 별들에 관심을 가졌음을 역사 속 사례를 통해 설명하고 있습니다. 따라서 중심 내용은 ① '고대인들은 천문학에 많은 관심을 가졌다.'가 정답입니다.

42 일치하는 내용 고르기

해설

들은 내용과 일치하는 것을 고르는 문제입니다. 강연에서 옛날 사람들이 하늘의 별을 어떻게 관찰하였는지 설명하고 있습니다.

나라별로 천문 관측을 어떻게 하였는지 세부 내용을 파악해야 합니다.

☑ 고구려와 백제는 천문 관측을 맡아서 하는 관리가 있었다.
② 백제는 물시계를 관리하는 업무를 담당하는 기구를 두었다.
   → 고려 시대 때 물시계를 관리하는 업무를 담당하는 기구를 두었다고 했습니다.
③ 고구려의 그림 벽화 속 별자리들은 모두 상상의 결과물이다.
   → 상상뿐만 아니라 관측으로 얻은 지식을 바탕으로 했음을 보여 주고 있다고 했습니다.
④ 고려에 이르러 별자리를 전문적으로 그리는 기관을 설치하였다.
   → 고려 때 천문 관측을 제도화하고 전문 기관을 설치하였다고 했습니다. 별자리를 그리는 기관을 설치했다는 언급은 없습니다.

[43-44] 다큐멘터리 듣고 답하기

> 남자: 적도 인근에 위치한 한 해변, 태평양 한가운데서 4천 킬로미터를 헤엄쳐 온 바다거북이 대장정을 끝내려 한다. 물속에서는 시속 20킬로미터까지 속도를 내지만 땅 위에서는 1분에 20미터를 걷는 바다거북 수만 마리가 일제히 해변으로 올라와 섬 위에 구덩이를 판다. 바다거북은 그곳에 탁구공 크기만 한 알을 한 번에 백여 개씩 낳는다. 이 현장이 흰머리수리들에게는 잔치다. 이구아나도 한자리를 차지한다. 이들에게 거북이 알은 최고의 영양 간식이다. 어미는 속절없이 당하고 만다. 바다거북 상륙 작전은 5일간 이렇게 계속된다.

43 화제 고르기

① 바다거북의 수가 점점 줄어들고 있다.
② 바다거북은 스스로를 보호하지 못한다.
③ 바다거북의 이동이 점점 느려지고 있다.
☑ 바다거북이 알을 낳기 위해 먼 길을 찾아온다.

해설

이 다큐멘터리는 바다거북이 4천 킬로미터를 헤엄쳐 적도 인근 해변에 와서 알을 낳는 내용을 담고 있습니다. 따라서 중심 내용은 ④ '바다거북이 알을 낳기 위해 먼 길을 찾아온다.'가 정답입니다.

44 일치하는 내용 고르기

해설

수만 마리의 바다거북이 해변에서 각각 한 번에 백여 개의 알을 낳고 있으니, 거북의 알을 먹는 독수리들에게는 먹을 것이 많은 잔칫날이 될 것입니다.

① 멀리서 동물들이 찾아오기 때문에
   → 먹이를 먹기 위해 모여듭니다.

✅독수리들의 먹이인 알이 많기 때문에
③ 여러 동물들이 한자리에 모여 있기 때문에
  ➔ 잔치는 '기쁜 일이 있을 때 음식을 차려 놓고 여럿이 모여 즐기는 일'을 뜻합니다. 여기에서는 음식이 많다는 것이 주된 이유입니다.
④ 독수리들이 좋아하는 거북이들이 있기 때문에
  ➔ 먹이인 거북이 알을 먹기 위해서입니다.

[45-46] 강연 듣고 답하기

> 여자: 미라클 모닝, 기적의 아침 열풍이 올해도 식지 않는 것 같습니다. 새해, 새 학기를 맞아 자기 계발을 하려는 사람들이 많은데요. 다른 사람들에게 인기가 많다고 해서 무작정 따라 하다가는 독이 될 수 있습니다. 예로 저녁형의 인간은 평소 생체 리듬과 수면 주기가 아침형 인간과는 다른데 이를 억지로 맞추려다 보면 수면 부족 현상을 유발할 수 있습니다. 결과적으로 정상적인 일상생활을 하기 힘들게 되는 것이죠. 당부할 점은 일찍 자야 한다는 강박 관념을 갖지 말라는 것입니다. 이것은 오히려 불면증의 원인이 될 수 있기 때문입니다.

45 일치하는 내용 고르기

[해설]

들은 내용과 일치하는 것을 고르는 문제입니다. 미라클 모닝이 매해 인기를 끌고 있다는 것과 이를 실천할 때 주의해야 하는 점을 중심으로 세부 내용을 파악합니다.
① 미라클 모닝이라는 새로운 열풍이 불기 시작했다.
  ➔ 미라클 모닝 열풍이 올해도 식지 않는 것 같다고 했으므로 이미 예전부터 있었던 것임을 알 수 있습니다.
✅미라클 모닝은 저녁형 인간에게 맞지 않을 수 있다.
③ 미라클 모닝을 위해 일찍 일어나면 수면 부족 현상이 생긴다.
  ➔ 저녁형 인간이 무리하게 미라클 모닝을 하면 수면 부족이 올 수 있다고 했습니다.
④ 미라클 모닝의 성공을 위해 최대한 일찍 자겠다는 의지가 중요하다.
  ➔ 미라클 모닝의 성공을 위해 일찍 자야 한다는 강박 관념을 갖지 말라고 했습니다.

46 화자의 태도/말하는 방식 고르기

① 미라클 모닝의 실천 방법을 비교하고 있다.
② 미라클 모닝의 개념을 다시 정의하고 있다.
③ 미라클 모닝의 성공 사례를 나열하고 있다.
✅미라클 모닝 실천 시의 주의점을 설명하고 있다.

[해설]

강연자는 미라클 모닝이 인기가 많다고 해서 무작정 따라 하다가는 독이 될 수 있다고 하면서 주의점들을 예를 들어 설명하고 있습니다. 따라서 화자의 태도로 ④ '미라클 모닝의 실천 시 주의점을 설명하고 있다.'가 정답입니다.

[47-48] 공적 대화 듣고 답하기

> 여자: 사람들은 자리가 사람을 만든다고 말합니다. 그런데 박사님은 이 말에 동의하시지 않는다고요?
> 남자: 네. 그 말은 능력이 부족한 사람이라도 지위를 받으면 그 자리에 어울리는 역량을 갖게 된다는 뜻입니다. 그러나 저는 '자리가 사람을 만드는 것이 아니라, 사람을 드러나 보이게 한다'고 생각합니다. 팀원으로서 눈에 띄지 않던 사람이 팀장이 된 후 팀을 이끄는 일에 기대 이상의 성과를 내는 식으로요. 개개의 실무를 담당하는 팀원과 달리 팀장은 전체 팀원과 소통하고 그들을 격려하며 전략적인 사고를 할 수 있어야 해요. 그렇기에 리더의 역할이 주어지면 그 사람이 가지고 있던 능력이 발휘되는 것입니다. 그래서 조직의 인사권자는 리더가 되었을 때 조직원이 쌓은 실적을 살펴보기보다는 조직에서 능력을 드러낼 수 있는 사람을 알아보는 안목을 키워야 합니다.

47 일치하는 내용 고르기

[해설]

들은 내용과 일치하는 것을 고르는 문제입니다. 팀원과 리더인 팀장의 역할을 이해하고 관련 세부 내용을 파악해야 합니다.
① 팀원과 팀장의 일은 다르지 않다.
  ➔ 팀원과 팀장의 일은 다르다고 했습니다.
② 팀장의 역량은 실무를 잘할 때 드러나 보인다.
  ➔ 팀장은 팀원들 전체와 소통하고 격려하며 전략적인 사고를 잘할 때 그 역량이 드러나 보입니다.
③ 인사권자는 조직원의 실적을 자세히 살펴볼 필요가 있다.
  ➔ 조직원이 쌓은 실적을 살피기보다는 앞으로 능력을 드러낼 수 있는 사람을 찾는 능력을 키워야 한다고 했습니다.
✅팀원일 때보다 팀장일 때 더 나은 능력을 보이는 사람이 있다.

48 화자의 태도/말하는 방식 고르기

✅일반적인 생각을 다른 시각으로 접근하고 있다.
② 조직원들이 갖추지 못한 능력에 대해 우려하고 있다.
③ 조직이 나아가야 할 방향을 긍정적으로 바라보고 있다.
④ 무의식적으로 받아들이고 있는 생각을 강하게 비판하고 있다.

[해설]

남자는 사람들이 일반적으로 말하는 '자리가 사람을 만든다'에 동의하지 않으면서 '자리가 사람을 만드는 것이 아니라 사람을 드러나 보이게 한다'는 의견을 말합니다. 따라서 화자의 태도로 ① '일반적인 생각을 다른 시각으로 접근하고 있다.'가 정답입니다.

[49-50] 강연 듣고 답하기

> 남자: 조선 시대의 '대간'은 관료들의 부정부패를 감시하고, 임금의 잘못을 지적하여 바로잡는 등 언론의 역할을 했습니다. 대간은 학식이 높고 강직한 사람만이 될 수 있었다고 합니다. 이들이 가진 특권에는 초고속 승진이 있었는데요. 다른 직책에서는 32년 걸리는 승진이 '대간'의 경우 6년 만에 가능했다고 합니다. 또한 '대간불가죄 특권'이라는 것이 있어 대간이 말한 것은 어떠한 것이라도 처벌하지 못하게 했습니다. 그러나 왕과 의견이 다르더라도 거리낌 없이 의견을 내놓아야 했고 사소한 잘못으로라도 비난을 받을 경우 직책을 스스로 사임하는 관습이 있었다고 하니 그 책임이 막중했음을 알 수 있습니다. 이는 현재의 언론이 부족한 점이라고 생각합니다.

49 일치하는 내용 고르기

해설

들은 내용과 일치하는 것을 고르는 문제입니다. 조선 시대 '대간'의 역할과 의미를 중심으로 세부 내용을 확인해야 합니다.

☑ 대간은 여타 직책과 비교해 승진이 아주 빠른 편이었다.
② 대간은 학식과 외모가 가장 뛰어난 사람이 될 수 있었다.
   ➡ 학식이 높고 강직한 사람만이 될 수 있었습니다.
③ 대간에게 그들이 말한 것에 대해 법적으로 책임을 물었다.
   ➡ 대간이 말한 것은 어떠한 것이라도 처벌하지 못하게 했습니다.
④ 대간이 잘못하여 비난을 들을 때 왕의 권한으로 사임시켰다.
   ➡ 잘못해서 비난을 받을 경우 직책을 스스로 사임하는 관습이 있었습니다.

50 화자의 태도/말하는 방식 고르기

① 대간 제도를 오늘날에 살리길 요구하고 있다.
☑ 대간 제도를 통해 현재 언론을 비판하고 있다.
③ 대간 제도에 대한 현재의 입장을 설명하고 있다.
④ 대간 제도가 현대에 반영된 증거를 제시하고 있다.

해설

강연자는 조선 시대 언론 역할을 한 '대간' 제도를 설명하면서 대간의 자세가 현재의 언론이 부족한 점이라고 했습니다. 따라서 화자의 태도로 ② '대간 제도를 통해 현재 언론을 비판하고 있다.'가 정답입니다.

주관식 답안은 정해진 답란을 벗어나거나 답란을 바꿔서 쓸 경우 점수를 받을 수 없습니다.
(Answers written outside the box or in the wrong box will not be graded.)

51	㉠	취업하게 되었습니다
	㉡	인사드리고 싶습니다
52	㉠	잘못 이해되거나 바뀔 수 있다
	㉡	일반인들에게까지 널리 이루어지게 되었다

53 아래 빈칸에 200자에서 300자 이내로 작문하십시오 (띄어쓰기 포함).
(Please write your answer below; your answer must be between 200 and 300 letters including spaces.)

대한은행에서 일반인 200명을 대상으로 스마트폰 금융앱(App) 사용 현황에 대해 설문조사를 실시하였다. 조사 결과, 금융 앱을 사용하는 사람의 비율은 2014년 12%에서 2024년 61%로 증가한 것으로 나타났다. 금융 앱 사용 빈도는 하루 4번 이상 56%, 하루 2~3번 25%, 하루 1번 13%, 일주일에 1번 6% 순으로 나타났다. 이런 결과의 원인은 금융 앱 사용 시 할인 혜택이 많으며, 오프라인에서 사용 가능한 곳이 지속적으로 증가하기 때문인 것으로 보인다. 따라서 앞으로 더 다양한 혜택을 마련하고 사용 가능한 곳을 확대해야 한다.

※ 54번은 뒷면에 작성하십시오. (Please write your answer for question number 54 at the back.)

80

주 관 식   답 란 (Answer sheet for composition)

아래 빈칸에 600자에서 700자 이내로 작문하십시오 (띄어쓰기 포함).
(Please write your answer below; your answer mus be between 600amd 700 letters including spaces.)

　　고교　　학점제는　　학생에게　　과목　선택권을　주어
학생이　주도적으로　　공부하게　　하자는　　취지로　　만들
어진　것으로,　정해진　　시간표대로　전　과목을　공부
하던　기존의　교육　방식과는　많이　다르다.　그렇기
에　이　제도가　　시행된다면　학생과　교사,　학부모,
학교,　교육　당국　모두에게　기대와　함께　우려되는
점이　생길　것이다.

　　교과목　선택의　자율권이　주어졌을　때의　장점은
무엇보다　학생이　진로와　적성에　맞춰　학업　계획
을　짤　수　있다는　것이다.　그렇게　학생의　자율성
과　선택권이　존중되므로　학생의　주도적인　성장을
이끌어　낼　수　있다.　또한　학생　맞춤형　수업을
시행함으로써　교사는　의욕　있는　학생들과　좀　더　학
전문성　있는　수업을　할　수　있다.　다시　말해　학
생과　교사　모두　획일화된　교육에서　벗어날　수
있게　된다.

　　반면　10대　후반의　학생에게　선택권을　주고　줄　결
정하게　하는　것이　학생에게　큰　부담을　줄　수
있고　주도적인　학습이　익숙하지　않은　학생은　학
습에　실패를　경험할　수　있다.　또한　특정　과목에
학생이　집중이　된다거나　인기　없는　과목은　폐지
해야　하는　상황이　벌어질　수　있다.

　　그러므로　고교　학점제가　성공적으로　자리　잡기
위해서는　학생들의　적성과　흥미를　파악할　수　있
는　프로그램을　도입하고　진로와　연계된　다양한
정보를　제공할　필요가　있다.　선택의　자유가　부담
이　아닌　성장의　계기가　될　수　있도록　학교와
교육　당국의　지속적인　논의가　필요한　시점이다.

※ 주어진 답란의 방향을 바꿔서 답안을 쓰면 '0'점 처리됩니다.
　(Please do not turn the answer sheet horizontally. No points will be given.)

※ **[51~52]** 다음 글의 ㉠과 ㉡에 알맞은 말을 각각 쓰시오. (각 10점)

51

오늘 1:47 오후

선생님, 그동안 잘 지내셨습니까?

지난번에 추천서를 써 주신 덕분에 제가 원하는 회사에 (㉠   ).

정말 진심으로 감사합니다.

저는 지금 고향에서 가족들과 함께 있습니다.

다음 주에 한국에 돌아가면 찾아뵙고 (㉡   ).

언제 시간이 되시는지요? 가능한 날짜와 시간을 말씀해 주시면 좋겠습니다.

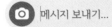 메시지 보내기...

모범 답안 ㉠ 취업하게 되었습니다 / 입사하게 되었습니다　　㉡ 인사드리고 싶습니다
　　　　　/ 들어가게 되었습니다

채점 기준

내용 요소

'취업을 하다'와 유사한 의미의 표현을 사용해야 합니다.

형식 요소

어떤 상황에 이른다는 의미를 가진 문법 '–게 되다'를 사용해서 취업을 하는 상황에 이르렀다고 말하면 됩니다.

내용 요소

'인사하다'를 의미하는 표현을 사용해야 합니다. 하지만 선생님께 보내는 글이므로 높임 표현인 '인사드리다'를 사용해야 합니다.

형식 요소

무엇을 원하는 마음을 표현하는 문법 '–고 싶다'를 사용하면 됩니다.

52

　　말은 정보를 전달하고 생각을 표현하는 데 매우 효과적이지만 전달 과정에서 정보가 (㉠   ). 이 한계를 극복하고 정보를 보다 올바르게, 있는 그대로 보관·보존하고자 한 인류의 노력이 인쇄술을 탄생시켰다. 인쇄술의 등장으로 책의 대량 생산이 가능해져 보다 싼 값으로 책을 구해 볼 수 있게 되었고 일부 계층에게만 행해진 교육과 지식의 보급이 (㉡   ).

모범 답안 ㉠ 잘못 이해되거나 바뀔 수 있다 /　　㉡ 일반인들에게까지 널리 이루어지게 되었다 /
　　　　　변하거나 잘못 전달될 수 있다　　　　일반인들에게까지 널리 행해지게 되었다

채점 기준

내용 요소

'올바르게, 있는 그대로 보관·보존하고자 하다'에 대조되는 내용을 쓰면 되므로 '잘못되다, 잘못 이해하다'와 유사한 표현, '바뀌다, 변하다, 달라지다'와 유사한 표현을 사용해야 합니다.

형식 요소

둘 이상의 상황을 나열할 때 쓰는 문법 '–거나'와 어떤 일이 생길 수 있는 가능성이 있음을 표현하는 문법 '–(으)ㄹ 수 있다' 등을 사용하면 좋습니다.

내용 요소

'일부 계층에게만 행해진 교육과 지식의 보급'에 대조되는 내용으로 '일반인들에게까지 보급되었다'와 유사한 표현을 쓰면 됩니다.

형식 요소

어떤 상황으로 바뀐다, 어떤 상황에 이른다는 의미를 나타내는 문법 '–게 되다'를 사용하면 됩니다.

53 다음은 '스마트폰 금융 앱(App) 사용 현황'에 대한 자료이다. 이 내용을 200~300자의 글로 쓰시오. 단, 글의 제목을 쓰지 마시오. (30점)

〈스마트폰 금융 앱(App) 사용 현황〉

조사 기관: 대한은행
조사 대상: 일반인 200명

제3회

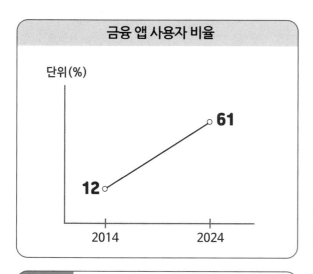

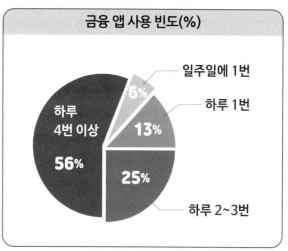

사용하는 이유	• 사용 시 할인 혜택이 많음 • 오프라인에서 사용 가능한 곳 지속 증가

과제	• 더 다양한 혜택 마련 • 사용 가능한 곳 확대

모범 답안

　　대한은행에서 일반인 200명을 대상으로 스마트폰 금융 앱(App) 사용 현황에 대해 설문 조사를 실시하였다. 조사 결과, 금융 앱을 사용하는 사람의 비율은 2014년 12%에서 2024년 61%로 증가한 것으로 나타났다. 금융 앱 사용 빈도는 하루 4번 이상 56%, 하루 2~3번 25%, 하루 1번 13%, 일주일에 1번 6% 순으로 나타났다. 이런 결과의 원인은 금융 앱 사용 시 할인 혜택이 많으며, 오프라인에서 사용 가능한 곳이 지속적으로 증가하기 때문인 것으로 보인다. 따라서 앞으로 더 다양한 혜택을 마련하고 사용 가능한 곳을 확대해야 한다.

채점 기준

과제 (1)
• 금융 앱 사용자 비율 조사 결과
– 조사 기관과 조사 대상 제시하기
– 제시된 정보(예 2014년 12%, 2024년 61%, 증가……) 모두 제시하기

과제 (2)
• 금융 앱 사용 빈도 조사 결과
– 제시된 정보를 비율이 높은 순서(56% → 25% → 13% → 6%)대로 제시하기

과제 (3)
• 조사 결과의 원인
– 제시된 두 개의 원인 모두 제시하기
– 첫 번째 이유와 두 번째 이유 사이에는 문형 '와/과', '–고' 등을 사용하기
– 제시된 내용에 화살표(➡)가 있으면 '(으)로 인해', '–아/어서' 등의 문법 사용하기
– 간단한 명사형으로 제시된 경우 완벽한 서술형(예 지속 → 지속적으로, 증가 → 증가하다……)으로 제시하기

과제 (4)
• 향후 과제
– 제시된 과제 모두 제시하기 (시험에서는 '과제' 대신 '해결 방안'이라는 단어가 제시될 수 있음)
– 첫 번째 과제와 두 번째 과제 사이에 '와/과', '–고', '–(으)며' 등의 문법을 사용하기
– 제시된 내용에 화살표(➡)가 있으면 '–(으)로 인해', '–아/어서' 등의 문법 사용하기
– 간단한 명사형으로 제시된 경우 완벽한 서술형(예 마련 → 마련하다, 확대 → 확대하다……)으로 제시하기
– '–아/어야 하다'와 같이 과제, 해결 방안을 나타내는 표현 사용하기

54 다음을 참고하여 600~700자로 글을 쓰시오. 단, 문제를 그대로 옮겨 쓰지 마시오. (50점)

> '고교 학점제'란 고등학생들이 자신의 진로에 따라 교과목을 선택해서 듣고 기준 학점을 받을 경우 졸업을 인정하는 제도를 말한다. 이 제도의 시행으로 학생들에게 교과목 선택의 자율권이 주어졌을 때 여러 기대와 우려가 존재한다. 아래 내용을 중심으로 '교과목 선택의 자율권'에 대한 자신의 생각을 쓰라.
>
> ---
>
> • 교과목 선택의 자율권을 주었을 때의 긍정적인 면은 무엇인가?
> • 교과목 선택의 자율권을 주었을 때의 부정적인 면은 무엇인가?
> • 교과목 선택 자율권이 잘 시행되기 위해서는 어떤 노력이 필요한가?

모범 답안

　　고교 학점제는 학생에게 과목 선택권을 주어 학생이 주도적으로 공부하게 하자는 취지로 만들어진 것으로, 정해진 시간표대로 전 과목을 공부하던 기존의 교육 방식과는 많이 다르다. 그렇기에 이 제도가 시행된다면 학생과 교사, 학부모, 학교, 교육 당국 모두에게 기대와 함께 우려되는 점이 생길 것이다.

　　교과목 선택의 자율권이 주어졌을 때의 장점은 무엇보다 학생이 진로와 적성에 맞춰 학업 계획을 짤 수 있다는 것이다. 그렇게 학생의 자율성과 선택권이 존중되므로 학생의 주도적인 성장을 이끌어 낼 수 있다. 또한 학생 맞춤형 수업을 시행함으로써 교사는 의욕 있는 학생들과 좀 더 전문성 있는 수업을 할 수 있다. 다시 말해 학생과 교사 모두 획일화된 교육에서 벗어날 수 있게 된다.

　　반면 10대 후반의 학생에게 선택권을 주고 결정하게 하는 것이 학생에게 큰 부담을 줄 수 있고 주도적인 학습이 익숙하지 않은 학생은 학습에 실패를 경험할 수 있다. 또한 특정 과목에 학생이 집중이 된다거나 인기 없는 과목은 폐지해야 하는 상황이 벌어질 수 있다.

　　그러므로 고교 학점제가 성공적으로 자리 잡기 위해서는 학생들의 적성과 흥미를 파악할 수 있는 프로그램을 도입하고 진로와 연계된 다양한 정보를 제공할 필요가 있다. 선택의 자유가 부담이 아닌 성장의 계기가 될 수 있도록 학교와 교육 당국의 지속적인 논의가 필요한 시점이다.

채점 기준

과제 (1)
- 교과목 선택 자율권의 긍정적인 면
  - 학생의 진로와 적성을 고려한 교육 가능함
  - 학생의 주도적 성장 가능함
  - 교사는 의욕 있는 학생들과 전문성 있는 수업을 할 수 있음

과제 (2)
- 교과목 선택 자율권의 부정적인 면
  - 학생에게 큰 부담감을 줌
  - 학습 실패의 가능성
  - 특정 과목에 집중, 일부 과목 폐지

과제 (3)
- 교과목 선택 자율권이 성공적으로 자리 잡기 위한 노력
  - 학생들의 적성과 흥미를 파악할 수 있는 프로그램과 진로 관련 정보 제공 필요
  - 선택의 자유가 성장의 계기가 될 수 있도록 고민과 논의 필요

제3회 한국어능력시험

정답 및 해설
Answer and commentary

TOPIK II

| 2교시 | 읽기 (Reading) |

1	2	3	4	5	6	7	8	9	10
④	②	②	②	④	②	②	①	④	③

11	12	13	14	15	16	17	18	19	20
④	①	①	③	②	④	①	②	①	③

21	22	23	24	25	26	27	28	29	30
④	④	③	①	④	④	③	②	③	④

31	32	33	34	35	36	37	38	39	40
③	②	③	②	①	③	②	④	②	①

41	42	43	44	45	46	47	48	49	50
④	①	③	①	①	③	③	④	①	④

1 빈칸에 알맞은 말 고르기

> 친구에게 이메일을 (　　　　　) 편지를 썼다.

① 보내기 위해　　　　　② 보내고 보니
③ 보내기 때문에　　　　☑ 보내는 대신에

해설

앞에 오는 말이 나타내는 행동이나 상태를 비슷한 다른 행동이나 상태로 바꾸는 표현이 와야 합니다. '-는 대신에'는 앞의 내용을 '-는 대신에' 뒤에 나오는 내용으로 바꿔서 한다는 의미가 있습니다. 따라서 정답은 ④입니다. 문법 '-기 위해서'는 앞에 어떤 목적, 이유가 오고, 그것을 하기 위한 행위가 문법 뒤에 따라옵니다. '-고 보니'는 이미 이루어진 어떤 행위나 상태의 결과를 나타낼 때 사용합니다. '-기 때문에'는 문법 앞에 오는 내용이 어떤 일의 원인이나 근거가 되고, 문법 뒤에서 그로 인한 행위나 상태를 표현할 때 씁니다.

2 빈칸에 알맞은 말 고르기

> 비가 내리면 길이 (　　　　　) 운전 조심하세요.

① 미끄러운지　　　　　☑ 미끄러울 텐데
③ 미끄러우면서도　　　④ 미끄러운 데다가

해설

어떤 상황이 그럴 것이라고 추측하는 표현이 와야 합니다. 비가 내리면 길이 미끄럽습니다. 그런 상황을 추측하고 운전을 조심할 것을 조언할 수 있습니다. 따라서 정답은 ②입니다. '-(으)ㄴ지'는 주로 정도를 나타내는 부사 '얼마나'와 함께 사용하여 '그 사태가 매우 커서 어떻다'라는 의미를 담고 있습니다. '-(으)면서도'는 동시

동작이나 상태를 나타내는 '-(으)면서'에 '도'가 붙어 앞 문장과 뒤 문장이 대조적인 의미임을 표현합니다. '-(으)ㄴ 데다가'는 앞 문장의 일이나 상태에 추가적으로 다른 내용을 덧붙여 나열할 때 사용합니다.

3 의미가 비슷한 말 고르기

> 시험 준비를 열심히 했으니까 <u>잘 보기를 바란다.</u>

① 잘 봐야 한다　　　　☑ 잘 보면 좋겠다
③ 잘 보고 말았다　　　④ 잘 보기로 했다

해설

'-기를 바라다'는 '어떤 일이 반드시 그렇게 되었으면 좋겠다'고 희망하는 표현입니다. 희망을 나타내는 다른 표현으로 '-(으)면 좋겠다'를 선택할 수 있습니다. 따라서 정답은 ②입니다. '-아/어야 하다'는 의무와 당위를 나타내는 표현으로 반드시 어떤 행동을 하거나 상황이 그렇게 되어야 함을 나타냅니다. '-기로 하다'는 계획이나 다짐을 나타낼 때 사용합니다. '-고 말았다'는 기대하지 못한 의외의 결과가 생기게 된 상황에서 사용할 수 있는 표현입니다.

4 의미가 비슷한 말 고르기

> 백화점에서 세일을 <u>한다기에</u> 옷을 사러 갔다.

① 하기 위해서　　　　☑ 한다고 해서
③ 하면 좋겠는데　　　④ 할 뿐만 아니라

해설

'-다기에'는 들은 사실을 원인이나 이유 혹은 근거로 하여 어떤 행

동을 할 때 사용합니다. 문제에서 '세일'을 한다는 정보를 듣고 그것에 근거하여 '옷을 사러 갔다'는 의미이므로 '–는다고 해서'의 표현이 유사합니다. 따라서 정답은 ②입니다. '–다고 해서'는 간접적으로 들은 정보를 이유로 어떤 일을 한다는 의미를 담고 있습니다. '–기 위해서'는 앞 문장의 목적과 이유 때문에 뒤 문장의 행위를 하는 것을 말합니다. '–(으)면 좋겠다'는 어떤 바람을 표현할 때 사용합니다. '–(으)ㄹ 뿐만 아니라'는 문장 앞부분의 동작이나 상태에 문장 뒷부분의 동작이나 상태를 더하여 설명할 때 씁니다.

5 화제 고르기

> **더위야 가라!**
> 골라 먹는 재미가 있다!
> 12가지 과일 맛이 입안에서 녹아요.

① 과일　　　　　② 주스
③ 과자　　　　　☑ 아이스크림

해설

더위는 여름을 상징하며 입안에서 녹는 것은 얼음이나 아이스크림으로 여름철에 즐겨 먹는 음식입니다. 따라서 정답은 ④입니다.

6 화제 고르기

> **취향을 잇는 거래**
> 아끼던 물건을 원하는 사람에게!
> 빠르게 연결해 드립니다!

① 쇼핑센터　　　☑ 중고 마켓
③ 통신 회사　　　④ 수리 센터

해설

취향은 자신이 좋아하거나 선호하는 어떤 것을 말합니다. 자신이 썼던 물건을 구입하고자 하는 사람은 자신과 취향이 비슷할 것이라는 의미에서 '취향을 잇다'라는 표현을 사용하였습니다. 결국 이 안내문은 중고 물품을 판매하는 광고 문구입니다. 따라서 정답은 ②입니다.

7 화제 고르기

> 주름 없는 20대의 아름다움!
> 바르는 비타민으로 나를 돌보는 시간!

① 다이어트　　　☑ 피부 미용
③ 자기 계발　　　④ 건강 관리

해설

'주름이 없는 20대의 아름다움을 가질 수 있다'는 의미와 '비타민을 바르다'라는 표현을 통해 화장품과 관련된 내용임을 알 수 있습니다. 화장품은 피부 관리를 위해 사용되므로 정답은 ②입니다.

8 화제 고르기

> 자신의 진짜 **경험과 생각**을 써야 합니다.
> 자신의 능력을 **자신감 있게 표현**하지만
> **겸손**해야 합니다.

☑ 작성 방법　　　② 신청 문의
③ 진행 안내　　　④ 사용 조건

해설

이 글은 자신을 표현하는 방법을 설명하고 있습니다. '자기소개서를 쓰는 방법'을 알려 주고 있으므로 정답은 ①입니다.

9 일치하는 내용 고르기

> **공연 배우 모집 안내**
>
> 무대 공연에 재능과 열정을 가진
> 신입 배우를 뽑고자 합니다.
> 오디션에 관심 있는 분들의 많은 참여 바랍니다.
>
> 일시: 5월 16일(화) 13:00 ~ 16:00
> 장소: 서울 열린극장 공연장
> *** 공연장 출입구에서 신분증 확인 후 입장**
>
> ※ 일시를 잘 확인하여 안내문의 시간보다 여유 있게 도착해 대기하여 주시기 바랍니다.
> ※ 신분증(주민 등록증 또는 운전면허증 등)을 반드시 소지하시기 바랍니다.

① 오디션은 평일 오전에 치러진다.
→ 오디션 시간은 평일 오후 1시부터 4시까지입니다.
② 안내된 시험 시간에 정확하게 대기해야 한다.
→ 안내문의 시간보다 조금 일찍 대기해야 합니다.
③ 신인 가수가 되고 싶은 사람이 지원할 수 있다.
→ 신입 배우를 뽑는 오디션입니다.
☑ 시험 장소로 입장하기 전에 개인 신분을 확인한다.

10 일치하는 내용 고르기

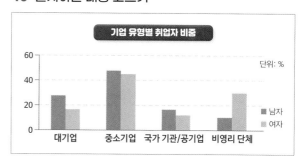

① 중소기업에 취업하는 남녀의 비율이 가장 낮다.
→ 중소기업에 취업한 남녀의 비율이 가장 높습니다.
② 비영리 단체에 취업한 사람은 남자가 여자보다 훨씬 많다.
→ 비영리 단체의 경우 여자의 비율이 훨씬 많습니다.

✔️ 대기업에 취업한 남자의 비율이 20% 이상으로 여성보다 많다.
④ 국가 기관이나 공기업에 취업한 남성이 전체의 20%를 넘는다.
→ 국가 기관이나 공기업에 취업하는 남성의 비율은 20%를 넘지 못합니다.

11 일치하는 내용 고르기

인주시에서 지역 어린이들과 함께하는 '바다 수영' 교육을 시작한다. 이 교육은 이론과 함께 실습을 위한 준비 과정으로 시작된다. 이 과정이 끝나면 바닷가에서 실제 교육을 받게 되는데 교육 시간은 오전 10시와 오후 1시이고 각각 2시간씩 진행된다. 교육 내용은 안전 교육과 실습이며 교육이 끝난 후에는 1시간 정도 자유 시간이 있어 자유롭게 바다에서 수영하는 것을 연습할 수 있다.

해설
① 하루 1회 2시간씩 바닷가에서 수업을 받는다.
→ 실습 수업은 하루 2회 2시간씩 진행됩니다.
② 교육 후에는 전문 강사와 함께 연습할 수 있다.
→ 강습 후에는 자기 스스로 연습하는 시간을 갖습니다.
③ 인주시에 살고 있는 성인을 대상으로 바다 수영을 가르친다.
→ 이 교육은 어린이를 위한 것입니다.
✔️ 교육에는 실제로 바다에서 수영을 해 보는 것과 안전 교육이 포함된다.

12 일치하는 내용 고르기

최근 지역 사회를 중심으로 노인의 전공과 인생 경험을 이용한 일자리 서비스가 시작되었다. 참여 대상은 취업을 하고 싶어 하는 60~80세의 지역 주민으로 아이 돌보기, 청소년의 학습 지도 등의 경험이 있는 사람은 누구나 신청할 수 있다. 이 서비스로 노인들이 일자리를 얻고 즐겁게 노년을 보낼 수 있을 것으로 기대된다.

해설
✔️ 일자리 서비스로 노인들이 자신의 경험을 살릴 수 있다.
② 지역 주민이라면 나이와 관계없이 모두 신청할 수 있다.
→ 노인을 위한 일자리 서비스입니다.
③ 이미 취업을 한 사람도 일자리 서비스에 참여할 수 있다.
→ 새로 취업을 원하는 사람이 신청할 수 있습니다.
④ 회사에서 일한 경력이 있는 노인도 서비스에 참여할 수 있다.
→ 주어진 설명만으로 알 수 없습니다.

13 알맞은 순서로 배열한 것 고르기

(가) 개 한 마리가 고기를 물고 다리 위를 걷고 있었다.

(나) 그러자 물고 있던 고기가 다리 밑으로 떨어지고 말았다.
(다) 그 고기에 욕심이 난 개는 다리 밑의 개를 향해 힘껏 짖었다.
(라) 그런데 다리 아래에 어떤 개 한 마리가 고기를 물고 있는 것이 보였다.

✔️ (가)-(라)-(다)-(나)
② (가)-(나)-(라)-(다)
③ (다)-(라)-(가)-(나)
④ (라)-(다)-(가)-(나)

해설
첫 문장은 ㈎로, 이야기의 배경을 보여 줍니다. 주인공 개 한 마리가 등장하고 다리를 걷는 장면이 묘사됩니다. ㈐는 접속 부사 '그런데'로 새로운 사건의 시작을 알려 줍니다. 다른 개가 고기를 물고 있는 것을 보고 ㈐에서 개는 욕심을 부려 짖습니다. ㈏ 문장은 '그러자'로 그 결과에 대해 서술하며, 어리석게 욕심을 부린 개의 결말을 보여 주는 것으로 글이 완결됩니다. 따라서 정답은 ①입니다.

14 알맞은 순서로 배열한 것 고르기

(가) 내 주변에도 나에게 가르침을 주는 사람이 있기 마련이다.
(나) 이 말은 사람에게서 배우는 것이 얼마나 중요한지 알려 준다.
(다) '세 명이 걷고 있으면 그중에 한 명은 나의 스승'이라는 말이 있다.
(라) 따라서 자신을 낮추고 배움의 자세로 상대방을 대하는 것이 중요하다.

① (가)-(나)-(다)-(라)
② (가)-(나)-(라)-(다)
✔️ (다)-(나)-(가)-(라)
④ (다)-(가)-(나)-(라)

해설
첫 문장 ㈐에서는 격언을 제시하며 전체 글의 시작을 알립니다. ㈏에서는 격언을 '이 말은'이라는 지시 대명사로 받아 자연스럽게 문장이 이어집니다. ㈎는 격언의 의미를 실제 생활에 적용하는 표현입니다. ㈑는 접속 부사 '따라서'로 시작하며 앞의 내용에 대한 결론으로 전체 글을 마무리합니다. 따라서 정답은 ③입니다.

15 알맞은 순서로 배열한 것 고르기

(가) 마늘 냄새를 제거하는 데에 사과가 효과적이다.
(나) 사과의 탈취 효과는 음식에만 해당되는 것이 아니다.
(다) 사과에는 강력한 탈취 효과가 있어 마늘의 독특한 냄새를 제거한다.
(라) 차 안에 불쾌한 냄새가 날 때 사과 반쪽을 하루 정도 놓아두면 냄새가 제거된다.

① (가)-(다)-(라)-(나)　　☑ (가)-(다)-(나)-(라)
③ (라)-(나)-(가)-(다)　　④ (라)-(다)-(가)-(나)

해설

첫 문장은 ⑺로 전체 글의 주제인 사과의 효능에 대한 정보를 줍니다. ⑺에서 마늘 냄새를 제거한다고 했으므로 그것이 탈취 효과 때문임을 알려 주는 ⒟로 내용이 이어집니다. ⒩에서 '사과의 탈취 효과'가 음식에만 해당되는 것이 아님을 언급하며 차 안에서의 불쾌한 냄새가 날 때 냄새를 제거하는 방법에 관한 ⒭로 자연스럽게 이어집니다. 따라서 정답은 ②입니다.

16 빈칸에 알맞은 말 고르기

사람은 자신과 유사한 사람을 좋아한다. **관심사가 비슷하면** 말이 잘 통하고 호감을 갖게 되기 때문이다. 관심이 있는 분야의 정보도 서로 공유하다 보면 상대방이 나에게 필요한 존재라는 생각이 들게 되고 **친근감이 생긴다.** 따라서 어떤 사람과 (　　　　　　　) 그 사람과 비슷한 취미나 활동을 해 보는 것이 좋다. 이런 노력을 통해 그 사람과 더욱 가까워질 수 있다.

① 같은 성격을 갖고 싶다면
② 함께 일을 시작하고 싶으면
③ 관계를 유지하고 싶지 않다면
☑ 친밀한 대인 관계를 맺고 싶다면

해설

윗글은 사람과 가까워지는 방법에 대해 이야기하고 있습니다. 비슷한 취미와 활동을 하는 것은 서로 비슷한 관심을 가짐으로써 친근감이 생기도록 하는 것입니다. 따라서 빈칸 안에 들어갈 표현은 '친밀한 대인 관계를 맺고 싶다면'입니다. 따라서 정답은 ④입니다.

17 빈칸에 알맞은 말 고르기

지하철역 승강장에는 역의 이름이 크게 쓰여 있다. 그런데 안내판의 왼쪽에 역 번호가 쓰여 있는 것을 아는 사람은 많지 않다. 이 번호는 한국어를 모르는 외국인 관광객의 편의를 위해 만들어졌다. 역 번호는 (　　　　　　　) **가장 앞의 첫 번째 숫자는** 호선을 나타낸다. **뒤의 두 숫자는** 시작되는 역에서부터 끝나는 역까지의 순서를 번호로 써 놓은 것이다. 따라서 역 번호를 이용하면 역의 이름을 몰라도 쉽게 역을 찾을 수 있다.

☑ 세 자리 숫자로 이루어져 있는데
② 크기가 작아서 잘 보이지 않는데
③ 숫자를 몰라도 알아볼 수 있는데
④ 숫자가 아니라 한글로 쓰여 있는데

해설

전체적인 내용은 지하철역에 쓰여 있는 역 번호에 대한 것입니다.

빈칸 뒤에 이어지는 내용에서 '첫 번째 숫자'와 '뒤의 두 숫자'라는 표현으로 수의 자릿수에 대해 말하고 있습니다. 따라서 정답은 ① 입니다.

18 빈칸에 알맞은 말 고르기

우리는 종종 같은 분야에서 일을 하는 사람들에게 열등감을 느끼거나 (　　　　　　　). 같은 종목의 운동선수, 같은 부서에서 일하는 직장인, 같은 학교의 교수 간에도 이런 현상이 발생한다. 동일한 공간에서 일을 하다 보면 **경쟁심이 생기기 때문이다.** 그럴 때는 공동의 목표를 갖는 것이 중요하다. 공동의 목표가 생기면 그것을 위해 협력하기 때문에 질투심은 사라지고 서로를 위로해 주고 칭찬하게 된다.

① 협조하는 마음이 앞선다
☑ 그들의 성공을 질투하게 된다
③ 실패했다고 비난을 하곤 한다
④ 칭찬해 주고 싶은 생각이 든다

해설

윗글은 같은 분야에서 일을 하는 사람들 간의 경쟁심과 질투에 대해 이야기하고 있습니다. 빈칸 앞 부분에서 '-거나'를 사용하여 빈칸 속의 내용이 '열등감을 느끼다'와 유사한 의미로 연결되고 있음을 알려 줍니다. 또한 글의 마지막 문장에서 '질투심은 사라지고 서로를 위로하고 칭찬하게 된다'고 표현하여 경쟁심과 질투가 유사한 의미로 반복되고 있음을 알 수 있습니다. 따라서 정답은 ②입니다.

[19-20] 글을 읽고 물음에 답하기

부모는 아이가 어릴 때 아이를 보호해 준다. 유치원이나 초등학교에 갈 때는 손을 잡고 함께 걷는다. 그러나 아이가 크면 부모는 아이의 뒤에서 걸어야 한다. 이것은 아이에게 선택의 자유를 주기 위해서다. (　　　　　) 아이는 스스로 생각하고 판단하는 능력을 키우기 어렵다. 어떤 일을 할 때도 부모가 선택한 것을 강요하기보다는 아이가 스스로 선택하여 행동할 수 있도록 하는 것이 아이의 자아 성장을 위해 바람직하다.

19 빈칸에 알맞은 말 고르기

☑ 그렇지 않으면　　② 그렇지 않아도
③ 그렇기 때문에　　④ 그렇기는 하지만

해설

빈칸의 앞에서는 '아이에게 선택의 자유를 주기 위해 부모가 뒤에서 걸어야 한다'라고 했는데 빈칸의 뒤에서는 '아이가 스스로 생각하고 판단하는 능력을 키우기 어렵다'로 부정적인 내용이 뒤따라와서 빈칸을 중심으로 내용이 상반되고 있음을 알 수 있습니다.

따라서 전제된 조건이 맞지 않으면 다른 결과가 올 것임을 뜻하는
① '그렇지 않으면'이 답이 됩니다.

20 주제/중심 내용 고르기

해설

① 부모는 항상 아이와 같이 걸어야 한다.
→ 아이가 성장하면 아이가 먼저 걸어가도록 해야 합니다.

② 아이가 크더라도 스스로 판단하는 것은 어렵다.
→ 아이가 성장하면 스스로 판단하도록 해야 합니다.

③ 부모는 아이가 크면 선택의 자유를 주어야 한다.

④ 부모가 선택을 해 주는 것이 아이의 성장을 돕는다.
→ 부모가 계속 함께 하는 것은 아이의 성장에 좋지 않습니다.

[21-22] 글을 읽고 물음에 답하기

> 성공을 판단하는 기준은 무엇일까? 사람들은 보통 경제력과 사회적 지위로 성공 여부를 판단한다. 그런데 모든 사람들이 같은 능력과 가능성을 가지고 태어나는 것은 아니다. 어떤 사람은 6만큼의 능력과 가능성을 지니고 태어나지만 어떤 사람은 3만큼을 갖고 태어나기 때문이다. 그렇다면 3만큼의 능력으로 태어나서 6만큼을 이루는 것이 진정한 성공이 아닐까? 결국 성공은 타고난 자신과 발전한 자신 사이에서 이룬 성과라 할 수 있을 것이다. 따라서 성공은 자기 자신의 기준으로 판단하는 것이지 다른 사람의 (   ) 하는 것이 아니다.

21 빈칸에 알맞은 말 고르기

① 손에 익어야
② 발이 넓어야
③ 눈길을 끌어야
④ 눈높이에 맞아야

해설

윗글은 성공을 판단하는 기준에 대해 말하고 있습니다. 빈칸이 있는 마지막 문장에서 성공은 '자기 자신의 기준으로 판단해야 한다'고 말했으므로 빈칸에는 앞의 내용과 상반되는 '남의 기준'이라는 의미가 들어가야 합니다. '눈높이에 맞다'는 '가치나 상황을 판단하는 능력이나 수준이 맞다'라는 뜻으로 이 문장 안에서는 타인의 '수준에 맞다'는 의미로 사용됩니다. 따라서 정답은 ④입니다. '손에 익다'는 '손에 익숙해져서 편하다'는 뜻입니다. '발이 넓다'는 '아는 사람들이 많다'는 뜻입니다. '눈길을 끌다'는 '사람들의 관심을 끌다'라는 뜻입니다.

22 일치하는 내용 고르기

해설

① 사람들은 동일한 능력을 갖고 태어난다.
→ 모든 사람들이 같은 능력을 가지고 태어나는 것은 아니라고 했습니다.

② 성공에 대한 가능성을 경제력으로 알 수 있다.
→ 사람들은 보통 경제력으로 성공 여부를 판단한다고 했으나 그것으로 설명할 수 없다고 했습니다.

③ 성공 여부를 판단할 수 있는 공통의 기준이 있다.
→ 성공은 자기 자신의 기준으로 판단하는 것이지 다른 사람의 기준은 아니라고 했습니다.

④ 타고난 능력과 이루어 낸 능력의 차이가 성공의 크기다.

23 인물의 태도/심정 고르기

> 농부는 자신의 눈을 의심했다. "평생을 남의 땅만 부쳐 먹고 살았는데……, 땅을 준다고?" 그는 돈을 받지 않고 땅을 나누어 준다는 신문 광고에 눈이 둥그레졌다. 그는 당장 신문에 광고를 올린 부자를 찾아갔다. 부자는 얼마나 많은 땅을 원하냐고 되물었다. 농부는 "저는 아침에 해가 뜰 때 출발해서 저녁에 해가 질 때까지 밟고 돌아올 수 있을 만큼의 땅이 있으면 좋겠어요."라고 말했다. 부자는 다음 날 해가 뜨기 전에 출발하여 다시 돌아온 만큼의 땅을 주겠노라 약속을 했다. 농부는 몹시 들떠 잠을 이룰 수가 없었다. 다음 날 아침, 농부는 해가 지기 전에 돌아오기로 약속을 하고 달리기 시작했다. 농부는 계속해서 뛰었다. 점심을 먹는 시간도 아까워 도시락은 팽개쳐 버렸다. 내일이면 내 것이 될 땅들을 돌아보며 신이 나서 달리고 또 달렸다.

① 후련하다
② 답답하다
③ 당황스럽다
④ 후회스럽다

해설

주인공은 평생 자신의 땅을 갖지 못하고 남의 땅에 농사를 지으며 살던 사람입니다. 그런데 신문에서 땅을 공짜로 준다는 기사를 읽고 너무나 놀라게 됩니다. '눈이 둥그레지다'는 아주 놀라거나 당황스러워하는 모습을 나타냅니다. 따라서 정답은 ③입니다.

24 일치하는 내용 고르기

해설

① 농부는 자신의 땅을 갖기 위해 열심히 뛰었다.

② 농부는 자신의 땅에서 농사를 지으면서 살았다.
→ 농부는 남의 땅을 빌려 농사를 지었습니다.

③ 농부는 부자의 제안을 듣자마자 몹시 화가 났다.
→ 농부는 부자의 제안을 받아들였고 그로 인해 기뻤습니다.

④ 농부는 부자의 말을 믿지 못해 밖으로 뛰어나갔다.
→ 농부는 부자의 약속을 믿고 뛰었습니다.

25 중심 내용 고르기

수도권에 가을비, 큰 일교차 주의

① 수도권에 비가 많이 오니 빗길 운전에 주의해야 한다.
② 수도권에 가을비로 인해 날씨가 추워지므로 주의해야 한다.
③ 수도권에 비가 많이 내려 피해가 생길 수 있기 때문에 조심해야 한다.

④수도권에 비로 인해 아침저녁의 기온 차가 커질 수 있으니 주의해야 한다.

해설
일교차는 하루의 기온 차를 말합니다. 가을비가 내리고 나면 보통 아침저녁은 쌀쌀하지만, 낮 동안은 여전히 기온이 높습니다. 이렇게 기온 차가 크면 감기에 걸리기 쉬우므로 주의해야 한다는 의미를 골라야 하므로 정답은 ④입니다.

26 중심 내용 고르기

> 오랜 경기 한파, 전통 시장 얼어붙는다.

① 오랫동안 추위가 계속되어 전통 시장도 차갑게 얼었다.
② 오랫동안 지속되는 추위로 전통 시장의 영업이 어려워졌다.
③ 경제 위기에도 전통 시장을 찾는 사람들이 계속 증가하였다.
④경제가 오래도록 좋지 않아 전통 시장도 장사가 되지 않는다.

해설
'한파'는 겨울철에 기온이 갑자기 내려가는 현상을 말합니다. '경기 한파'는 마치 한파가 온 것처럼 경기가 얼어붙는 '경기 불황'을 비유한 것입니다. 이러한 불경기가 전통 시장에도 영향을 미쳐 마치 추위로 얼어붙은 것과 같이 장사가 되지 않는 상황을 표현한 문장은 ④입니다.

27 중심 내용 고르기

> 기사 바뀐 정보 통신 기업, 앞으로의 운행 노선은?

① 승객을 모으기 위해 새로운 사업을 준비중이다.
② 버스 회사의 책임자가 바뀌어 사업 방향을 알 수가 없다.
③통신 회사의 대표가 교체되어 이후의 사업 방향을 알 수 없다.
④ 통신 회사의 대표가 바뀌면서 교통 관련 업무를 시작하려고 한다.

해설
기사는 차를 운전해서 이끌고 가는 사람입니다. 기업을 차에 비유한 문장으로 여기서 '기사'는 기업의 대표를 말하는 것입니다. 기사가 바뀌었다는 것은 기업의 대표가 교체되었다는 뜻입니다. 그리고 '앞으로 나아가야 할 방향 즉 노선은?'에서 '?'은 아직 알 수 없다는 것을 나타내는 것이므로 정답은 ③입니다.

28 빈칸에 알맞은 말 고르기

> 살을 빼기 위한 운동은 언제 하는 것이 가장 좋을까? 아침 식사 전에 하는 운동이 체지방을 없애는 데에 가장 좋다고 한다. 체중을 줄이기 위해서는 (   ) 운동을 시작하면 탄수화물이 먼저 타고 그다

음 지방이 없어진다. 수면 중 우리 몸은 계속 탄수화물을 태워 없애므로 기상 후 아침 식사 전에 운동한다면 바로 지방을 태울 수 있다.

① 일찍 잠을 자야 하는데
②몸속 지방을 태워야 하는데
③ 매일 조금씩 먹어야 하는데
④ 탄수화물을 몸에 쌓아야 하는데

해설
살을 빼기 위해서는 지방을 없애야 하는데 지방은 몸속 탄수화물을 다 소비한 후에 타기 시작합니다. 빈칸과 이어지는 문장에서도 '운동을 시작하면 탄수화물이 먼저 타고 그 다음에 지방이 없어진다'고 했으므로 빈칸에는 '지방을 없애다'와 같은 표현이 와야 합니다. 따라서 정답은 ②입니다.

29 빈칸에 알맞은 말 고르기

> 긴 막대의 끝에 카메라를 붙여 사용하는 셀카봉은 한 여행자에 의해 발명되었다. 그는 여행 중에 자신의 카메라를 들고 도망간 사람 때문에 여행 후에도 다른 사람에게 촬영을 부탁하기가 싫었다고 한다. 그래서 그는 혼자서도 찍을 수 있는 셀카봉을 발명하게 되었다. 이처럼 발명은 생활 속 불편이나 (   ) 노력으로 시작하여 사람들의 생활을 편리하고 윤택하게 만든다.

① 새로운 물건을 발명하려는
② 불합리한 상황을 이해하려는
③겪게 된 문제점을 해결하기 위한
④ 재미있는 아이디어를 개발하려는

해설
윗글은 셀카봉의 탄생에 대해 말하고 있습니다. 다른 사람에게 사진을 찍어 달라고 부탁했을 때의 불안함을 발명을 통해 해결하고자 하였습니다. 또 빈칸 앞에서 '불편이나'라고 하였기 때문에 '불편'과 비슷한 표현인 '문제점'이 나오는 것이 자연스럽습니다. '불합리한 상황을 이해'하는 것은 셀카봉을 발명하게 된 이유로 어울리지 않습니다. 따라서 정답은 ③입니다

30 빈칸에 알맞은 말 고르기

> 물구나무서기는 머리를 바닥에 두고 다리를 머리 위로 거꾸로 세우는 운동이다. 인간은 서서 걷는 생활만을 하기 때문에 물구나무서기를 하면 한쪽으로 몰렸던 혈액과 림프가 몸의 반대쪽으로 몰리게 된다. 그러면 평소에 혈액과 림프가 잘 닿지 않던 부위에도 순환이 일어나 피로가 풀릴 수 있다. 또한 몹시 부은 발과 종아리가 가늘어지는 효과도 있어 물구나무서기는 직장에서 오랫동안 서서

근무하는 사람이 (   ) 탁월한
효과가 있다.

① 자유롭게 활동하는 데에
② 근무의 효율을 높이는 것에
③ 종아리 근육을 키우는 데에
❹ 종아리의 붓기를 빼는 데에

물구나무 서기의 효과에 대해 설명하고 있습니다. 물구나무를 서면 혈액과 림프가 순환이 잘 되어 피로가 풀릴 수 있습니다. 종아리가 가늘어지는 것은 결국 종아리의 붓기가 빠지기 때문입니다. 따라서 정답은 ④입니다.

31 빈칸에 알맞은 말 고르기

돼지는 일반적으로 지저분하고 바보 같은 동물로 알려져 있다. 그러나 최근 연구에 의하면 돼지는 개, 돌고래와 같이 지능이 높은 동물과 인지 능력이 여러 부분에서 유사한 것으로 나타났다. 돼지가 (   ) 연구 결과가 있다. 먹이를 찾을 때 힘이 센 돼지는 다른 돼지를 따라다니다 그 돼지가 먹이를 찾으면 순식간에 빼앗아 먹는다. 그런 이유로 돼지는 동료에게 먹이를 빼앗길 상황이 되면 먹이로부터 먼 곳으로 방향을 바꾸는 전략을 쓴다.

① 먹이를 빨리 찾을 수 있다는
② 독창적인 사냥 전략이 있다는
❸ 똑똑하지 못하다는 편견을 깨는
④ 다른 동물과 인지 능력이 다르다는

일반적으로 돼지는 똑똑하지 않은 동물이라고 알려져 있지만 그것이 편견임을 알려 주는 연구 결과를 소개하고 있습니다. 지능이 높은 동물과 인지 능력이 유사하다는 점과 사냥을 할 때 힘이 센 동료를 따돌리는 모습에서 사람들의 생각이 잘못되었다는 것을 알 수 있습니다. 빈칸에는 연구 결과가 '기존의 선입견과는 다르다'는 뜻이 와야 합니다. 따라서 정답은 ③입니다.

32 일치하는 내용 고르기

작은 농촌 마을에서 태어나 가난한 농민의 삶을 그려낸 자연주의 화가, 그가 바로 밀레이다. 밀레는 초상화가로 시작하여 조금씩 이름을 알렸고 이후에 본격적으로 자연주의 그림을 그리기 시작했다. 기존의 화가들이 풍경화를 주로 다루었던 데 반해 그의 그림에는 인물이 부각되었다. '이삭줍기'와 '만종'은 화려한 귀족이나 종교의 한 장면이 아닌 농촌의 풍경을 배경으로 일하는 농민의 모습을 그린 것이다.

① 밀레는 부유한 귀족의 아들로 태어났다.
→ 밀레는 작은 농촌 마을에서 태어났습니다.
❷ 밀레의 그림에는 일하는 사람이 등장한다.
③ 밀레의 그림은 화려한 귀족의 느낌을 준다.
→ 밀레는 주로 농촌에서 일하는 사람의 모습을 그렸습니다.
④ 밀레는 자연주의 스타일의 풍경화를 그렸다.
→ 자연주의 그림은 맞지만 인물을 중심으로 그렸습니다.

33 일치하는 내용 고르기

종이류와 종이팩은 분리수거를 해야 한다. 종이류는 모아서 종이함에 분류하면 되지만 종이팩은 안을 깨끗이 씻어 이물질을 제거해야 한다. 또한 종이팩은 빨대, 비닐 등이 함께 섞이지 않도록 다른 물질을 제거한 후 종이팩 전용 수거함에 넣어야 해서 종이류에 비해 손이 많이 간다. 종이류와 종이팩을 분리해서 버려야 하는 이유는 재활용 방식이 다르기 때문인데 같은 종이지만 종이류는 일반 종이로 종이팩은 화장지, 미용 티슈와 같은 제품으로 재탄생하기 때문이다.

① 종이팩은 종이함에 분류하면 된다.
→ 종이팩은 종이팩 전용 수거함에 넣어야 합니다.
② 종이류는 화장지로 다시 재활용된다.
→ 종이류는 일반 종이로 재활용됩니다.
❸ 비닐 등의 재질은 종이팩과 따로 분리한다.
④ 종이류와 종이팩은 재활용되는 방식이 같다.
→ 종이류와 종이팩은 재활용 방식이 다릅니다.

34 일치하는 내용 고르기

카푸치노의 제조법은 한 성직자의 아이디어에서 나왔다고 한다. 그는 전쟁 후 적군이 버리고 간 커피 자루를 발견하고 그 커피 원두로 커피를 만들었다. 그런데 그 맛이 너무 진해서 크림과 꿀을 섞어 넣었다. 커피의 색은 크림으로 인해 갈색으로 변하게 되었는데 이 색깔이 카푸친 수도회 성직자가 입는 코트의 색과 비슷하였다. 그로 인해 커피는 '카푸치노'라는 이름을 얻게 되었고 이것이 바로 카푸치노의 시초가 되었다고 한다.

① 카푸치노는 갈색의 크림을 넣어 만들었다.
→ 카푸치노에 크림을 넣어 갈색이 되었습니다.
❷ 카푸치노의 색은 성직자의 의상과 비슷하였다.
③ 카푸치노의 맛과 향은 전통 커피보다 우수하다.
→ 주어진 글로는 알 수 없습니다.

④ 카푸치노는 전쟁을 치르던 군인들에 의해 개발되었다.
➡ 카푸치노는 전쟁 후 성직자의 아이디어에서 나온 것입니다.

35 주제/중심 내용 고르기

> '이솝 우화'에서 여우는 포도밭에서 포도를 따 먹으려고 애를 쓴다. 그러나 아무리 애를 써도 먹을 수 없게 되자 "저 포도는 아직 시어서 맛이 없을 거야."라며 돌아선다. 이처럼 개인의 신념이 현실과 맞지 않을 때 기존의 태도나 행동을 바꾸는 것을 '신포도 심리'라고 한다. 일이 자기 뜻대로 되지 않을 때 조금 달리 생각하면 심리적인 안정감을 느낄 수 있다. 이것이 자기 보호 방법이 되어 건강한 정신을 유지하는 데 도움이 되는 것이다.

① 생각을 바꿈으로써 심리적으로 자신을 보호할 수 있다.
② 일이 마음대로 안 된다고 해도 포기하는 것은 옳지 않다.
③ 일이 뜻대로 되지 않을 때는 언제나 신념을 바꾸는 것이 낫다.
④ 개인의 신념과 현실이 일치하지 않는 것을 신포도 심리라고 한다.

해설
'신포도 심리'는 우화 속 여우처럼 먹을 수 없는 포도에 집착하기보다 맛이 없을 거라고 생각을 바꾸는 마음 상태를 말합니다. 생각을 바꾸면 현실과 맞지 않는 자신의 신념을 지킬 수 있고 마음의 안정을 찾을 수 있습니다. 즉 신포도 심리는 자신을 심리적으로 보호하기 위한 방법이 됩니다. 따라서 이 글의 주제는 ①입니다.

36 주제/중심 내용 고르기

> 예술가들은 관찰을 통해 창조적인 작품을 만든다. 예술가들의 타고난 관찰력을 생각한다면 뛰어난 관찰력은 선천적인 것으로 여겨지기도 한다. 그러나 관찰은 지식을 얻고자 하는 사람 누구에게나 필요하며 후천적으로 습득할 수 있는 기술이다. 대부분의 경우 눈뿐만 아니라 귀나 코 등의 다른 감각 기관을 훈련하면 관찰 능력을 키울 수 있다. 실제로 많은 화가들이 '눈으로 볼 수 없는 것은 손으로 그릴 수 없다'라는 말을 즐겨한다.

① 사람은 타고난 관찰 능력이 있다.
② 평범한 사람은 관찰 능력을 키우기 어렵다.
③ 관찰하는 능력은 연습을 통해 키울 수 있다.
④ 예술가는 관찰 능력을 키우기 위해 노력한다.

해설
관찰 능력은 지식을 얻고자 하는 인간에게 중요한 능력입니다. 글쓴이는 이러한 관찰력은 타고나는 것이 아니라 후천적으로 키울 수 있다고 주장합니다. 눈뿐만 아니라 귀나 코 등의 감각 기관을 훈련하면 관찰력을 키울 수 있다고 했으므로 정답은 ③입니다.

37 주제/중심 내용 고르기

> 요즘 심각한 문제로 대두되고 있는 사회 갈등에 대해 그 원인을 묻는 조사에서 방송 매체라는 응답이 32.4%로 가장 많았다. 방송 매체가 갈등을 일으키는 주요 원인은 방송이 공정성을 잃고 한쪽으로 치우친 방송을 하는 데에 있다. 이로 인해 대중은 정보의 참과 거짓을 판단하기 어렵게 되고 다른 의견을 가진 상대방을 오해하게 된다. 언론을 이끄는 방송 매체는 공정성을 잃지 말고 이해 당사자들 사이에서 균형과 중립을 지켜야 할 것이다.

① 방송 매체는 편파 방송으로 사회 갈등을 키우고 있다.
② 방송은 사회 현상을 공정하게 판단하고 방송해야 한다.
③ 사회 갈등으로 인해 많은 사람들이 불안감을 느끼고 있다.
④ 언론은 대중 매체를 주도하고 사회 문제를 풀어 나가야 한다.

해설
윗글은 사회 갈등의 원인 중 하나로 방송 매체의 편파 방송을 꼽았습니다. 글의 마지막에서 언론을 이끄는 방송 매체는 공정성을 잃지 않고 균형과 중립을 지켜야 한다고 했습니다. 따라서 정답은 ②입니다.

38 주제/중심 내용 고르기

> 기분이 좋았다가 갑자기 가라앉는 기분 변화를 지속적으로 느낀다면 조울증을 의심하게 된다. 조울증은 기분이 지나치게 좋은 상태와 우울한 상태를 반복적으로 되풀이하는 증상인데 심하면 갑자기 모든 일에 흥미를 잃고 사회 활동을 기피하게 된다. 조울증은 본인보다 주변 사람들이 쉽게 눈치챌 수 있으므로 가까운 친구나 가족이 관심을 가져야 한다. 주위에서 따뜻한 시선으로 살펴봐 주고 빨리 치료를 받을 수 있도록 조언을 해 주어야 한다.

① 조울증은 미리 예방하는 것이 최선이다.
② 조울증을 앓으면 기분이 변덕스럽게 변한다.
③ 조울증을 치료하기 위해 전문가와 상담해야 한다.
④ 조울증 환자에게는 가족의 관심과 조언이 필요하다.

해설
글쓴이는 조울증의 증상에 대해 이야기하면서 자신보다 주변 사람들이 더 빨리 눈치를 챌 수 있으므로 관심을 가지고 조울증 현상을 보이는 사람에게 빨리 치료를 받을 수 있도록 조언을 해 주어야 한다고 말했습니다. 따라서 정답은 ④입니다.

39 문장이 들어갈 위치 고르기

> 예술 분야는 지금까지 인간의 고유한 영역으로 여겨져 왔다.

미술가와 AI 화가의 협업 작품이 선을 보여 화제를 불러일으키고 있다. (㉠) AI 시대의 예술을 둘러싸고 여러 가지 주장과 견해들이 분분하다. (㉡) 인간만이 할 수 있는 창의적인 사고와 창조력이 필요한 분야이기 때문이다. (㉢) 그러나 문학, 영화, 미술 영역까지 AI가 두각을 보이지 않는 곳이 없게 됨에 따라 '인간다움이란 무엇인가'와 같은 철학적 질문을 던지게 되었다. (㉣)

① ㉠　　✔② ㉡　　③ ㉢　　④ ㉣

해설

주어진 문장에서 예술은 '인간의 고유한 영역'으로 생각되어 왔다고 언급하였으므로 문장의 앞에는 예술 분야에 대한 내용이 오고 뒤 문장에는 예술 분야가 왜 인간의 고유한 영역인지에 대해 보충하는 설명이 따라와야 합니다. 따라서 정답은 ②입니다.

40 문장이 들어갈 위치 고르기

> 여기서 플랫폼은 공급자와 소비자를 연결해 주는 매체를 뜻한다.

> 인터넷 비즈니스가 증가하면서 온라인 플랫폼으로 서비스를 제공하는 회사가 증가하고 있다. (㉠) 즉 음식을 주문해 먹고 싶은 사람들은 소비자가 되고 자신의 가게 음식을 팔고 싶은 식당 주인은 공급자가 된다. (㉡) 이들을 서로 연결해 주는 곳이 바로 음식 배달 플랫폼이다. (㉢) 소비자가 원하는 서비스를 휴대 전화나 컴퓨터를 통해 쉽고 편리하게 이용할 수 있어 앞으로 더 많은 플랫폼 회사가 탄생할 것으로 보인다. (㉣)

✔① ㉠　　② ㉡　　③ ㉢　　④ ㉣

해설

주어진 문장은 플랫폼이 무엇인지 정의하고 있습니다. 앞 문장에 온라인 플랫폼에 대한 배경이 제시되고 뒤 문장에는 플랫폼에 대한 예시가 따라 나올 수 있습니다. 플랫폼의 정의에서 공급자와 소비자를 연결해 주는 매체라고 했는데 ㉠의 뒤 문장에 음식을 주문하는 소비자와 식당 주인인 공급자의 예시가 나옵니다. 또한 '즉'이라는 부사로 앞 문장의 내용을 다시 설명하고 있음을 알 수 있습니다. 따라서 정답은 ①입니다.

41 문장이 들어갈 위치 고르기

> 나라마다 시간을 다르게 측정하면 혼란이 오기 때문에 전 세계는 세계 표준시를 정했다.

> 시차는 나라 간의 시간 차이를 말한다. 시차는 왜 생길까? (㉠) 시차의 원인은 둥근 지구와 자전 때문이다. 지

구는 하루에 한 바퀴씩 스스로 돌아가고 있다. (㉡) 낮과 밤이 바로 이 자전으로 생긴다. (㉢) 또한 지구는 하루 동안 서쪽에서 동쪽으로 360도 회전하기 때문에 15도마다 한 시간의 시차가 발생한다. (㉣) 그리고 그 기준을 영국의 천문대가 있는 본초자오선으로 약속하였다.

① ㉠　　② ㉡　　③ ㉢　　✔④ ㉣

해설

윗글의 앞부분은 시차가 왜 발생하는지에 대해 설명하고 있습니다. 글의 마지막 문장에서 '그리고 그 기준을 약속하였다'는 표현을 볼 수 있는데 '그 기준'은 앞에서 언급한 특정한 기준을 말합니다. 주어진 문장에 '세계 표준시를 정했다'라는 표현을 통해 '그 기준'이 '세계 표준시'임을 알 수 있습니다. 따라서 주어진 문장은 마지막 문장의 바로 앞에 위치해야 합니다. 정답은 ④입니다.

[42-43] 글을 읽고 물음에 답하기

> '꿈속에서도 불을 끄시나……?'
> 아버지의 유난스러운 잠꼬대에 나는 한숨이 절로 났다. 모처럼 아버지와 함께 있는 일요일인데 아버지는 한나절이 지나도록 잠만 주무신다. 나는 책을 보면서도 온통 다른 생각뿐이었다.
> "민욱아, 엄마랑 시장에라도 다녀올까?"
> 어머니는 나의 마음을 아시는지 온화한 표정으로 보듬어 주셨다.
> "아니에요. 뭐, 전 안 가도 상관없어요."
> 나는 그렇게 대답했지만 뾰로통한 표정을 바꾸기 어려웠다. 어머니는 내 어깨를 감싸고 어제 있었던 일을 얘기해 주셨다.
> "사실 어제 아버지가 현장 출동을 두 번이나 하셨단다. 전통 시장에 불이 나서 길에 검은 연기가 자욱하고 불길이 시장 전체로 번졌다고 하시더구나. 네 아버지가 사람들을 구하고 건물에서 빠져나왔는데 먼저 들어간 대원이 불길에 휩싸여 쓰러진 기둥 때문에 현장을 빠져나오지 못하셨대. 시장 상가에 조금만 더 빨리 들어갔더라면 네 아버지도 같은 봉변을 당하셨을 거야."
> 나는 어머니의 이야기를 듣고 아버지가 왜 그리 고단하게 주무시는지 알 수 있었다.
> "아버지, 살아 돌아와 주셔서 정말 감사해요."
> 나는 조용히 속삭였다.

42 인물의 태도/심정 고르기

✔① 섭섭하다　　② 쑥스럽다
③ 흥미롭다　　④ 상쾌하다

해설

이 글의 주인공인 '나'는 모처럼 아버지와 함께 시간을 보내고 싶었는데 아버지가 늦게까지 주무셔서 기분이 좋지 않았습니다. 어

머니의 대답에 '상관없다'고 말했지만 그 말에는 섭섭한 마음이 담겨 있습니다. 따라서 정답은 ①입니다.

43 일치하는 내용 고르기

해설

① 아버지는 어젯밤 화재 현장에서 구조되셨다.
　➡ 아버지는 어젯밤 화재 현장을 두 번이나 출동하였습니다.

② 어머니는 쉬는 날인데도 계속 잠만 주무셨다.
　➡ 아버지가 잠을 주무셨습니다.

③ 전통 시장에 불이 나서 소방관이 목숨을 잃었다.

④ 나는 아버지의 사연을 전해 듣고 눈물을 흘렸다.
　➡ 나는 아버지의 사연을 듣고 무사히 돌아온 아버지에게 감사의 마음을 가졌습니다.

[44-45] 글을 읽고 물음에 답하기

철학자 아리스토텔레스는 '어떤 것은 원하는 사람도 있고 원하지 않는 사람도 있지만 행복만은 누구나 원한다'는 말을 남겼다. 모든 사람들이 행복을 추구하지만 행복을 누리는 사람은 많지 않다. 행복을 얻기 위해서는 (　　　　　　　　　　) 그것은 바로 '만족'이다. 만족은 스스로가 정한 정신적 가치에 조금씩 도달할 때 느낄 수 있다. 반면 정신적 가치보다 명예나 권력, 부귀를 원하는 사람들은 행복을 얻기 어렵다. 돈과 권력, 명예욕은 소유하고자 하는 욕구가 강하기 때문이다. 소유욕은 자기 것으로 만들어 가지고 싶어 하는 마음이므로 소유욕이 강하면 만족을 모를 것이다. 아무리 먹어도 허기진 마음으로 살아가게 되는 것이다.

44 빈칸에 알맞은 말 고르기

① 꼭 필요한 조건이 있는데
② 알아야 하는 것이 많은데
③ 사람들이 동의해야 하는데
④ 전문가에게 조언을 구하는데

해설

빈칸에 뒤따라오는 단어가 '그것은 바로'입니다. '그것'은 앞 문장에서 언급된 무엇을 가리키는 대명사입니다. 빈칸 앞에서 문법 '-기 위해서'가 쓰였으므로 빈칸에는 행복을 얻기 위해서 해야 할 행동이나 상태가 나와야 합니다. 빈칸 뒤에는 만족과 행복의 관계를 설명하고 있으므로 문맥상 ②, ③, ④번의 내용은 어울리지 않습니다. 따라서 정답은 ①입니다.

45 주제/중심 내용 고르기

① 만족을 아는 사람이 행복하게 살 수 있다.
② 행복은 모든 사람들이 추구하는 가치이다.
③ 물질적인 행복이 정신적 가치보다 중요하다.
④ 행복을 추구하지만 행복한 사람은 많지 않다.

해설

글쓴이는 사람은 누구나 행복을 원하지만 행복을 누리는 사람은 많지 않고, 행복을 얻기 위해서는 만족이라는 조건이 충족이 되어야 한다고 했습니다. 그리고 만족은 스스로가 정한 정신적 가치에 도달할 때 느낄 수 있다고 했으므로 ③은 글의 내용과 맞지 않습니다. ②와 ④ 모두 맞는 문장이지만 이 모든 내용을 포괄하는 중심 내용을 골라야 하므로 정답은 ①입니다.

[46-47] 글을 읽고 물음에 답하기

'바다의 잡초'로 여겨졌던 해조류가 최근에는 그 위상이 달라지고 있다. 환경 피해를 최소화하고 식량 위기를 해결할 수 있다는 가능성 때문이다. 먼저 해조류는 물속에서 자라기 때문에 농지나 목축지를 차지하지 않는 데다가 비료나 농약을 사용하지 않고도 잘 자라는 특성이 있어 환경친화적인 식량 자원으로 간주된다. 또한 해조류는 풍부한 영양소를 함유하고 있어 '슈퍼 푸드'로 불리기도 하며 세계적인 식량 위기를 해결하는 데 도움이 될 수 있다. 그러나 해조류를 상업적으로 재배하려면 양식장 구축, 연구 개발, 생산 및 유통 과정에서 초기 투자 비용이 발생한다. 해조류에 대한 소비자 인식도 부족하여 해조류에 대한 홍보 및 교육 또한 필요하다. 게다가 양식장에서 나오는 폐수 처리 등 양식장 운영에 따른 환경 문제도 발생할 수 있다는 것을 간과해서는 안 된다. 그럼에도 해조류는 식량 위기와 기후 변화에 이르기까지 전 지구적 문제를 해결하는 중요한 자원임은 틀림없으므로 이를 잘 연구해서 활용해야 할 것이다.

46 필자의 태도 고르기

① 해조류에 산업에 대해 부정적인 시각으로 일관하고 있다.
② 친환경적 자원에 대한 필요성을 강한 어조로 말하고 있다.
③ 해조류에 대해 우려를 표하면서도 긍정적인 부분을 더 강조하고 있다.
④ 지구에 당면한 문제를 해결할 방법을 찾기 위해 여러 방면에서 고민하고 있다.

해설

필자는 해조류가 환경 피해를 최소화하고 식량 위기를 해결할 수 있는 등의 긍정적인 점도 있지만 투자 비용이 발생하고 소비자 인식 부족과 환경 문제도 발생할 수 있음을 설명하였습니다. 하지만 글 마지막에서 그럼에도 중요한 자원임이 틀림없기에 연구해서 활용해야 할 것이라고 했습니다. 이를 바탕으로 필자가 해조류에 대한 우려를 표하지만 긍정적인 부분을 더 강조하였음을 알 수 있습니다. 따라서 정답은 ③입니다.

47 일치하는 내용 고르기

해설

① 해조류는 친환경적이기에 환경 문제가 없다.

→ 양식장에서 나오는 폐수 처리 등 양식장 운영에 따른 환경 문제도 발생할 수 있다고 했습니다.

② 해조류의 우수성을 소비자들이 잘 알고 있다.
→ 해조류에 대한 소비자 인식도 부족하여 해조류에 대한 홍보, 교육이 필요하다고 했습니다.

✓ 과거에 비해 해조류에 대한 생각이 많이 좋아졌다.

④ 해조류를 슈퍼 푸드로 키우기 위해 농약을 사용한다.
→ 농약을 사용하지 않고도 잘 자라는 특성이 있다고 했습니다.

[48-50] 글을 읽고 물음에 답하기

> 장기적인 경제 성장의 저하로 인해 청년의 실업률이 증가하고 있다. 통계청의 가족 조사 실태에 따르면 20대 절반 이상이 비혼이거나 자녀를 갖지 않기를 원하는 것으로 나타났다. 청년 세대가 느끼는 사회·경제적 부담이 이들의 가치관을 변화시키고 있는 것이다. 그러나 한편으로 청년들은 자신들이 처한 상황에 매몰되기보다 새로운 기회의 장을 (   ) 움직임도 보이고 있다. 취업난이 심각해지고 학업의 기간이 길어지면서 사업에 도전하는 청년 창업이 증가하고 있는 것이다. 이런 움직임에 맞춰 중소벤처기업부는 청년 창업을 일정 부분 지원하고 있으나 청년 창업 활성화에 걸림돌이 한두 가지가 아니다. 사업 자금이나 구인 문제뿐만 아니라 생활비, 주거비 및 등록금 대출 상환 등 청년층에 가중되는 문제도 존재한다. 청년 창업이 활성화되고 성공적으로 실현되기 위해서는 정부 지원 기관과 청년 창업자가 상호작용하는 네트워크를 형성하는 것이 중요하다. 네트워크의 모든 구성원이 능동적으로 참여하여 청년의 도전을 응원하고 정책적으로 발전할 수 있는 시스템을 구축해야 한다.

48 필자의 의도/목적 고르기
① 청년 취업난의 극복 사례를 소개하기 위해서
② 청년 창업의 어려움과 문제점을 알리기 위해서
③ 청년의 가치관이 어떻게 변화되었는지 분석하기 위해서
✓ 청년 창업 활성화를 위한 정책적인 체제 마련을 촉구하기 위해서

해설
글의 목적을 고르는 문제로 이 글이 무엇을 말하고자 하는지 찾아야 합니다. 청년 실업이 장기화하고 청년의 부담이 커가는 상황이지만 창업으로 기회를 찾으려는 청년이 늘고 있습니다. 이런 청년 창업을 활성화하기 위해서는 정부 기관과 청년 창업자가 네트워크를 구축하는 것이 중요합니다. 따라서 이 글은 창업 활성화를 위한 체제 마련을 촉구하려는 목적으로 쓰였습니다. 정답은 ④입니다.

49 빈칸에 알맞은 말 고르기
✓ 스스로 개척하려는
② 기대하지 않으려는

③ 정부에 지원받으려는
④ 마지막이라고 생각하는

해설
빈칸의 앞부분에서 어려운 상황으로 인해 변화된 청년층의 가치관을 설명했습니다. '매몰'은 보이지 않게 파묻힌다는 뜻입니다. 청년들이 어려운 상황에 파묻히지 않고 무언가를 하려고 한다고 했으므로 '스스로 개척하다'라는 ①의 표현이 '새로운 기회의 장'이라는 빈칸 앞의 표현과 잘 어울리는 것을 알 수 있습니다. 따라서 정답은 ①입니다.

50 일치하는 내용 고르기
① 청년들의 가치관 변화로 실업률이 높아지고 있다.
→ 장기적인 경제 성장의 저하로 인해 청년의 실업률이 높아지고 있다고 했습니다.

② 청년 창업의 가장 큰 어려움은 학업의 장기화이다.
→ 청년 창업에는 사업 자금이나 구인 문제뿐만 아니라 생활비, 주거비 및 등록금 대출 상환 등 청년층에 가중되는 문제도 존재한다고 했습니다.

③ 정부와 청년 창업자가 소통하는 자리가 계속되고 있다.
→ 정부와 청년 창업자가 상호작용하는 네트워크를 형성하는 것이 중요하다고 했습니다.

✓ 중소벤처기업부에서 청년 창업을 위한 도움을 주고 있다.

FAST PASS TOPIK II
실전 모의고사
1 교시 (듣기)

성 명 (Name)	한 국 어 (Korean)	
	영 어 (English)	

수 험 번 호

						8					
⓪	⓪	⓪	⓪	⓪	⓪		⓪	⓪	⓪	⓪	⓪
①	①	①	①	①	①		①	①	①	①	①
②	②	②	②	②	②		②	②	②	②	②
③	③	③	③	③	③		③	③	③	③	③
④	④	④	④	④	④		④	④	④	④	④
⑤	⑤	⑤	⑤	⑤	⑤		⑤	⑤	⑤	⑤	⑤
⑥	⑥	⑥	⑥	⑥	⑥		⑥	⑥	⑥	⑥	⑥
⑦	⑦	⑦	⑦	⑦	⑦		⑦	⑦	⑦	⑦	⑦
⑧	⑧	⑧	⑧	⑧	⑧	●	⑧	⑧	⑧	⑧	⑧
⑨	⑨	⑨	⑨	⑨	⑨		⑨	⑨	⑨	⑨	⑨

문제지 유형 (Type)

홀수형 (Odd number type) ◯
짝수형 (Even number type) ◯

※ 결시 결시자의 영어 성명 및
확인란 수험번호 기재 후 표기

※ 위 사항을 지키지 않아 발생하는 응시자에게 있습니다.

감독관	본인 및 수험번호 표기가	(인)
확 인	정확한지 확인	

답 란

번호	답 란			
1	①	②	③	④
2	①	②	③	④
3	①	②	③	④
4	①	②	③	④
5	①	②	③	④
6	①	②	③	④
7	①	②	③	④
8	①	②	③	④
9	①	②	③	④
10	①	②	③	④
11	①	②	③	④
12	①	②	③	④
13	①	②	③	④
14	①	②	③	④
15	①	②	③	④
16	①	②	③	④
17	①	②	③	④
18	①	②	③	④
19	①	②	③	④
20	①	②	③	④

번호	답 란			
21	①	②	③	④
22	①	②	③	④
23	①	②	③	④
24	①	②	③	④
25	①	②	③	④
26	①	②	③	④
27	①	②	③	④
28	①	②	③	④
29	①	②	③	④
30	①	②	③	④
31	①	②	③	④
32	①	②	③	④
33	①	②	③	④
34	①	②	③	④
35	①	②	③	④
36	①	②	③	④
37	①	②	③	④
38	①	②	③	④
39	①	②	③	④
40	①	②	③	④

번호	답 란			
41	①	②	③	④
42	①	②	③	④
43	①	②	③	④
44	①	②	③	④
45	①	②	③	④
46	①	②	③	④
47	①	②	③	④
48	①	②	③	④
49	①	②	③	④
50	①	②	③	④

FAST PASS TOPIK II
실전 모의고사

1 교시 (쓰기)

주관식 답안은 정해진 답란을 벗어나거나 답란을 바꿔서 쓸 경우 점수를 받을 수 없습니다.
(Answers written outside the box or in the wrong box will not be graded.)

| 51 | ㉠ |
| | ㉡ |

| 52 | ㉠ |
| | ㉡ |

53 아래 빈칸에 200자에서 300자 이내로 작문하십시오 (띄어쓰기 포함).
(Please write your answer below; your answer must be between 200 and 300 letters including spaces.)

50
100
150
200
250
300

※ 54번은 뒷면에 작성하십시오. (Please write your answer for question number 54 at the back.)

| 성명 | 한국어 (Korean) | |
| (Name) | 영 어 (English) | |

수 험 번 호

						8					
⓪	⓪	⓪	⓪	⓪	⓪		⓪	⓪	⓪	⓪	⓪
①	①	①	①	①	①		①	①	①	①	①
②	②	②	②	②	②		②	②	②	②	②
③	③	③	③	③	③		③	③	③	③	③
④	④	④	④	④	④		④	④	④	④	④
⑤	⑤	⑤	⑤	⑤	⑤		⑤	⑤	⑤	⑤	⑤
⑥	⑥	⑥	⑥	⑥	⑥		⑥	⑥	⑥	⑥	⑥
⑦	⑦	⑦	⑦	⑦	⑦		⑦	⑦	⑦	⑦	⑦
⑧	⑧	⑧	⑧	⑧	⑧	●	⑧	⑧	⑧	⑧	⑧
⑨	⑨	⑨	⑨	⑨	⑨		⑨	⑨	⑨	⑨	⑨

문제지 유형 (Type)

홀수형 (Odd number type) ○
짝수형 (Even number type) ○

| ※ 결 시 | 결시자의 영어 성명 및 수험번호 기재 후 표기 | ○ |
| 확인란 | | |

※ 위 사항을 지키지 않아 발생하는 불이익은 응시자에게 있습니다.

| 감독관 | 본인 및 수험번호 표기가 | (인) |
| 확 인 | 정확한지 확인 | |

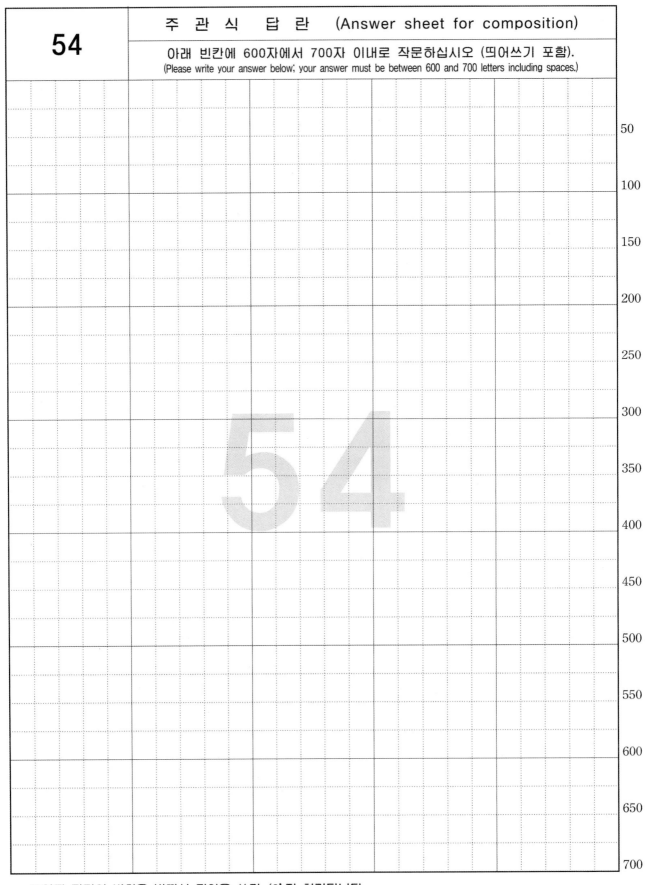

54	주 관 식 답 란 (Answer sheet for composition)
	아래 빈칸에 600자에서 700자 이내로 작문하십시오 (띄어쓰기 포함). (Please write your answer below; your answer must be between 600 and 700 letters including spaces.)

50

100

150

200

250

300

350

400

450

500

550

600

650

700

※ 주어진 답란의 방향을 바꿔서 답안을 쓰면 '0' 점 처리됩니다.
(Please do not turn the answer sheet horizontally. No points will be given.)

FAST PASS TOPIK II
실전 모의고사
2 교시 (읽기)

성 명 한 국 어 (Korean)
(Name) 영 어 (English)

번호	답			란	번호	답			란	번호	답			란
1	①	②	③	④	21	①	②	③	④	41	①	②	③	④
2	①	②	③	④	22	①	②	③	④	42	①	②	③	④
3	①	②	③	④	23	①	②	③	④	43	①	②	③	④
4	①	②	③	④	24	①	②	③	④	44	①	②	③	④
5	①	②	③	④	25	①	②	③	④	45	①	②	③	④
6	①	②	③	④	26	①	②	③	④	46	①	②	③	④
7	①	②	③	④	27	①	②	③	④	47	①	②	③	④
8	①	②	③	④	28	①	②	③	④	48	①	②	③	④
9	①	②	③	④	29	①	②	③	④	49	①	②	③	④
10	①	②	③	④	30	①	②	③	④	50	①	②	③	④
11	①	②	③	④	31	①	②	③	④					
12	①	②	③	④	32	①	②	③	④					
13	①	②	③	④	33	①	②	③	④					
14	①	②	③	④	34	①	②	③	④					
15	①	②	③	④	35	①	②	③	④					
16	①	②	③	④	36	①	②	③	④					
17	①	②	③	④	37	①	②	③	④					
18	①	②	③	④	38	①	②	③	④					
19	①	②	③	④	39	①	②	③	④					
20	①	②	③	④	40	①	②	③	④					

수 험 번 호

						8						
⓪	⓪	⓪	⓪	⓪	⓪		⓪	⓪	⓪	⓪	⓪	⓪
①	①	①	①	①	①		①	①	①	①	①	①
②	②	②	②	②	②		②	②	②	②	②	②
③	③	③	③	③	③		③	③	③	③	③	③
④	④	④	④	④	④		④	④	④	④	④	④
⑤	⑤	⑤	⑤	⑤	⑤		⑤	⑤	⑤	⑤	⑤	⑤
⑥	⑥	⑥	⑥	⑥	⑥		⑥	⑥	⑥	⑥	⑥	⑥
⑦	⑦	⑦	⑦	⑦	⑦		⑦	⑦	⑦	⑦	⑦	⑦
⑧	⑧	⑧	⑧	⑧	⑧	●	⑧	⑧	⑧	⑧	⑧	⑧
⑨	⑨	⑨	⑨	⑨	⑨		⑨	⑨	⑨	⑨	⑨	⑨

문제지 유형 (Type)

홀수형 (Odd number type) ○
짝수형 (Even number type) ○

※ 결시 결시자의 영어 성명 및
  확인란 수험번호 기재 후 표기 ○

※ 위 사항을 지키지 않아 발생하는 불이익은 응시자에게 있습니다.

감독관 본인 및 수험번호 표기가
확 인 정확한지 확인 (인)

FAST PASS TOPIK II
실전 모의고사

1 교시 (듣기)

성명 (Name)	한국어 (Korean)	
	영어 (English)	

수험번호

	8										
⓪	①	②	③	④	⑤	⑥	⑦	⑧	⑨

문제지 유형 (Type)

홀수형 (Odd number type) ◯
짝수형 (Even number type) ◯

※ 결시 결시자의 영어 성명 및
확인란 수험번호 기재 후 표기 ◯

※ 위 사항을 지키지 않아 발생하는 불이익은 응시자에게 있습니다.

※ 감독관 본인 및 수험번호 표기가
확 인 정확한지 확인 (인)

번호	답란			
1	①	②	③	④
2	①	②	③	④
3	①	②	③	④
4	①	②	③	④
5	①	②	③	④
6	①	②	③	④
7	①	②	③	④
8	①	②	③	④
9	①	②	③	④
10	①	②	③	④
11	①	②	③	④
12	①	②	③	④
13	①	②	③	④
14	①	②	③	④
15	①	②	③	④
16	①	②	③	④
17	①	②	③	④
18	①	②	③	④
19	①	②	③	④
20	①	②	③	④

번호	답란			
21	①	②	③	④
22	①	②	③	④
23	①	②	③	④
24	①	②	③	④
25	①	②	③	④
26	①	②	③	④
27	①	②	③	④
28	①	②	③	④
29	①	②	③	④
30	①	②	③	④
31	①	②	③	④
32	①	②	③	④
33	①	②	③	④
34	①	②	③	④
35	①	②	③	④
36	①	②	③	④
37	①	②	③	④
38	①	②	③	④
39	①	②	③	④
40	①	②	③	④

번호	답란			
41	①	②	③	④
42	①	②	③	④
43	①	②	③	④
44	①	②	③	④
45	①	②	③	④
46	①	②	③	④
47	①	②	③	④
48	①	②	③	④
49	①	②	③	④
50	①	②	③	④

절취선

FAST PASS TOPIK II
실전 모의고사

1 교시 (쓰기)

주관식 답안은 정해진 답란을 벗어나거나 답란을 바꿔서 쓸 경우 점수를 받을 수 없습니다.
(Answers written outside the box or in the wrong box will not be graded.)

51	㉠
	㉡
52	㉠
	㉡

53 아래 빈칸에 200자에서 300자 이내로 작문하십시오 (띄어쓰기 포함).
(Please write your answer below; your answer must be between 200 and 300 letters including spaces.)

						50
						100
						150
						200
						250
						300

※ 54번은 뒷면에 작성하십시오. (Please write your answer for question number 54 at the back.)

성 명 한국어 (Korean)
(Name) 영 어 (English)

수 험 번 호

8										
⓪	⓪	⓪	⓪	⓪	⓪		⓪	⓪	⓪	⓪
①	①	①	①	①	①		①	①	①	①
②	②	②	②	②	②		②	②	②	②
③	③	③	③	③	③		③	③	③	③
④	④	④	④	④	④		④	④	④	④
⑤	⑤	⑤	⑤	⑤	⑤		⑤	⑤	⑤	⑤
⑥	⑥	⑥	⑥	⑥	⑥		⑥	⑥	⑥	⑥
⑦	⑦	⑦	⑦	⑦	⑦		⑦	⑦	⑦	⑦
⑧	⑧	⑧	⑧	⑧	●		⑧	⑧	⑧	⑧
⑨	⑨	⑨	⑨	⑨	⑨		⑨	⑨	⑨	⑨

문제지 유형 (Type)

홀수형 (Odd number type) ◯
짝수형 (Even number type) ◯

※ 결 시 결시자의 영어 성명 및 ◯
확인란 수험번호 기재

※ 위 사항을 지키지 않아 발생하는 불이익은 응시자에게 있습니다.

감독관	본인 및 수험번호 표기가	
확 인	정확한지 확인	(인)

정취선

주 관 식 답 란 (Answer sheet for composition)

아래 빈칸에 600자에서 700자 이내로 작문하십시오 (띄어쓰기 포함).
(Please write your answer below; your answer must be between 600 and 700 letters including spaces.)

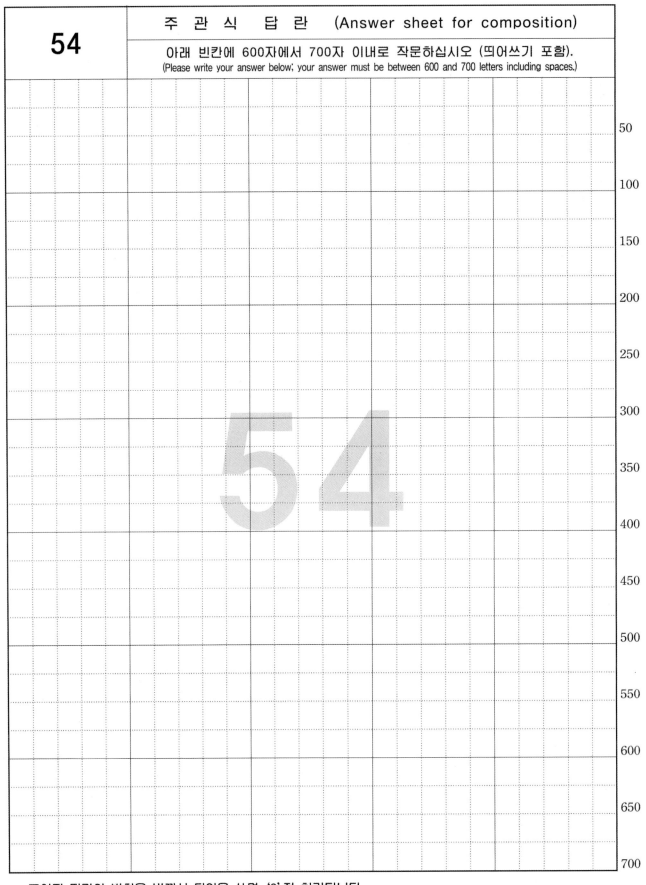

50
100
150
200
250
300
350
400
450
500
550
600
650
700

※ 주어진 답란의 방향을 바꿔서 답안을 쓰면 '0'점 처리됩니다.
(Please do not turn the answer sheet horizontally. No points will be given.)

FAST PASS TOPIK II
실전 모의고사
2 교시 (읽기)

성명 | 한국어 (Korean)
(Name) | 영 어 (English)

문제지 유형 (Type)
홀수형 (Odd number type) ◯
짝수형 (Even number type) ◯

※ 결시 확인란: 결시자의 영어 성명 및 수험번호 기재 후 표기 ◯
※ 위 사항을 지키지 않아 발생하는 불이익은 응시자에게 있습니다.

감독관 확인 | 본인 및 수험번호 표기가 정확한지 확인 (인)

번호	답 란
1	① ② ③ ④
2	① ② ③ ④
3	① ② ③ ④
4	① ② ③ ④
5	① ② ③ ④
6	① ② ③ ④
7	① ② ③ ④
8	① ② ③ ④
9	① ② ③ ④
10	① ② ③ ④
11	① ② ③ ④
12	① ② ③ ④
13	① ② ③ ④
14	① ② ③ ④
15	① ② ③ ④
16	① ② ③ ④
17	① ② ③ ④
18	① ② ③ ④
19	① ② ③ ④
20	① ② ③ ④

번호	답 란
21	① ② ③ ④
22	① ② ③ ④
23	① ② ③ ④
24	① ② ③ ④
25	① ② ③ ④
26	① ② ③ ④
27	① ② ③ ④
28	① ② ③ ④
29	① ② ③ ④
30	① ② ③ ④
31	① ② ③ ④
32	① ② ③ ④
33	① ② ③ ④
34	① ② ③ ④
35	① ② ③ ④
36	① ② ③ ④
37	① ② ③ ④
38	① ② ③ ④
39	① ② ③ ④
40	① ② ③ ④

번호	답 란
41	① ② ③ ④
42	① ② ③ ④
43	① ② ③ ④
44	① ② ③ ④
45	① ② ③ ④
46	① ② ③ ④
47	① ② ③ ④
48	① ② ③ ④
49	① ② ③ ④
50	① ② ③ ④

FAST PASS TOPIK II
실전 모의고사

1 교시 (듣기)

성 명 한 국 어 (Korean)
(Name) 영 어 (English)

수 험 번 호

| | 0 | 1 | 2 | 3 | 4 | 5 | 6 | 7 | 8 | 9 |

문제지 유형 (Type)

홀수형 (Odd number type) ◯
짝수형 (Even number type) ◯

※ 결시 결시자의 영어 성명 및
확인란 수험번호 기재 후 표기 ◯

※ 위 사항을 지키지 않아 발생하는 불이익은 응시자에게 있습니다.

감독관 본인 및 수험번호 표기가
확 인 정확한지 확인 (인)

번호	답	란
1	① ② ③ ④
2	① ② ③ ④
3	① ② ③ ④
4	① ② ③ ④
5	① ② ③ ④
6	① ② ③ ④
7	① ② ③ ④
8	① ② ③ ④
9	① ② ③ ④
10	① ② ③ ④
11	① ② ③ ④
12	① ② ③ ④
13	① ② ③ ④
14	① ② ③ ④
15	① ② ③ ④
16	① ② ③ ④
17	① ② ③ ④
18	① ② ③ ④
19	① ② ③ ④
20	① ② ③ ④

번호	답	란
21	① ② ③ ④
22	① ② ③ ④
23	① ② ③ ④
24	① ② ③ ④
25	① ② ③ ④
26	① ② ③ ④
27	① ② ③ ④
28	① ② ③ ④
29	① ② ③ ④
30	① ② ③ ④
31	① ② ③ ④
32	① ② ③ ④
33	① ② ③ ④
34	① ② ③ ④
35	① ② ③ ④
36	① ② ③ ④
37	① ② ③ ④
38	① ② ③ ④
39	① ② ③ ④
40	① ② ③ ④

번호	답	란
41	① ② ③ ④
42	① ② ③ ④
43	① ② ③ ④
44	① ② ③ ④
45	① ② ③ ④
46	① ② ③ ④
47	① ② ③ ④
48	① ② ③ ④
49	① ② ③ ④
50	① ② ③ ④

절취선

FAST PASS TOPIK II
실전 모의고사

1 교시 (쓰기)

성명 (Name)	한 국 어 (Korean)	
	영 어 (English)	

수험번호

수	험	번	호		8				
⓪	⓪	⓪	⓪	⓪		⓪	⓪	⓪	⓪
①	①	①	①	①		①	①	①	①
②	②	②	②	②		②	②	②	②
③	③	③	③	③		③	③	③	③
④	④	④	④	④		④	④	④	④
⑤	⑤	⑤	⑤	⑤		⑤	⑤	⑤	⑤
⑥	⑥	⑥	⑥	⑥		⑥	⑥	⑥	⑥
⑦	⑦	⑦	⑦	⑦		⑦	⑦	⑦	⑦
⑧	⑧	⑧	⑧	⑧	●	⑧	⑧	⑧	⑧
⑨	⑨	⑨	⑨	⑨		⑨	⑨	⑨	⑨

문제지 유형 (Type)	
홀수형 (Odd number type)	◯
짝수형 (Even number type)	◯

| 결시
확인란 | 결시자의 영어 성명 및
수험번호 기재 후 표기 | ◯ |

※ 위 사항을 지키지 않아 발생하는 불이익은 응시자에게 있습니다.

| 감독관
확 인 | 본인 및 수험번호 표기가
정확한지 확인 | (인) |

※ 주관식 답안은 정해진 답란을 벗어나거나 답란을 바꿔서 쓸 경우 점수를 받을 수 없습니다.
(Answers written outside the box or in the wrong box will not be graded.)

51	㉠
	㉡

52	㉠
	㉡

53

아래 빈칸에 200자에서 300자 이내로 작문하십시오 (띄어쓰기 포함).
(Please write your answer below; your answer must be between 200 and 300 letters including spaces.)

※ 54번은 뒷면에 작성하십시오. (Please write your answer for question number 54 at the back.)

주 관 식 답 란 (Answer sheet for composition)

아래 빈칸에 600자에서 700자 이내로 작문하십시오 (띄어쓰기 포함).
(Please write your answer below; your answer must be between 600 and 700 letters including spaces.)

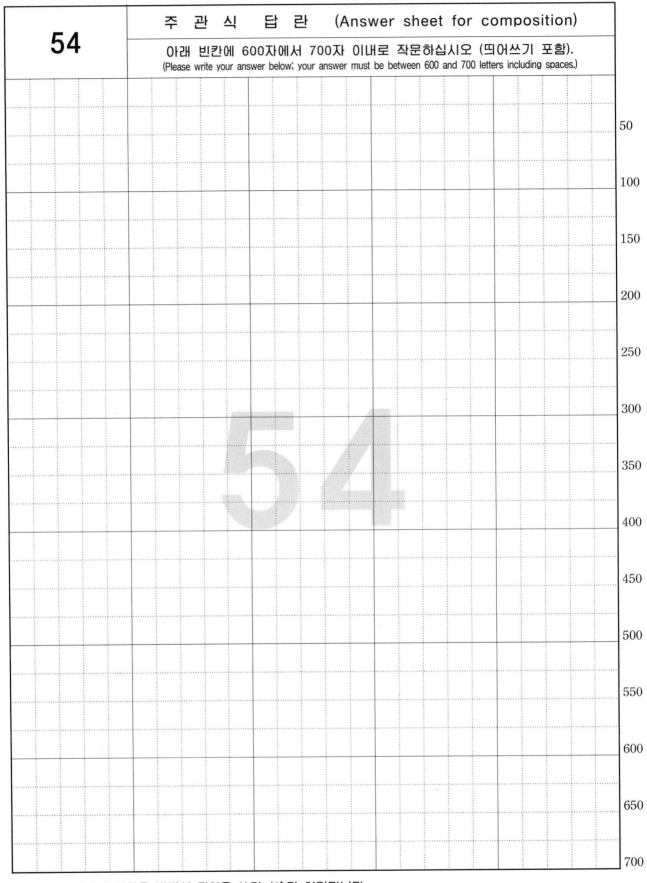

50

100

150

200

250

300

350

400

450

500

550

600

650

700

※ 주어진 답란의 방향을 바꿔서 답안을 쓰면 '0'점 처리됩니다.
(Please do not turn the answer sheet horizontally. No points will be given.)

FAST PASS TOPIK II
실전 모의고사
2 교시 (읽기)

성 명 (Name)	한 국 어 (Korean)
	영 어 (English)

수 험 번 호

8

문제지 유형 (Type)
- 홀수형 (Odd number type) ○
- 짝수형 (Even number type) ○

※ 결 시
확인란: 결시자의 영어 성명 및 수험번호 기재 후 표기 ○

※ 위 사항을 지키지 않아 발생하는 불이익은 응시자에게 있습니다.

감독관 확 인	본인 및 수험번호 표기가 정확한지 확인 (인)

번호	답 란	번호	답 란	번호	답 란
1	① ② ③ ④	21	① ② ③ ④	41	① ② ③ ④
2	① ② ③ ④	22	① ② ③ ④	42	① ② ③ ④
3	① ② ③ ④	23	① ② ③ ④	43	① ② ③ ④
4	① ② ③ ④	24	① ② ③ ④	44	① ② ③ ④
5	① ② ③ ④	25	① ② ③ ④	45	① ② ③ ④
6	① ② ③ ④	26	① ② ③ ④	46	① ② ③ ④
7	① ② ③ ④	27	① ② ③ ④	47	① ② ③ ④
8	① ② ③ ④	28	① ② ③ ④	48	① ② ③ ④
9	① ② ③ ④	29	① ② ③ ④	49	① ② ③ ④
10	① ② ③ ④	30	① ② ③ ④	50	① ② ③ ④
11	① ② ③ ④	31	① ② ③ ④		
12	① ② ③ ④	32	① ② ③ ④		
13	① ② ③ ④	33	① ② ③ ④		
14	① ② ③ ④	34	① ② ③ ④		
15	① ② ③ ④	35	① ② ③ ④		
16	① ② ③ ④	36	① ② ③ ④		
17	① ② ③ ④	37	① ② ③ ④		
18	① ② ③ ④	38	① ② ③ ④		
19	① ② ③ ④	39	① ② ③ ④		
20	① ② ③ ④	40	① ② ③ ④		

절취선

FAST PASS TOPIK II
실전 모의고사

1교시 (쓰기)

성 명	한국어 (Korean)	
(Name)	영 어 (English)	

수 험 번 호

8

0	0	0	0	0	0	0	0	0	0	0	0
1	1	1	1	1	1	1	1	1	1	1	1
2	2	2	2	2	2	2	2	2	2	2	2
3	3	3	3	3	3	3	3	3	3	3	3
4	4	4	4	4	4	4	4	4	4	4	4
5	5	5	5	5	5	5	5	5	5	5	5
6	6	6	6	6	6	6	6	6	6	6	6
7	7	7	7	7	7	7	7	7	7	7	7
8	8	8	8	8	●	8	8	8	8	8	8
9	9	9	9	9	9	9	9	9	9	9	9

문제지 유형 (Type)

홀수형 (Odd number type) ○
짝수형 (Even number type) ○

※ 결시 확인란 | 결시자의 영어 성명 및 수험번호 기재 후 표기 | ○

※ 위 사항을 지키지 않아 발생하는 불이익은 응시자에게 있습니다.

※ 감독관 확인 | 본인 및 수험번호 표기가 정확한지 확인 | (인)

주관식 답안은 답안을 정해진 답란을 벗어나거나 답란을 바꿔서 쓸 경우 점수를 받을 수 없습니다.
(Answers written outside the box or in the wrong box will not be graded.)

51	㉠	
	㉡	
52	㉠	
	㉡	

53 | 아래 빈칸에 200자에서 300자 이내로 작문하십시오 (띄어쓰기 포함).
(Please write your answer below; your answer must be between 200 and 300 letters including spaces.)

									50
									100
									150
									200
									250
									300

※ 54번은 뒷면에 작성하십시오. (Please write your answer for question number 54 at the back.)

주 관 식 답 란 (Answer sheet for composition)

아래 빈칸에 600자에서 700자 이내로 작문하십시오 (띄어쓰기 포함).
(Please write your answer below; your answer must be between 600 and 700 letters including spaces.)

50

100

150

200

250

300

350

400

450

500

550

600

650

700

※ 주어진 답란의 방향을 바꿔서 답안을 쓰면 '0' 점 처리됩니다.
(Please do not turn the answer sheet horizontally. No points will be given.)

FAST PASS TOPIK II
실전 모의고사

1 교시 (쓰기)

| 성 명 (Name) | 한국어 (Korean) | |
| | 영 어 (English) | |

수 험 번 호										
8										
	⓪	⓪	⓪	⓪	⓪	⓪	⓪	⓪	⓪	⓪
	①	①	①	①	①	①	①	①	①	①
	②	②	②	②	②	②	②	②	②	②
	③	③	③	③	③	③	③	③	③	③
	④	④	④	④	④	④	④	④	④	④
	⑤	⑤	⑤	⑤	⑤	⑤	⑤	⑤	⑤	⑤
	⑥	⑥	⑥	⑥	⑥	⑥	⑥	⑥	⑥	⑥
	⑦	⑦	⑦	⑦	⑦	⑦	⑦	⑦	⑦	⑦
	⑧	⑧	●	⑧	⑧	⑧	⑧	⑧	⑧	⑧
	⑨	⑨	⑨	⑨	⑨	⑨	⑨	⑨	⑨	⑨

문제지 유형 (Type)

홀수형 (Odd number type) ◯
짝수형 (Even number type) ◯

※ 결 시 | 결시자의 영어 성명 및 ◯
   확인란 | 수험번호 기재 후 표기

※ 위 사항을 지키지 않아 발생하는 불이익은 응시자에게 있습니다.

| 감독관 확 인 | 본인 및 수험번호 표기가
정확한지 확인 | (인) |

주관식 답안은 정해진 답란을 벗어나거나 답란을 바꿔서 쓸 경우 점수를 받을 수 없습니다.
(Answers written outside the box or in the wrong box will not be graded.)

| 51 | ㉠ |
| | ㉡ |

| 52 | ㉠ |
| | ㉡ |

| 53 | 아래 빈칸에 200자에서 300자 이내로 작문하십시오 (띄어쓰기 포함).
(Please write your answer below; your answer must be between 200 and 300 letters including spaces.) |

| | 50 | 100 | 150 | 200 | 250 | 300 |

※ 54번은 뒷면에 작성하십시오. (Please write your answer for question number 54 at the back.)

주 관 식 답 란 (Answer sheet for composition)

아래 빈칸에 600자에서 700자 이내로 작문하십시오 (띄어쓰기 포함).
(Please write your answer below; your answer must be between 600 and 700 letters including spaces.)

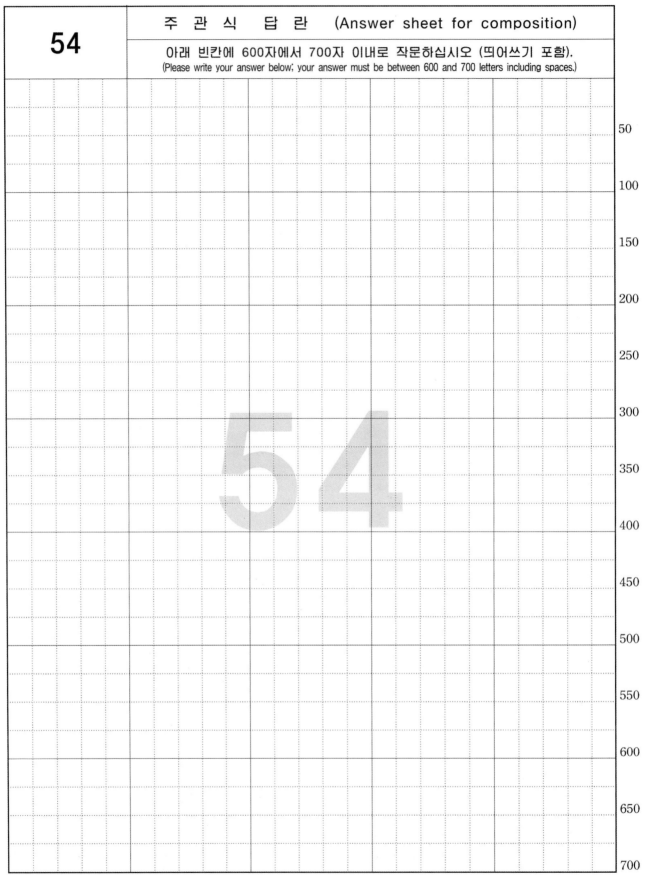

50

100

150

200

250

300

350

400

450

500

550

600

650

700

※ 주어진 답란의 방향을 바꿔서 답안을 쓰면 '0'점 처리됩니다.
(Please do not turn the answer sheet horizontally. No points will be given.)

FAST PASS
TOPIK Ⅱ 실전 모의고사 정답 및 해설집

지은이 나원주, 황효영, 장소영
펴낸이 정규도
펴낸곳 (주)다락원

초판 1쇄 인쇄 2024년 9월 25일
초판 1쇄 발행 2024년 10월 4일

편집 이숙희, 손여람, 백다흰
디자인 김민지, 박보희, 허문희
녹음 김성희, 유선일

내용문의 (02)736-2031 내선 420~426
구입문의 (02)736-2031 내선 250~252
Fax. (02)732-2037
출판등록 1977년 9월 16일 제406-2008-000007호

ISBN   978-89-277-3341-6 14710
       978-89-277-3339-3 (SET)

http://www.darakwon.co.kr
http://koreanbooks.darakwon.co.kr

다락원 홈페이지를 방문하시면 상세한 출판 정보와 함께 MP3 자료 등 다양한 어학 정보를 얻으실 수 있습니다.

FAST PASS TOPIK II 기출 어휘

- TOPIK 시험에 많이 나오는 어휘부터 효율적으로 학습!
- 기출 문장부터 확장 어휘까지 어휘를 폭넓게 이해!
- 어휘와 기출 문장을 귀로 들으며 자연스럽게 암기!

장소영, 나원주, 구효정 | 384면 | 22,000원 (무료 MP3)

TOPIK Master Final 실전 모의고사
3rd Edition 시리즈

- 유형별로 체계적인 분석을 통한 완벽한 시험 대비!
- 최신 출제 경향과 문제 유형을 반영한 10회의 모의고사 제공!
- 자세한 해설을 통한 문제 이해와 전략적인 문제 풀이방법 제시!

TOPIK MASTER Final 실전 모의고사 I_3rd Edition (Basic)
다락원 한국어 연구소 | 392면 | 21,000원 (무료 MP3)

TOPIK MASTER Final 실전 모의고사 II_3rd Edition (Intermediate−Advanced)
다락원 한국어 연구소 | 704면 | 31,000원 (무료 MP3)

Complete Guide to the TOPIK
3rd Edition 시리즈

- TOPIK 최신 출제 평가틀과 지시문을 반영한 Complete Guide to the TOPIK의 3번째 개정판!
- 기출문제 분석 – 연습 문제 이해 – 실전 모의고사로 이어지는 3단계 구성으로 고득점 획득!
- 저자 직강의 무료 특강을 보며 실전 감각을 익히고 토픽 문제 이해도 상승!

Complete Guide to the TOPIK I_Basic (3rd Edition)
김진애,이지운 | 176면 | 17,000원 (무료 MP3 & 무료 저자 강의)

Complete Guide to the TOPIK II_Intermediate−Advanced (3rd Edition)
김진애,이지운 | 352면 | 23,000원 (무료 MP3 & 무료 저자 강의)

Complete Guide to the TOPIK - Speaking

- 유형 분석부터 실전 연습까지, TOPIK 말하기 시험 대비를 위한 단계적 가이드!
- TOPIK 말하기 평가 고득점을 위한 초급부터 고급까지 모든 답안 수록!
- 전문 성우의 녹음을 듣고 자연스러운 한국어 억양 습득!

다락원 한국어 연구소 | 296면 | 20,000원 (무료 MP3)

FAST PASS
TOPIK II 실전 모의고사

국내로 유입되는 외국 학생들이 계속 늘어나고 있습니다. 점점 더 다양한 국적의 학생들이 대학 부설 한국어 교육 기관뿐만 아니라 학부, 대학원 등 다양한 곳에 재학 중입니다. 한국어 공부의 목적이 다양해지면서 TOPIK 급수는 필수가 되었고 성적도 더 중요해졌습니다. 입학이나 졸업뿐만 아니라 취업할 때도 요구되기 때문이죠. 시중에는 이미 여러 토픽 교재가 나와 있지만, 이번에 다락원에서 출간한 *"FAST PASS TOPIK II 실전 모의고사"* 는 실제 시험을 보는 것처럼 준비하고 싶은 학습자의 수요에 부합하는 책이라고 할 수 있습니다. 음원의 속도, 문제지의 형태, 제공되는 답안지까지 TOPIK 시험과 최대한 유사하게 꾸려져 진정한 '모의'고사라 할 수 있을 것입니다. 처음 TOPIK에 응시하는 학습자가 실력 점검용으로 풀어 보기에도, 곧 시험을 앞둔 응시 예정자가 마지막 확인용으로 풀어 보기에도 적합합니다. 무엇보다 저자가 직접 강의한 영상과 매우 상세한 해설을 분책으로 제공하여 TOPIK을 혼자 준비하는 유학생들에게도 매우 큰 도움이 되리라 생각하여 추천합니다.

김영규
이화여자대학교 국제대학원 한국학과 교수

매번 TOPIK 시험이 다가오면 외국인 학생들의 교재 추천 문의를 많이 받습니다. 특히 시험이 '코앞'에 다가왔을 때쯤요. TOPIK을 염두에 두는 학생들이라면 대부분 두꺼운 TOPIK 교재는 가지고 있습니다. 하지만 아무래도 시험 직전에 풀기에는 많이들 부담스러운 모양입니다. 실제 시험과 같이 문제를 풀어 보고 싶지만 기출 문제는 진작 다 풀어 보았다고 하고요. 이럴 때마다 어떤 교재를 추천하면 좋을지 항상 고민되었는데, 이 고민을 해결해 줄 *"FAST PASS TOPIK II 실전 모의고사"* 가 출간되었습니다. 오랜 기간 한국어 교육 현장에 계신 분들이 집필하신 책이라서 상세한 풀이와 실전 연습을 원하는 교사와 학생들의 니즈에 딱 맞게 구성되어 있으며, 모의고사 3회분은 시험 직전, 실전 감각을 익히기에 적절합니다. 따로 분리되는 해설집에 아주 상세한 풀이가 제시되어 있어서, 교사에게는 좋은 지침서가 될 수 있습니다. 물론 혼자 공부하는 학생들에게는 더할 나위 없이 유용하겠죠? 시험이 다가와도 걱정하지 말고 *"FAST PASS TOPIK II 실전 모의고사"* 로 실전 감각을 끌어 올려 보세요.

남은영
인하대학교 국제학부 KLC학과 강사

저는 한국 내 대학교 어학당에서 한국어를 공부하고 이번에 대학교에 입학하게 되었습니다. 어학당 TOPIK 수업을 들으며 TOPIK 시험을 준비했었는데, 수업 시간 외에도 혼자서 TOPIK 대비 공부를 꽤 많이 했습니다. 이때 시험 준비에 가장 많은 도움이 된 것은 모의고사 형태의 교재였습니다. 진짜 시험을 보는 기분으로 시험 시간과 똑같은 시간 내에 문제를 풀어 보는 것이 도움이 되었습니다. *"FAST PASS TOPIK II 실전 모의고사"* 는 이렇게 혼자 TOPIK 시험을 준비하는 유학생들, 특히 두꺼운 교재에 부담을 느끼는 사람들에게도 도움이 될 것입니다. *"FAST PASS TOPIK II 실전 모의고사"* 는 문제 유형에 따라 전략적으로 정답을 찾는 방법을 알려 주는 저자 직강 영상을 제공하는데, 혼자 공부하는 학생들에게 필수 학습 보교재라고 생각합니다. TOPIK을 준비하는 학생이 있다면 원하는 급수를 받을 수 있도록 이 책으로 공부할 것을 추천하고 싶습니다.

리잉지아
중국, 중앙대학교 경영학부 유학생

가격 **22,000원**
(본책 + 무료 MP3 + 무료 동영상 강의)

14710
9 788927 733416
ISBN 978-89-277-3341-6
978-89-277-3339-3 (SET)